政府采购实务

Practice of Government Procurement

政府采购代理机构辅导用书 **进阶篇**

主　编	李海燕　杨　军
副主编	付方龙　程振华　王　蓓　杨　微
参　编	胡火轮　印　鹏　宋　浠　田　翠　张讴东　刘鹏飞
	王洪杰　张　敏　胡　鑫　饶　阳　张　威　肖　飞
	汪　丹　武天仪　邱　天　刘才华　辛梓正　刘源浩
	史俊峰　王　彦　刘　凯　王　力　陆仲恒　邓雄伟

华中科技大学出版社
http://press.hust.edu.cn
中国·武汉

内 容 简 介

本书是政府采购从业人员辅导用书的进阶版,旨在帮助从业人员进一步完善政府采购知识体系,精准把握业务难点。本书内容涵盖了政府采购需求管理、政府采购合同及履约验收、政府采购负面清单、政府采购政策等方面的内容,并通过大量精选案例,进行了深入浅出的解读与分析,使理论知识与实际操作紧密结合,为读者提供了宝贵的实践经验和启示,是政府采购领域难得的实用进阶指南。

图书在版编目(CIP)数据

政府采购实务 / 李海燕,杨军主编. -- 武汉 : 华中科技大学出版社,2024.8(2025.4重印). -- (政府采购代理机构辅导用书). -- ISBN 978-7-5772-1092-6

Ⅰ. F812.2

中国国家版本馆 CIP 数据核字第 20241A0X68 号

政府采购实务
Zhengfu Caigou Shiwu

李海燕　杨军　主编

策划编辑:张　玲

责任编辑:陈元玉

封面设计:何　轩　刘　洋

责任监印:周治超

出版发行:华中科技大学出版社(中国·武汉)　　　电话:(027)81321913

　　　　　武汉市东湖新技术开发区华工科技园　　　邮编:430223

录　　排:孙雅丽

印　　刷:武汉科源印刷设计有限公司

开　　本:787mm×1092mm　1/16

印　　张:14.25　插页:1

字　　数:275千字

版　　次:2025年4月第1版第2次印刷

定　　价:49.80元

政府采购是衡量国家经济的重要指标之一，它不仅反映政府的支出和投资，还影响到市场供应和需求的动态，对经济增长和就业产生重要的作用。

2022年全国政府采购规模为34993.1亿元，占全国财政支出和GDP的比重分别为9.4%和2.9%。从结构来看，货物、工程、服务政府采购规模分别为9027.5亿元、15664.1亿元和10301.5亿元，占全国政府采购规模比例为25.8%、44.8%和29.4%。从组织形式来看，政府集中采购、部门集中采购、分散采购规模分别为7676.8亿元、2609.7亿元和24706.5亿元，占全国政府采购规模的21.9%、7.5%和70.6%。从采购方式来看，公开招标、邀请招标、竞争性谈判、竞争性磋商、询价、单一来源采购规模分别占全国政府采购规模的77.2%、0.8%、2.2%、11.0%、0.9%和3.3%。

政府采购政策作用日益凸显，有效促进了经济社会的发展。在支持绿色发展方面，2022年全国强制采购、优先采购节能节水产品520.4亿元，占同类产品采购规模的89.7%；优先采购环保产品847.6亿元，占同类产品采购规模的87.1%。在支持中小企业发展方面，全国政府采购授予中小企业合同金额为25884.2亿元，授予中小企业合同总金额占全国政府采购规模的74.0%。其中，授予小微企业合同金额为15148亿元，占全国政府采购规模的43.3%。

政府采购作为公共资源配置的重要手段，直接关系到社会经济的发展和公共利益的保障。为了确保政府采购活动的公开、公平、透明、高效，政府采购代理机构在其中扮演着至关重要的角色。同时，在时代的发展中，政府采购代理机构又面临着重大的挑战，需要不断地改进和创新，适应时代的变化，提高专业素养和服务水平。本书通过系统性的理论阐述和实务案例分析，旨在帮助政府采购代理机构更好地履行职责。

　　《政府采购实务》为政府采购实务系列丛书的重要组成部分。在编写过程中，我们深知政府采购领域的复杂性和多变性。因此，我们汇集了来自政府采购领域的专家、学者以及实践者的经验和见解，力求将最新的理论研究与实际操作相结合，使本书既具有理论深度，又具有实用性和可操作性。

　　我们也特别感谢所有参与本书编写和审阅的专家及同行们的辛勤努力与支持。他们的宝贵意见或建议为本书的完善提供了重要的参考与支持。

　　最后，我们衷心希望《政府采购实务》能够成为政府采购代理机构及相关从业人员的得力工具书，为推动政府采购工作的规范化、专业化和高效化发展贡献自己的力量。同时，也欢迎读者积极提出宝贵的意见或建议，共同促进政府采购领域的发展和进步。

编者

2024 年 5 月

配套资料(赠送)：
政府采购常用法律法规

目录

第一章　采购需求管理

第二章　编制采购实施计划

第七章　政府采购政策

第一章
采购需求管理

第一节 采购需求管理的内容及意义

一、采购需求管理的内容

根据《政府采购需求管理办法》（财库〔2021〕22号），政府采购需求管理，是指采购人组织确定采购需求和编制采购实施计划，并实施相关风险控制管理的活动。采购需求管理的内容包括以下三个方面。

1. 确定采购需求

确定采购需求是指采购人在项目启动阶段，基于部门预算、国家政策要求、实际工作需要等多重因素，详细明确拟采购的产品、工程或服务的具体内容、规格、数量、质量以及其他相关要求。其中：

采购需求是指采购人为实现项目目标，拟采购的标的及其需要满足的技术、商务要求。

技术要求是指对采购标的的功能和质量要求，包括性能、材料、结构、外观、安全，或者服务内容和标准等。

商务要求是指取得采购标的的时间、地点、财务和服务要求，包括交付（实施）的时间（期限）和地点（范围）、付款条件（进度和方式）、包装和运输、售后服务、保险等。

2. 编制采购实施计划

编制采购实施计划则是将上述采购需求转化为可执行操作的步骤和时间表，包括但不限于采购方式选择、招标文件编制、采购程序设计、供应商资格条件设定以及合同条款规划等环节。

采购实施计划，是指采购人围绕实现采购需求，对合同的订立和管理所做的安排。

合同订立安排包括采购项目预（概）算、最高限价，开展采购活动的时间安排，采购组织形式和委托代理安排，采购包划分与合同分包，供应商资格条件，采购方式，竞争范围和评审规则等。

合同管理安排包括合同类型、定价方式、合同文本的主要条款、履约验收方案、风险管控措施等。

3.内部控制与风险管理

内部控制体现在对采购全过程的规范管理上，要求采购人建立健全内部管理制度，确保采购活动各个环节的合规性、透明度和有效性。

风险管理则涵盖识别、评估和控制在采购过程中可能遇到的各种风险，例如技术方案不成熟导致的风险、供应商履约能力不足带来的风险、采购文件编制瑕疵引起的法律风险等。通过制定合理的需求标准、严格审查供应商资格、科学设定评审规则等方式，降低这些潜在风险的影响。

因此，《政府采购需求管理办法》强调了采购活动不仅要有严谨细致的需求策划和实施规划，还要有完善的风险防控机制，以确保采购活动既能满足政府机构的实际运营需求，又能符合公平、公正、公开和效益的原则。

《政府采购需求管理办法》规定，采购人应当建立审查工作机制，在采购活动开始前，针对采购需求管理中的重点风险事项，对采购需求和采购实施计划进行审查，审查分为一般性审查和重点审查。

对于审查不通过的，应当修改采购需求和采购实施计划的内容并重新进行审查。采购文件应当按照审核通过的采购需求和采购实施计划编制。

二、采购需求管理的意义

1.政府采购深化改革的内在要求

政府采购之所以要进行采购需求管理，主要是基于以下几个关键原因。

1）确保资金有效利用

政府采购资金来源公共财政资金，必须遵循公开透明、高效节约的原则。通过采购前的采购需求管理，可以避免盲目采购、重复采购或过度采购，把握项目的必要性、可行性和合理性，保证每一分钱都花在刀刃上，利于提升采购项目的实施效果和质量。

2）优化资源配置

采购需求管理有助于政府部门精准定位所需产品和服务的质量、规格和技术参数，从而更准确地匹配市场供应，优化资源配置，促进经济社会的发展。

3）加强内部控制

采购需求管理是政府采购内控管理的重要组成部分，通过规范的需求形成及风险管理，强化了采购活动的内部制约机制，降低了决策失误和执行偏差的风险。

4）防范廉政风险

明确、合理、合规的采购需求能够减少采购过程中的人为干预，降低权钱交易、暗箱操作等廉政风险，保障政府采购的公正性和廉洁性。

2. 法律法规要求

根据《中华人民共和国政府采购法》（以下简称《政府采购法》）及其实施条例的规定，采购人应负责制定明确、完整、合规的采购需求，确保采购行为符合法律法规要求。

根据《政府采购需求管理办法》规定，采购人对采购需求管理负有主体责任，按照本办法的规定开展采购需求管理各项工作，对采购需求和采购实施计划的合法性、合规性、合理性负责。主管预算单位负责指导本部门采购需求管理工作。

3. 源头化管理

从项目产生的初期就参与管理，有助于确保整个采购流程科学合理，实现采购目标的价值最大化。

源头化管理，即在项目产生之初就实行全过程、全链条的管控模式，强调的是前置管理和前瞻性思考。在政府采购领域，这意味着从项目立项、需求论证、预算编制等环节就开始介入管理，而非仅仅关注采购公告发布后的招投标流程。这种管理模式的优点主要有以下几个方面。

1）科学合理

从源头把控，可以更深入地理解和分析采购需求的本质，确保采购的目标、标准和流程设置与实际需求紧密贴合，避免盲目采购和无效投资，从而让采购行为更加科学合理。

2）提前预判

在项目初期就识别可能存在的问题和风险，及时采取措施预防和化解，如需求界定不清、预算不合理、技术参数设定不当等问题，从而提高采购成功率和项目实施效果。

3）效益最大化

通过全程参与和精细化管理，可以在采购的各个环节寻求成本节约和价值创造的机会，有效提高财政资金的使用效益，实现采购目标的价值最大化。

4）规范化运作

源头化管理强调采购行为的合规性和规范性，能够确保政府采购严格按照法定程序和制度规定进行，防止违法违规行为的发生。

总之，源头化管理是一种更加先进和全面的采购管理理念，在《政府采购需求管理办法》发布以前，传统的"政府采购"更多还停留在从发布采购公告到签订合同的这一阶段，而采购需求管理着重于全局视野下的系统优化和综合管理，政府采购由传统的"梭形"转变成"沙漏型"，由"重程序"发展为全过程管理，有助于构建完善的政府采购治理体系，实现政府采购事业的高质量发展。

三、采购需求管理的责任主体及实施主体

1.责任主体

采购人对采购需求管理负有主体责任，按照《政府采购需求管理办法》的规定开展采购需求管理各项工作，对采购需求和采购实施计划的合法性、合规性、合理性负责。主管预算单位负责指导本部门采购需求管理工作。

2.实施主体

根据《政府采购需求管理办法》规定，采购人可以自行组织确定采购需求和编制采购实施计划，也可以委托采购代理机构或者其他第三方机构开展。

采购人在执行政府采购项目时，拥有自主决定权，可以选择自行组织团队确定采购需求、编制详细的采购实施计划，也可以选择委托具备相应资质的采购代理机构或者其他专业的第三方机构来完成这项任务。

委托代理机构的优势在于他们通常具有丰富的采购经验和专业知识，熟知相关法律法规，能够有效地协助采购人梳理需求、设计合理的采购流程、规避潜在的法律风险，从而确保采购活动的合规性。

采购代理机构在新时代背景下，除了传统的代理服务外，还需要不断提升自身的专业服务水平，拓展服务领域，比如提供采购咨询、战略规划、市场调研、需求分析等增值服务，助力采购人优化采购决策，提高采购效率，降低成本。这种转型不仅可以更好地服务于采购人，也有助于推动政府采购工作的规范化、专业化进程，进一步提升政府采购的整体效益和质量。

第二节　确定采购需求

一、编制采购需求的前期准备

1.明确采购目的和目标

明确采购目的和目标是整个采购流程的第一步，是采购需求编制的起点。在这个阶

段，采购人以及参与编制采购需求的机构需要考虑以下几个核心问题。

1）明确采购原因

首先，要清晰阐明为何需要进行这次采购，是因为部门职能、设施改善、服务升级、政策执行等原因，还是为了满足日常运营或紧急情况下的需求。

2）确定采购内容及项目属性

明确具体要采购什么货物、服务或工程项目，并按照《政府采购品目分类目录》确定采购项目属性，按照《政府采购品目分类目录》无法确定的，按照有利于采购项目实施的原则确定。

【案例】

高校实验室建设项目，内容包含设备采购、成品软件采购、软件开发及系统集成服务等。我们来分析一下该项目如何确定属性。首先，毋庸置疑，设备采购应属货物类；成品软件和软件开发虽然同为软件，但在分类上是不同的，成品软件也就是不再需要开发，如"白皮书"中"A02010801"的"基础软件"，已经为成熟产品，仅需要购置安装即可，那么就应该划归为货物类；一些需要根据实际需要开发的软件，比如中标后需针对高校某项课程而开发的特殊软件，在分类时应划归到软件开发服务类别，即服务类；系统集成可能涉及综合布线等相关工程，但在这个项目里，应该也归为集成类服务。也就是说，这个实验室建设项目，包含了设备和成品软件的货物部分，也包括了软件开发和系统集成的服务部分。为使项目顺利进行，采购人不希望由多个供应商完成这个项目，不愿意分包，而是要求一个供应商做"交钥匙工程"，那么项目就必须确定一种属性。这种情况下，我们首先来看货物和服务在本项目中各占的比例，如果货物采购占较大的比例，软件开发和系统集成仅作为辅助部分，那么建议本项目按货物类执行；如果项目以新系统开发为主，设备仅占很小的一部分，那么建议归为服务类。最终，还是要按照有利于采购项目实施的原则来具体问题具体分析，不能一刀切。

3）编制政府采购预算

根据单位的经费支出预算和资产配置标准，结合政府厉行节约、合理编制的原则，科学制定政府采购预算。

确保所有使用财政性资金采购政府集中采购目录内的或者超过采购限额标准的项目都纳入预算编制范围，避免无预算采购或超预算采购。

4）设定预期效果及绩效指标

定义采购完成后希望实现的具体目标，比如提升工作效率、降低成本、提高服务质量、增强竞争力、满足法律法规要求等。同时，要量化这些目标，便于后续评估采购效果。

建立一套有效的绩效评价体系，将采购目标转化为具体的、可衡量的绩效指标，便于在采购实施过程中监控进度，以及采购完成后评估实际效果是否达到预期目标。

通过这样的综合考量和周密规划，采购人可以确保每一笔采购都能切实地服务于组织的战略目标，实现资源的最优化配置，提高财政资金使用效益，推进各项工作的顺利开展。

2.考虑预算约束条件和资产管理要求

1）预算约束条件

在任何采购决策中，预算是首要的制约因素。这意味着必须在限定的预算范围内寻求最优的采购方案。在确定需求、制订采购计划以及选择供应商的过程中，需充分考虑成本效益分析结果，并确保所有支出均符合预先设定的预算限额，确保采购行为在财务可控范围内，避免超预算支出，同时也需要考虑采购项目的长期运营成本和维护费用。

2）资产管理要求

在采购过程中，不仅要考虑单次采购的成本，还要结合长期的资产管理策略。这包括但不限于对所购资产的全生命周期成本（TCO）进行评估，考虑其使用寿命、维护保养费用、折旧、处置价值等因素。此外，还需根据组织内部的资产管理政策和行业规定，确保新购置的资产能够被有效登记、跟踪、保护和合理使用，避免资源浪费和合规风险。

3.内部沟通协调

内部沟通协调是采购需求管理的重要环节，通过召开内部需求研讨会，实现多部门、多层级的协同合作与信息共享，确保采购项目能够满足实际工作需要和长远发展目标。

1）跨部门协作

采购项目不仅涉及采购部门，还与财务部门（负责预算审核与资金安排）、业务部门（了解实际工作需求并使用采购结果）、监督部门（对采购过程进行合规性审查）等紧密相关。通过研讨会的形式，确保各部门充分理解采购项目的背景、目标和预期成果，并在各自职责范围内提供专业意见和支持。

2）需求细节研讨

会议中需详细讨论采购的具体需求，包括产品或服务的功能特性、技术参数、数量规模、交付期限、售后服务等内容，以及潜在的风险点和应对策略。此外，也要关注采购项目对组织长远发展的影响，确保其与战略规划相契合。

3）最终用户参与

让最终用户直接参与到需求研讨中至关重要，因为他们是最了解实际工作需求的人群，能够提供最真实、最贴切的需求信息，从而避免采购结果与实际应用脱节，提升了资源利用效率。

4）达成共识

通过内部需求研讨会，促进各部门间的信息交流与观点碰撞，形成统一明确的采购需求说明，确保后续采购活动能高效有序地推进，同时降低因沟通不畅导致的后期变更风险，保障采购项目的顺利实施及成功落地。

二、采购需求调查及分析

根据《政府采购需求管理办法》规定，采购人可以在确定采购需求前，通过咨询、论证、问卷调查等方式开展需求调查，了解相关产业发展、市场供给、同类采购项目历史成交信息，可能涉及的运行维护、升级更新、备品备件、耗材等后续采购，以及其他相关情况。

面向市场主体开展需求调查时，选择的调查对象一般不少于3个，并应当具有代表性。

对于下列采购项目，应当开展需求调查：

（1）1000万元以上的货物、服务采购项目，3000万元以上的工程采购项目。

（2）涉及公共利益、社会关注度较高的采购项目，包括政府向社会公众提供的公共服务项目等。

（3）技术复杂、专业性较强的项目，包括需定制开发的信息化建设项目、采购进口产品的项目等。

（4）主管预算单位或者采购人认为需要开展需求调查的其他采购项目。

编制采购需求前一年内，采购人已就相关采购标的开展过需求调查的，可以不再重复开展。

按照法律法规的规定，对采购项目开展可行性研究等前期工作，已包含本办法规定的需求调查内容的，可以不再重复调查；对在可行性研究等前期工作中未涉及的部分，应当按照本办法的规定开展需求调查。

1.需求调查内容

通过对以下各个方面的深入调查和分析，全面了解潜在供应商的状况，降低采购风险，同时也能更好地满足采购需求和政策要求。

1) 相关产业发展、市场供给以及同类采购项目历史成交信息

相关产业发展、市场供给以及同类采购项目历史成交信息是制定有效采购策略和需求的重要依据，它们各自的含义与内涵如下。

（1）相关产业发展情况。

这是指采购项目所关联行业的发展趋势、技术创新、政策导向、产业结构调整、市场规模变化等情况。了解产业发展有助于采购人把握整体环境，确保采购的产品或服务能够适应未来的发展趋势，同时也能评估潜在供应商是否具有持续的技术和服务支持能力。

（2）市场供给情况。

市场供给状况是指市场上现有产品或服务的供应状态，包括可供选择的供应商数量、产品的丰富程度、供货周期、生产能力、库存水平等因素。通过对市场供给的研究，采购方能判断市场上的竞争态势，找到合适的供应商，并预测采购过程中的风险，如供应短缺或过剩问题。

以货物为例，从市场主要参与者入手调查3家及以上供应商，了解供应商品牌、业务覆盖范围、产品出货量、市场占有率等信息，对比数据进行分析。

（3）同类采购项目历史成交信息。

这是指过去已经完成的类似采购项目的成交记录，包括但不限于中标单位、中标金额、采购数量、规格型号、合同履行情况等具体细节。这些信息对于制定合理的预算、明确采购标准、设计评标规则以及预见可能出现的问题具有重要意义。通过分析历史成交数据，采购方可以参考市场价格区间、识别优质供应商，避免过高或过低报价，以及防范采购风险。

可通过在市级及以上的政府采购信息发布平台收集同类项目成交信息，包括但不限于其他高校采购类似项目的标的、采购方式及中标金额等内容。

2) 可能涉及的运行维护、升级更新、备品备件、耗材等后续采购

可能涉及的运行维护、升级更新、备品备件、耗材等后续采购和其他相关情况，通常是指在完成初次采购后，为了保证产品或设备的正常运行、性能优化以及使用寿命延长，所需进行的一系列额外投入和考虑事项。具体包括但不限于以下方面。

（1）运行维护。

指对已采购的产品或设备进行定期检查、保养、故障维修等工作，以维持其良好的运行状态。这方面的采购可能涉及技术服务合同、维修配件、维保人员培训等内容。

（2）升级更新。

随着技术进步、功能需求变化或者原有设备老化，可能需要对产品或系统进行软件升级、硬件更换等改造工作，这也是一项重要的后续采购内容。

（3）备品备件。

为防止设备突发故障影响正常运营，应提前采购备用零部件以备不时之需。备品备件采购计划需要根据设备重要性、易损部件的寿命、停机损失等因素来制订。

（4）耗材采购。

对于一些消耗性资源，如办公用品、生产原料、医疗器械的消耗品等，需要持续不断地进行采购补充。

（5）法律法规变更。

某些情况下，国家法律法规、行业标准或环保要求的变化，可能会导致采购的产品或服务需要进行相应的改进或替换。

（6）扩展需求。

随着业务规模的扩大或新业务的开展，原有的设备或系统可能无法满足新的需求，这时就需要进行扩容、增购或其他形式的追加采购。

（7）全生命周期管理。

从采购初期到报废处置整个过程中的所有费用，包括但不限于安装调试、运行维护、升级改造、退役处理等产生的费用。采购人在需求调查时应充分考虑并做好预案，以实现全生命周期的成本控制和效能最大化。

3）其他调查内容

如调查潜在供应商的企业规模、采购标的是否涉及强制采购节能产品、采购产品是否涉及进口产品、核心产品是否存在三个或三个以上品牌等。

（1）潜在供应商的企业规模。

了解潜在供应商的企业规模，有助于采购人更好地落实中心企业扶持政策。根据中华人民共和国现行的中小企业划型标准，判断其员工人数、年营业额、资产总额等指标是否符合中小微企业的定义。也可通过官方渠道核实供应商的企业性质和规模，如使用微信小程序"国家政务服务平台"或直接访问"小微企业名录"，输入供应商的企业信息进行查询。

（2）采购标的是否涉及强制采购节能产品。

登录"中国政府采购网"查询相关节能环保产品的清单，查询采购标的是否涉及强制采购节能产品。也可以查阅供应商提供的产品认证资料，比如是否有节能产品认证、是否有环境标志产品认证或其他相关的环保节能证书。

（3）采购标的是否涉及进口产品。

要求供应商提供产品的原产地证明、报关单据、关税支付凭证等相关进口文件，以确认产品是否属于进口产品。

（4）核心产品品牌的多样性。

对于非单一产品采购项目，调查核心产品的品牌结构，确保不存在过度依赖单一品牌的风险。分析市场上可替代的品牌数量，并评估供应商能否提供多个品牌的解决方案，以便在采购目标和采购成本之间取得平衡。

【示例】

采购需求调查样表

项目名称		预算金额	经费来源
申请单位		数量	
需求简述			
需求调查方式	☐现场考察 ☐咨询 ☐问卷调查 ☐论证，专家名单： ☐第三方咨询机构，咨询机构名称： ☐其他		
调研内容	调研产品1	调研产品2	调研产品3
厂商名称	公司1	公司2	公司3
品牌（型号）	品牌（及型号）1	品牌（及型号）2	品牌（及型号）3
进口/国产			
历史成交价/万元			
保修时间（年）			
出保后的整机维保价格/（万元/年）			
保修期内免费保养次数			
是否提供软硬件免费升级更新			
能否提供设备停产后≥3年的备件供应期			
主要配件报价			
有无配套耗材			
采购需求调查小结报告			

类似项目历史成交信息样表

单位：万元

项目名称	采购人	中标金额	中标人	采购日期
智慧教学及精品课程资源建设项目	湖南省H大学	×××	湖南×××教育科技有限公司	2021.09
精品课程资源合作开发项目	湖北G学院	×××	北京×××在线教育科技股份有限公司/武汉×××教育科技有限公司/武汉××科技有限公司	2021.08
2021年数字教材及精品在线课程建设项目	安徽×大学	×××	安徽×××文化传播有限公司/北京×××教育科技有限公司/×××出版社有限公司/合肥×××信息技术有限公司	2021.08
2021年度在线开放课程建设项目	北京B学院	×××	北京×××在线教育科技股份有限公司/北京×××传播有限公司/北京×××文化传媒有限公司	2021.08
财经商贸及计算机特色专业资源和精品课程	山西S大学	×××	山西×××软件有限公司	2021.02
旅游服务专业群资源和精品课程	四川K学院	×××	上海×××软件开发有限公司	2021.01

2. 需求调查方式

以下是《政府采购需求管理办法》规定的几种需求调查方式。

1) 咨询

向行业专家、内部相关部门（如技术部门、业务部门等）以及外部顾问咨询，以获取专业意见和建议。

召开座谈会或者一对一访谈，与相关领域的专业人士进行深入讨论。

2) 论证

组织专家论证会，邀请行业内权威人士对采购项目的必要性、可行性及具体要求进行研讨和评估。

对采购需求的技术方案、经济合理性、社会效益等方面进行全面论证。

3) 问卷调查

制定详细的问卷，针对潜在供应商、最终用户或其他利益相关方进行大规模调查，收集关于产品或服务需求的具体信息。

通过电子问卷平台、邮件、现场发放等方式，获取大量数据，以便统计分析和形成决策依据。

4）其他需求调查方式

用户访谈：直接与预期产品的使用者交流，了解他们对产品功能、性能和服务的实际期望。

数据分析：利用历史成交数据、市场研究报告、行业发展趋势等公开信息进行研究。

现场观察：实地考察使用环境或应用场景，直观感受现有问题及改进需求。

3.面向市场主体开展需求调查

面向市场主体开展需求调查在采购需求分析中确实占据重要地位。这种调查方式的核心特点是直接对接市场主体，即供应商、制造商、服务商等，通过深度调查，收集他们对产品或服务的需求信息、技术发展趋势、市场价格变动等一手资料。

这种方式的优势在于能够迅速、准确地把握市场的最新动态和未来趋势，以及市场主体的实际需求与期望，有助于采购方制定更为科学、合理的采购策略和计划。同时，这个过程也是采购方与市场主体间的重要交流和互动环节，有助于双方建立良好的合作关系，提升供需匹配度和满意度。

1）市场调查主体

面向市场主体开展需求调查时，选择的调查对象一般不少于3个，并且应当具有代表性，这一原则主要是基于以下几个原因。

（1）减少偏见与误差。

如果仅选取单一或少数调查对象，可能导致调查结果受到个体特殊情况的影响，无法反映市场的普遍状况。至少选择3个调查对象可以增加样本量，有利于减小偶然性和个别偏差，提高调查结果的客观性和准确性。

（2）增强公正性与透明度。

在政府采购等公共采购活动中，选择多个调查对象有助于体现公平竞争的原则，避免因偏好某个特定供应商而造成不公平的结果。同时，广泛收集不同市场主体的意见和建议，能够增强采购过程的透明度。

（3）获取多元信息。

不同的市场主体可能有不同的产品或服务方案，通过调查多个供应商可以获得多样化的解决方案和市场信息，从而更全面地了解市场需求、技术水平、价格水平以及服务质量等各方面的情况。

（4）确保需求合理性与可行性。

代表性调查有助于确保所形成的需求不仅反映了某一类供应商的特点，还能兼顾到市场上大多数主体的需求和供给现状，使得最终确定的采购需求更加合理可行，有利于形成高质量的采购文件和制定项目实施方案。

2）开展问卷调查

下面介绍以问卷形式如何进行需求调查。

在进行政府采购需求调查时，采用问卷形式是一种非常常见且有效的方法。这种方式可以系统地收集大量数据，并能覆盖广泛的采购相关问题，确保信息的全面性和准确性。以下是一种可能的实施步骤。

（1）设计问卷。

需要根据政府采购的需求特点和目标，设计一套科学、合理且具有针对性的问卷。问卷应包括但不限于以下几个部分：采购部门基本信息、过往采购情况、未来采购计划、具体产品或服务需求（包括质量、性能、价格等要求）、供应商评价标准、采购周期及频率、对采购流程的意见和建议等。

（2）发放问卷。

将设计好的问卷通过电子邮件、在线问卷平台、纸质问卷等多种方式发放给各相关部门或者潜在供应商，确保覆盖面广，提高回收率。

（3）数据收集与整理。

设定合理的回收期限后，及时收集并整理问卷反馈的数据，剔除无效问卷或不完整信息。

（4）数据分析。

运用统计软件或工具对收回的问卷数据进行深度分析，找出采购需求的共性与特性，总结出各类需求的趋势、规律以及存在的问题。

（5）结果应用。

基于问卷调查的结果，制定更为精准的政府采购方案，优化采购流程，提升采购效率和服务质量。

（6）反馈与改进。

将问卷调查的结果以及据此调整的采购政策或措施向参与调查者进行反馈，并持续关注效果，不断优化改进。

【示例】

需求调查问卷

为确保采购需求能够明确实现项目目标的所有技术、商务要求，确保功能和质量指标的设置能够充分考虑可能影响供应商报价和项目实施风险的因素，保障后续项目采购顺利实施，现对项目采购需求面向市场主体进行需求调查。

一、项目基本情况

二、征集意见表

潜在供应商调查意见征集表

声明：本调查意见征集表仅为获悉潜在供应商对本项目的主要采购需求的反馈意见之用，贵方对此采购需求的反馈意见不作为贵方参与本项目的承诺，但我们仍建议贵方本着审慎的原则提供真实、准确的信息，提供合理性和建设性建议。我们在此承诺，将对此反馈意见承担严格保密责任，并将获悉本信息的人员限制在最小范围。

项目名称		
潜在供应商名称		（盖章）
设备1		意见和建议：
设备2		意见和建议：
询价价格		
设备1		
设备2		
……		
其他需说明事项	交货期	意见和建议：
	其他（如有）	意见和建议：
联系方式		联系人： 电话： 邮箱：

三、调查意见征集截止时间

请潜在供应商参照《潜在供应商意见征集表》，于_____年____月____日____时之前，将意见征集表电子文档（加盖单位公章的扫描件和 Word 版本）发送至邮箱_____。

四、调查征集意见说明

（1）本次市场调查征集的意见如被采纳，将会对现项目采购需求进行调整和修改，以确定最终的项目采购需求。

（2）参与本次调查征集意见的潜在供应商并不会因此在本项目正式采购中得到特别的优待；即使未参加调查征集意见的潜在供应商仍然有资格参与本项目采购活动。

（3）潜在供应商也不会因参与调查征集意见提出问题而遭到采购人的歧视，请潜在供应商充分表达对推进本项目实施的合理性和建设性建议。

五、联系方式

采购人（采购咨询机构）：＿＿＿＿＿＿＿

联系人：＿＿＿＿＿＿＿

联系电话：＿＿＿＿＿＿＿

采购人：＿＿＿＿＿＿＿

咨询机构：＿＿＿＿＿＿＿

年　月　日

4. 需求调查辅助价格测算

采购人可以根据价格测算情况在采购预算额度内合理设定最高限价，但不得设定最低限价。需求调查在辅助价格测算中扮演着关键角色，可从以下几个方面辅助价格测算。

1）获取市场价格信息

通过向多个具有代表性的市场主体进行需求调查，可以了解到当前市场上同类产品或服务的主流价格区间、定价机制以及价格波动趋势等信息，这对于准确估算采购项目的预算成本具有直接的指导作用。

2）对比分析不同方案

各市场主体提供的产品或服务可能存在差异化特点，需求调查能够搜集多种方案的价格数据，进而对比分析各种方案的性价比，辅助确定最合适的价格基准。

3）预测成本变动因素

在调查过程中，可以深入了解影响价格的各种内外部因素，如原材料价格、人力成本、技术发展、政策调整等，这些信息有助于预测未来的成本走势，使价格测算更为精准。

4）制定合理采购限价

基于翔实的需求调查数据，采购方能够更加科学地设定采购限价，既可避免过高限价浪费财政资金，又能防止过低限价影响投标积极性，保证采购项目的顺利实施。

5. 对采购项目进行深入分析

对采购项目的深入分析是确保项目成功实施和达成预期目标的关键环节，包括但不限于成本效益分析、市场供应情况分析、技术可行性分析和潜在风险评估。

1）成本效益分析

通过详尽计算项目的总投入成本（包括但不限于采购成本、运营成本、维护成本等）

以及预期的经济效益（如产出效益、节省的成本、带来的效率提升等），从而评估项目是否具备经济合理性。在这一过程中，需要考虑货币价值之外的非货币性效益，并结合项目的生命周期成本进行综合考量。

2）市场供应情况分析

研究当前市场上的供应商资源、产品或服务供应状况，包括供应商的数量、规模、产品质量、价格水平、供货能力和服务支持等方面。同时考察市场的竞争程度、供需平衡情况，以及可能影响市场价格和技术发展的行业趋势等因素，为确定采购策略、选择合适的采购方式和供应商提供依据。

3）技术可行性分析

对拟采购的产品或服务的技术性能、成熟度、兼容性、升级潜力等方面进行全面评估，以确认其能否满足业务需求及未来发展要求。其包括技术方案的比较与优选、技术风险识别及应对措施制定，以及技术培训、技术支持和后续运维等方面的可行性研究。

4）潜在风险评估

从政策法规变化、市场波动、供应商违约、技术更新换代、项目延期、质量不达标等多个角度，对整个采购项目可能面临的风险进行全面系统地识别与评估，并针对各风险点制定相应的策略。此外，还需关注合同执行风险、财务风险，以及环境、社会、治理（ESG）相关风险等。

三、采购需求的确定

1.确定采购需求的原则

采购需求应当符合法律法规、政府采购政策和国家有关规定，符合国家强制性标准，遵循预算、资产和财务等相关管理制度规定，符合采购项目特点和实际需要。采购需求应当合规、完整、明确。

1）合规性原则

（1）符合国家法律法规、政府采购政策和国家相关规定。

所有采购需求应符合国家法律法规的规定，包括但不限于《政府采购法》及其实施条例、相关财政法规、部门规章等。

（2）符合国家强制性标准和技术规范。

采购需求可以直接引用相关国家标准、行业标准、地方标准等标准、规范，也可以根据项目目标提出更高的技术要求。

采购需求在制定时，确实需要严格遵循国家强制性标准和技术规范。这些标准和规范是保障产品和服务质量、安全以及环境友好等基本要求的底线，所有供应商都必须满足。

引用相关标准：采购人可以参照国家标准、行业标准或地方标准来明确采购需求的具体内容，如产品质量标准、安全标准、环保标准、能耗标准等。这样既保证了采购项目符合法规要求，也方便潜在供应商理解和响应。

提出更高技术要求：在满足基础标准的基础上，根据项目的实际需求和长远发展目标，采购人有权提出高于现有标准的技术要求。但需要注意的是，提高技术要求的目的应当是提升整体绩效、优化功能效果或者适应特殊应用场景，而不是无理由地设置过高门槛导致竞争不公平。

避免倾向性问题：在设定更高标准时，要确保其公正性和公平性，不能通过不合理的技术指标设置形成对特定供应商有利的局面，即避免出现"量身定制"的嫌疑。采购人应基于公开透明的原则，科学合理地提出技术要求，并在招标文件中清晰表述，让所有符合条件的供应商都能平等参与竞争。

（3）遵循预算管理制度、国有资产管理制度和财务制度等。

预算约束条件：在任何采购决策中，预算是首要的制约因素。这意味着必须在限定的预算范围内寻求最优的采购方案。在确定需求、制订采购计划以及选择供应商的过程中，需充分考虑成本效益分析结果，并确保所有支出均符合预先设定的预算限额，同时不影响业务运行及项目目标的实现。

资产管理要求：在采购过程中，不仅要考虑单次采购的成本，还要结合长期的资产管理策略。这包括但不限于对所购资产的全生命周期成本（TCO）进行评估，考虑其使用寿命、维护保养费用、折旧、处置价值等因素。此外，还需根据组织内部的资产管理政策和行业规定，确保新购置的资产能够被有效登记、跟踪、保护和合理使用，避免资源浪费和合规风险。

【小贴士】

【问】经过公开招标后，中标单位的很多单价超过《中央行政单位通用办公设备家具配置标准》，如何处理？是否需要重新招标？

【答】根据87号令规定，招标文件的内容不得违反法律、行政法规、强制性标准、政府采购政策，采购人、采购代理机构应在采购文件中按照《中央行政单位通用办公设备家具配置标准》对通用办公设备家具设定最高限价。投标供应商报价超过最高限价规定的，应作无效处理。

（信息来自中国政府采购网）

2）完整性原则

确定采购需求应当明确实现项目目标的所有技术、商务要求，功能和质量指标的设置要充分考虑可能影响供应商报价和项目实施风险的因素。

在政府采购活动中，确保采购需求的完整性至关重要。根据多个来源提供的信息，《政府采购需求管理办法》中规定，采购人在制定采购需求时，必须保证以下几点。

（1）全面性。

采购需求应涵盖实现项目目标所需的所有技术和商务要求。这意味着包括但不限于产品或服务的具体规格、性能标准、交付周期、售后服务、质保期等细节都应在采购需求中予以明确规定。

（2）功能性与质量标准。

设定功能和质量指标时，必须充分考虑这些指标如何影响潜在供应商的成本计算和投标报价，以及它们在项目实施过程中可能带来的风险。比如，过于严苛的质量标准可能导致成本增加，进而影响供应商参与竞标的积极性；而过低的标准则可能无法满足项目的实际需要，导致项目失败或者增加后期运维的风险。

但是也要注意，这里所说的完整是以采购需求为出发点的完整，并不是要列举设备的全部参数，这是一个经常出现的误区。

在政府采购中，强调需求完整性主要是指从实现项目目标的角度出发，明确必需的技术、商务要求，而不是事无巨细地列举所有可能的设备参数或服务细节。

具体来说，采购人应该重点描述清楚项目的核心功能需求、主要技术指标、关键的商务条件等实质性内容，对于非核心但可能影响项目实施或供应商选择的参数也需适当涉及，但在不必要的情况下，无须列出所有细枝末节的设备参数，以免给供应商带来困扰，或者导致过度设计、增加不必要的成本。

（3）与项目实施相关的其他内容。

采购需求的完整性不仅限于所采购物品或服务的具体规格、数量和技术要求等基本信息，还包括与项目实施紧密相关的所有必要条件。这些条件旨在帮助潜在供应商全面理解项目的整体背景和具体要求，以便供应商能够提供符合实际需求的解决方案或产品。

项目实施条件：可能涉及项目的时间表、施工环境、安全标准、现场操作限制等要素，以及项目执行过程中可能遇到的相关法规约束、验收标准等。

现场情况：如建筑工程项目中场地的地质状况、水电设施、交通条件；信息技术项目中的网络环境、软硬件兼容性要求、现有系统的集成接口等。

设计图纸或技术文件：对于需要定制化解决方案的项目，应提供详细的设计图纸、工程蓝图或相关技术文件，以确保投标人能够根据提供的资料准确估算成本、制定实施方案。

对接方案：如果涉及与原有设备或系统的衔接，必须明确列出原系统的技术参数、接口规范、数据格式等信息，确保新采购的产品或服务可以无缝接入并稳定运行。

通过在采购需求中详尽地列明以上内容，采购人能够更有效地指导供应商准备投标文件，从而获得最具竞争力且切实可行的报价方案，降低后续合同履行过程中的变更风险和纠纷。同时，这也有利于提高采购活动的透明度和公平性，进一步保障公共资金的合理使用和社会效益的最大化实现。

3）明确性原则

采购需求应当清楚明了、表述规范、含义准确。技术要求和商务要求应当客观，量化指标应当明确相应等次，有连续区间的按照区间划分等次。需由供应商提供设计方案、解决方案或者组织方案的采购项目，应当说明采购标的的功能、应用场景、目标等基本要求，并尽可能明确其中的客观、量化指标。

采购需求的制定与表述，是保证采购活动顺利进行、满足实际业务需求以及实现公平公正竞争的基础。具体如下。

（1）清楚明了、表述规范、含义准确。

在制定采购需求时，应避免使用模糊不清或容易产生歧义的词语，确保所有参与竞标的供应商都能准确理解采购人的具体需求，包括产品或服务的数量、质量、规格、交付时间等要素。要用"采购的语言"去表达，就是要避免过于专业化或者偏向供应方角度的术语和描述，而是要让所有潜在供应商都能清楚理解采购人的实际需求，以便提供最适合的解决方案。

（2）技术要求和商务要求客观、量化。

对于涉及技术性能、参数、资质证明等方面的技术要求，以及合同条款、付款方式、售后服务等方面的商务要求，应当尽可能地采用客观、量化的指标，并明确各个等级的标准。比如，性能参数需达到某一标准值，或者服务响应时间必须在特定范围内。

需由供应商提供设计方案、解决方案或者组织方案的采购项目，应详细阐述采购标的的核心功能、预期的应用场景、项目目标等内容，让供应商在设计或提供方案时有明确的方向。同时，尽可能给出客观、量化的评价标准，以便于后期对各供应商提交的方案进行科学、公正的评估和比较。

明确且严谨的采购需求设定，有助于提升采购效率，降低交易成本，保障采购质量和效果。

例如：标的物命名不规范，将俗称或简称代替货物名称。如医疗设备中的"B超""CT机"等应当采用官方发布的标准名称，CT可使用海关颁布的具有唯一ID标识的商品名称，进口HS编号为9022120000的"X射线计算机断层扫描装置"或国家药品监督管理局注册证产品名称"X射线计算机体层摄影设备"。

如果约定采购标的的数量为"一套"，则需在采购需求中明确"一套"包含的具体内容，以免引起歧义。

采购人、采购代理机构一般不得要求供应商提供样品，仅凭书面方式不能准确描述采购需求或者需要对样品进行主观判断以确认是否满足采购需求等特殊情况除外。要求供应商提供样品的，应当在采购需求中明确规定：样品制作的标准和要求、是否需要随样品提交相关的检测报告、样品的评审方法以及样品的评审标准。需要随样品提交检测报告的，还应当规定检测机构的要求、检测内容等。

政府采购文件不宜编制"参考品牌"。"参考品牌"具有一定的指向性和排他性，违反了政府采购公平竞争的原则。

请看下面的案例。

某高校报告厅智能化改造项目投诉案

某高校发布竞争性磋商公告，对报告厅进行智能化改造。A公司在获取采购文件后提出质疑，因对质疑答复不满意，向当地财政部门提起投诉。A公司认为，采购标的技术参数设置具有指向性和排他性。

当地财政部门对该项目技术参数审查发现，采购文件对智能化设备、材料设定了参考品牌，如LED大屏参考品牌为"LJ、LP、TH"，并注明"以上品牌均应为原厂正牌产品，上述材料承包人必须从厂家（不含联营厂）或一级代理商处采购……材料进场前，需经采购人及使用单位认可。非发包人指定品牌的材料……应选用市场上应用较广泛的高质量、高信誉知名产品，并在投标文件中明确产品品牌及品牌档次"。

财政部门认为，本项目采购文件具有排他性和指向性，属于《中华人民共和国政府采购法实施条例》（以下简称《政府采购法实施条例》）第二十条第（六）项"限定或者指定特定品牌"，投诉事项成立，责令修改采购文件，重新开展采购活动。

2. 采购需求的构成

采购需求不仅服务于采购活动，而且对整个采购流程的效率和效果起到关键作用。为了提高采购需求管理的有效性和规范性，通常建议建立一套标准的采购需求构成框架，现以"采购标的""技术要求""商务要求"三大部分组成的采购需求进行介绍。

采购需求可采用文字描述或表格形式，以下示例均采用表格形式。

1）采购标的部分

（1）采购标的。

采购标的应为实质性要求，应列明各采购标的名称、数量和单位，同时还应明确以下内容。

① 明确采购标的对应的中小企业划分标准所属行业。

② 明确核心产品。对于货物项目中非单一产品采购项目，采购人应当根据采购项目技术构成、产品价格比重等合理确定一个核心产品。

③ 明确是否接受进口产品。明确接受进口产品的标的，允许采购进口产品。

④ 明确采购标的是否强制采购节能产品。采购标的强制采购节能产品的，应提供国家确定的认证机构出具的节能产品认证证书，否则为无效投标/响应。

⑤ 明确是否允许合同分包。采购标的未注明"允许分包"的，不得合同分包。

⑥ 其他要求。

【示例】

采购标的一览表

序号	标的名称	数量	单位	采购标的所属行业	是否为核心产品	是否接受进口产品	是否强制采购节能产品	是否允许合同分包	其他要求
1	（标的1）	……	……						
2	（标的2）	……	……						
3	（标的3）	……	……						
……	……	……	……						

（2）项目背景/概述。

项目背景/概述为采购标的的补充说明，一般包含以下内容（根据项目情况具体调整）：

① 如项目背景、项目范围、项目内容、项目目标、需求分析等。

② 落实政府采购政策需满足的要求，包括采购本国货物、工程和服务，扶持中小企业、监狱企业及残疾人福利性单位，政府采购节能产品、环境标志产品等。

③ 其他供应商参与项目需要了解的必要信息，如与前期项目的关系等。

【示例】

项目背景/概述

序号	内容		说明
1	采购标的需实现的功能或者目标	项目背景	
2		项目范围	
3		项目内容	
4		项目目标	
5		需求分析	
6	落实政府采购政策需满足的要求	采购本国货物、工程和服务	
7		扶持中小企业、监狱企业及残疾人福利性单位	
8		政府采购节能产品、环境标志产品	
9		其他政府采购政策	
10	其他内容（如有）	与前期项目的关系	

2）技术要求部分

（1）基本要求。

① 采购标的需实现的功能或者目标。

② 需执行的国家相关标准、行业标准、地方标准或者其他标准、规范。

（2）服务内容及要求/货物技术要求。

① 采购标的需满足的性能、材料、结构、外观、质量、安全、技术规格、物理特性等要求。

② 采购标的需满足的服务标准、期限、效率等要求。

③ 为落实政府采购政策需满足的要求。

④ 采购标的的其他技术、服务等要求。

⑤ 需由供应商提供设计方案、解决方案或者组织方案的采购项目，应当说明采购标的的功能、应用场景、目标等基本要求。

在编写服务内容及要求/货物技术要求时，功能、质量、服务标准等指标的设置要充分考虑可能影响供应商报价和项目实施风险的因素，明确指标的重要性和优先级，设定客观、量化的评审因素、分值和权重。指标的可分为实质性要求和参与评分的指标两大类。

【示例】

指标按重要性分为"★""♯"和"△"。★代表实质性指标项，若不满足该指标项，则将导致投标被拒绝；#代表重要指标项；△则表示一般指标项。

根据指标的性质及其重要性，还要明确供应商是否需要提供证明材料在评审时进行佐证。

【示例】

"证明材料要求"项可填"是"和"否"。若填"是"，则投标人需提供包含相关指标项的证明材料，证明材料可以使用生产厂家官方网站截图或产品白皮书或第三方机构检验报告或其他相关证明材料，未提供有效证明材料或证明材料中的内容与所填报的指标项不一致的，该指标项按不满足处理。

除技术、服务、实施方案需求中明确要求投标人承诺的事项外，其他要求提供证明材料的指标项中，提供投标人承诺作为应答的不予认定。

【示例】

货物技术要求

参数指标要求：

①指标按重要性分为"★""#"和"△"。★代表实质性指标项,若不满足该指标项,则将导致投标被拒绝;#代表重要指标项;△则表示一般指标项。

②"证明材料要求"项可填"是"和"否"。若填"是",则投标人需提供包含相关指标项的证明材料,证明材料可以使用生产厂家官方网站截图或产品白皮书或第三方机构检验报告或其他相关证明材料,未提供有效证明材料或证明材料中的内容与所填报的指标项不一致的,该指标项按不满足处理。

③除技术、服务、实施方案需求中明确要求投标人承诺的事项外,其他要求提供证明材料的指标项中,提供投标人承诺作为应答的不予认定。

序号	重要性	指标项	指标要求	证明材料要求
1.（标的1）				
1.1	★	规格参数		是/否
1.2	#	规格参数		是/否
1.3	△	规格参数		是/否
……	……			
2.（标的2）				
2.1	★	规格参数		是/否
2.2	#	规格参数		是/否
2.3	△	规格参数		是/否
……	……			
……				

服务要求

参数指标要求：

①重要性分为"★""#"和"△"。★代表实质性指标项,若不满足该指标项,则将导致投标被拒绝;#代表重要指标项;△则表示一般指标项。

②"证明材料要求"项可填"是"和"否"。若填"是",则投标人需按"服务要求标准"提供相关证明材料。

序号	重要性	内容	服务要求标准	证明材料要求
1		原厂售后服务承诺函		是/否
2		投标人服务标准		是/否
3		硬件、软件制造商服务标准		是/否
4		人员资格标准		是/否
5		服务网络标准		是/否
6		集成标准		是/否
7		培训服务		是/否
8		……		

实施要求

①重要性分为"★""#"和"△"。★代表实质性指标项,若不满足该指标项,则将导致投标被拒绝;#代表重要指标项;△则表示一般指标项。

②"证明材料要求"项可填"是"和"否"。若填"是",则投标人需按"实施标准"提供相关证明材料。

序号	重要性	内容	实施标准	证明材料要求
1		项目实施过程中的文档管理		是/否
2		项目实施进度安排		是/否
3		项目验收安排		是/否
4		……		

（3）验收标准。

政府采购验收标准主要包括以下几个方面。

①合同约定：验收首先依据的是政府采购合同条款，供应商提供的产品或服务必须满足合同中规定的质量要求、技术参数、性能指标、交付期限等内容。

②国家与行业标准：验收还应符合国家的相关产品质量标准、安全标准、环保标准以及特定行业的技术规范。

③法律法规要求：遵守国家法律、行政法规对于政府采购项目验收的规定，比如《政府采购法》及其实施条例等。

④政策性文件：执行国家发改委、财政部等相关部委发布的关于政府采购项目验收的指导性文件和具体收费标准。

⑤验收程序。

【示例】

验收程序如下。

（1）编制详细的验收实施方案，明确验收小组的组成、职责分工以及验收流程。

（2）组织实地验收，对项目进行全面细致的检查和测试。

（3）对验收过程中发现的问题进行记录，并要求供应商整改。

（4）召开验收预备会议，确定验收时间、程序及预期目标。

（5）进行现场勘查、逐项检查，并完成必要的功能试验或性能测试。

（6）在验收评定会议上，验收小组成员汇报各自负责部分的验收情况，综合各方意见形成验收报告。

（7）根据验收结果出具验收结论，决定是否通过验收并出具验收证明或提出整改意见。

⑥绩效评价：对于涉及长期服务或运营维护的项目，除了基本的技术验收外，还会对项目的经济效益、社会效益等方面进行绩效评价。

3）商务要求

商务要求是指取得采购标的的时间、地点、财务和服务要求，包括以下几方面。

（1）交付（实施）的时间（期限）和地点（范围）。

（2）付款条件（进度和方式）。

（3）包装和运输（若适用，需满足《关于印发〈商品包装政府采购需求标准（试行）〉、〈快递包装政府采购需求标准（试行）〉的通知》（财办库〔2020〕123号））。

（4）售后服务（质保期）。

（5）保险。

【示例】

商务要求

①重要性分为"★""#"和"△"。★代表实质性指标项,若不满足该指标项,则将导致投标被拒绝;#代表重要指标项;△则表示一般指标项。

②"证明材料要求"项可填"是"和"否"。若填"是",则投标人需按"实施标准"提供相关证明材料。

序号	重要性	内容	实施标准	证明材料要求
1		交付(实施)时间(期限)		是/否
2		交付(实施)地点(范围)		是/否
3		付款条件(进度和方式)	付款节点:①首付款:②中期款:③尾款:	是/否
4		售后服务(质保期)		
5				

3. 采购需求的标准化

为提高政府采购需求管理的科学化、规范化水平,进一步落实政府采购公平竞争原则,优化营商环境,营造良好的产业生态,财政部、工业和信息化部相继发布了《台式计算机政府采购需求标准(2023年版)》《便携式计算机政府采购需求标准(2023年版)》《一体式计算机政府采购需求标准(2023年版)》《工作站政府采购需求标准(2023年版)》《通用服务器政府采购需求标准(2023年版)》《操作系统政府采购需求标准(2023年版)》《数据库政府采购需求标准(2023年版)》。

这些系列的政府采购需求标准,旨在对各类计算机设备以及操作系统、数据库等软件产品提出统一、明确且具有指导性的技术规格和性能指标要求。具体如下。

标准化采购需求:通过制定详细的标准,确保政府采购在台式计算机、便携式计算机(笔记本电脑)、一体式计算机、工作站以及通用服务器等硬件产品的采购时,能够满足一致的技术参数、节能环保指标、安全可控性要求,避免因需求模糊或不统一而导致的市场混乱和竞争失衡。

软件层面的要求:对于操作系统和数据库这类基础软件,同样提出了规范化的采购需求,强调了兼容性、安全性、可维护性、国产化支持等方面的具体条件,有利于推动国内信息技术产业的发展,保障国家信息安全,并促进公平开放的市场竞争环境。

优化营商环境：通过制定和实施这些标准，可以降低供应商参与政府采购活动的门槛，提高招投标过程的透明度和效率，鼓励国内外企业按照统一的标准进行产品研发和生产，为所有符合条件的企业提供公平竞争的机会。

产业生态建设：标准化的采购需求有助于引导和支持电子信息产业链条上的技术创新与协同发展，构建更加完善的信息技术产业生态，推动我国电子信息产业的整体升级和自主创新能力提升。

在线习题（第一章）

采购实施计划是采购需求与采购活动的重要衔接，是指导采购人执行采购活动的重要依据，是确保采购顺利实施的重要保障。采购实施计划编制是否完整、科学、合理，直接决定着采购活动能否顺利开展实施，也是采购人履行主体责任的重要体现。

《政府采购需求管理办法》第十二条规定，采购实施计划，是指采购人围绕实现采购需求，对合同的订立和管理所做的安排。采购实施计划根据法律法规、政府采购政策和国家有关规定，结合采购需求的特点确定。采购实施计划主要包括合同订立安排和合同管理安排。

第一节　合同订立安排

合同订立安排包括采购项目预（概）算、最高限价，开展采购活动的时间安排，采购组织形式和委托代理安排，采购包划分与合同分包，供应商资格条件，采购方式，竞争范围和评审规则等。

一、项目预（概）算、最高限价

1. 项目预算

项目预算是根据项目的预期工作范围、资源需求以及各项成本估算而制订的总费用计划，它是控制项目支出的基础。在政府采购中，项目预算通常基于部门预算和实际业务需求设定，并作为编制采购需求和实施计划的重要依据。预算金额将直接影响到采购内容的选择、采购方式的确定以及供应商报价的合理性。

2.最高限价

最高限价是采购人为某个具体采购项目设定的最高接受价格，它不得超过该项目的预算额度。在招标或谈判过程中，供应商提供的报价不得高于这个最高限价，否则其投标将会被视为无效。设置最高限价有助于防止过度投资，确保采购活动符合财政纪律，同时促进公平竞争，防止因高价导致的市场垄断或者不正当竞争。

两者之间存在紧密联系：项目预算是制定最高限价的基础，而最高限价则是对项目预算执行的一种约束手段，共同构成有效控制采购成本、合理使用公共资金的关键环节。

二、开展采购活动的时间安排

采购人要根据采购项目实施的要求，充分考虑采购活动所需时间和可能影响采购活动进行的因素，合理安排采购活动实施时间。

1.采购活动所需时间

在进行采购活动时，采购人员需要全面考虑和规划。首先，他们需要详细了解采购项目的具体要求、标准及预期交付日期等信息，确保采购的产品或服务能够满足项目需求。

其次，采购人员应充分考虑采购周期的各个阶段，包括但不限于：需求分析、供应商筛选、询价比价、合同谈判、订单下达、产品生产或服务提供、质量验收以及付款结算等环节所需要的时间。

2.可能影响采购活动进行的因素

此外，还应当预见并评估可能影响采购活动的各种因素，如市场供应情况、供应商能力、物流运输时间、季节性影响、政策法规变化、突发事件等，以这些因素为基础，合理确定每个采购环节的时间节点，从而保证整个采购活动能够按计划顺利进行。

三、采购组织形式和委托代理安排

采购人采购纳入政府集中采购目录的项目，必须委托集中采购机构采购。政府集中采购目录以外的项目可以自行采购，也可以自主选择委托集中采购机构，或者集中采购机构以外的采购代理机构采购。

四、采购包划分与合同分包

采购项目划分采购包的，要分别确定每个采购包的采购方式、竞争范围、评审规则，以及合同类型、合同文本、定价方式等相关合同订立、管理安排。

在政府采购或企业采购中，如果一个项目被划分为多个采购包（也称为标包或分包），这意味着根据项目的不同部分、功能需求、技术要求或服务内容，将其分割为可独立招标和管理的单元。每个采购包应具备其特定的采购要求和管理规则。

【小贴士】

【问】食堂食材供应项目（预算金额在限额标准以上的分散采购项目），由于食材需求的特殊性，项目需求难免品类繁杂，即使根据需求进行合理分包后，单一标段若由一家供应商承担，仍然可能出现因特殊情况或供应商应急能力有限，导致单家供应商无法正常供货的情况。故实际操作中，采购人更倾向于同一标段确定两家中标供应商轮流（或根据合同约定的其他方式）供货，以保证食材供应正常，请问如此操作合规吗？是否违反《关于促进政府采购公平竞争优化营商环境的通知》（财库〔2019〕38号）的净值设置备选库的规定？如果不合规，请问有什么推荐做法？

【答】您提到的食堂食材采购问题，违反了《关于促进政府采购公平竞争优化营商环境的通知》（财库〔2019〕38号）的规定。食堂采购原则上均应在明确服务标准、定价原则等采购需求的前提下，依照法定程序择优选择具体供应商，遵循量价对等的原则签订政府采购合同。确需多家供应商共同承担的，可根据食材品种等要素进行合理分包，通过竞争择优，将相应采购业务明确到具体供应商。如果无法分包，采购人可以选择接受联合体投标，鼓励供应商组成联合体满足采购人的需要。

（信息来自中国政府采购网）

五、供应商资格条件

根据采购需求特点提出的供应商资格条件，要与采购标的的功能、质量和供应商履约能力直接相关，且属于履行合同必需的条件，包括特定的专业资格或者技术资格、设备设施、业绩情况、专业人才及其管理能力等。

业绩情况作为资格条件时，要求供应商提供的同类业务合同一般不超过两个，并明确同类业务的具体范围。涉及政府采购政策支持的创新产品采购的，不得提出同类业务合同、生产台数、使用时长等业绩要求。

供应商资格条件分基础资格条件、落实政府采购政策需满足的资格条件和特定资格条件三大类别。

1. 基础资格条件

《政府采购法》第二十二条列出了供应商参加政府采购活动所必须具备的基础资格要求,即:

（1）具有独立承担民事责任的能力。

（2）具有良好的商业信誉和健全的财务会计制度。

（3）具有履行合同所必需的设备和专业技术能力。

（4）有依法缴纳税收和社会保障资金的良好记录。

（5）参加政府采购活动前三年内,在经营活动中没有重大违法记录。

（6）法律、行政法规规定的其他条件。

此外,随着信用体系建设的发展,根据后续的相关政策法规,政府采购活动也强调对参与主体的信用记录进行查询和使用。

采购人或者采购代理机构应当在采购文件中明确信用信息的查询渠道及截止时点、信用信息的查询记录和证据留存的具体方式、信用信息的使用规则等内容。采购人或者采购代理机构应当对供应商的信用记录进行甄别,对列入失信被执行人名单、重大税收违法案件当事人名单、政府采购严重违法失信行为记录名单及其他不符合《政府采购法》第二十二条规定条件的供应商,应当拒绝其参与政府采购活动。

两个以上的自然人、法人或者其他组织组成一个联合体,以一个供应商的身份共同参加政府采购活动的,应当对所有联合体成员进行信用记录查询,联合体成员存在不良信用记录的,视同联合体存在不良信用记录。

【小贴士】

【问】就《政府采购法》第二十二条规定"具有良好的商业信誉和健全的财务会计制度"内容提出以下咨询:供应商应如何证明自身具备良好的商业信誉,应提供什么证明材料?

【答】良好的商业信誉是指供应商在参加政府采购活动以前,在生产经营活动中始终能够做到遵纪守法,诚实守信,有良好的履约业绩。采购活动中,应当按规定查询供应商的信用记录,不存在严重违法失信行为记录等信息的,即可认为其具备良好的商业信誉。

（信息来自中国政府采购网）

2. 落实政府采购政策需满足的资格条件

（1）专门面向中小企业（监狱企业、残疾人福利性单位、联合体各方均为中小企业的联合体、符合中小企业划分标准的个体工商户视同中小企业）。

（2）专门面向小微企业（监狱企业、残疾人福利性单位、联合体各方均为小微企业的联合体、符合小微企业划分标准的个体工商户视同小微企业）。

（3）专门面向监狱企业。

（4）预留部分份额要求以联合体形式参加，应当与一家或多家中小企业组成联合体，并将采购清单中"适宜中小企业提供"的标的全部或部分由中小企业承担，联合协议书中应约定中小企业合同金额占合同总金额的最低比例；符合条件的中小企业直接参加的，可以不用与其他中小企业组成联合体。

（5）预留部分份额要求以联合体形式参加，应当与一家或多家小微企业组成联合体，并将采购清单中"适宜中小企业提供"的标的全部或部分由小微企业承担，联合协议书中应约定小微企业合同金额占合同总金额的最低比例；符合条件的小微企业直接参加的，可以不用与其他小微企业组成联合体。

（6）预留部分份额要求中标后合同分包，应将采购清单中"适宜中小企业提供"的标的，全部或部分合同分包给一家或多家中小企业，分包意向协议书中应约定中小企业的合同金额占合同总金额的最低比例；符合条件的中小企业直接参加的，可以不用合同分包。

（7）预留部分份额要求中标后合同分包，应将采购清单中"适宜中小企业提供"的标的，全部或部分合同分包给一家或多家小微企业，分包意向协议书中应约定小微企业的合同金额占合同总金额的最低比例；符合条件的小微企业直接参加的，可以不用合同分包。

3. 特定资格条件

如项目接受联合体投标，对联合体应提出相关资格要求；如属于特定行业项目，供应商应当具备特定行业法定准入要求。

根据采购需求特点提出的供应商资格条件，要与采购标的的功能、质量和供应商履约能力直接相关，且属于履行合同必需的条件，包括特定的专业资格或者技术资格、设备设施、业绩情况、专业人才及其管理能力等。

业绩情况作为资格条件时，要求供应商提供的同类业务合同一般不超过2个，并明确同类业务的具体范围。涉及政府采购政策支持的创新产品采购的，不得提出同类业务合同、生产台数、使用时长等业绩要求。

特定资格条件包括以下几个方面。

（1）如项目接受联合体投标，对联合体应提出相关资格要求。

（2）如属于特定行业项目，供应商应当具备特定行业法定准入要求，应当具有行政主管部门颁发的×××资质或证书。

【小贴士】

【问】根据中华人民共和国住房和城乡建设部令第22号第三条的规定，企业应当按照其拥有的资产、主要人员、已完成的工程业绩和技术装备等条件申请建筑业企业资质，经审查合格，取得建筑业企业资质证书后，方可在资质许可的范围内从事建筑施工活动。按此要求，政府采购工程项目供应商需具备相应的资质，无论哪一种工程项目资质，都有其相应的注册资金及人员数量的要求。针对这一情况，如果不要求资质，则不符合相应的规定；如果要求资质，则违反了政府采购中"不得以注册资金、人员等规模条件作为资格要求或者评审因素……"的规定。请问，对此情况如何处理。

【答】国家有关法律法规对资质有相关规定的，应作为资格条件。

（信息来自中国政府采购网）

【小贴士】

【问】在财政部中华人民共和国财政部政府采购信息公告（第三百六十二号），明确规定《计算机信息系统集成资质》不再作为政府采购法定资质，由中国电子信息行业联合会颁发的"信息系统集成资质"要求申请企业"注册资本和实收资本均不少于5000万元，或所有者权益合计不少于5000万元"、"近三年的系统集成收入总额不少于5亿元，或不少于4亿元且近三年完成的系统集成项目总额中软件和信息技术服务费总额所占比例不低于80%"。招标文件将"计算机信息系统集成企业资质"列为实质性条款，违反了《中华人民共和国政府采购法》第二十二条和《中华人民共和国政府采购法实施条例》第二十条的规定。现在我市有个智慧教育项目，预算9000万元，主要设备为触控一体机等教学用设备，网络产品，教学软件。在特定资质上是否可以设定电子与智能化工程专业承包二级及以上资质？设定后是否违反财政部中华人民共和国财政部政府采购信息公告（第三百六十二号）具体内容？

【答】财政部政府采购信息公告（第三百六十二号）中的"信息系统集成资质"属于国家已经明令取消的资质、资格，不得作为资格条件和评分因素。采购人可以根据项目特点，要求供应商具有全国性的非特定行业的类似业绩、奖项作为加分条件或者中标、成交条件。具体要求通过采购文件作出规定。

（信息来自中国政府采购网）

（3）特定的专业资格或者技术资格、设备设施、业绩情况、专业人才及其管理能力等。

（4）本项目是否属于政府购买服务：项目如果属于政府购买服务，公益一类事业单位、使用事业编制且由财政拨款保障的群团组织，不得作为承接主体。

【示例】

资格审查表

序号	审查因素	审查内容
1	满足《政府采购法》第二十二条规定	
1-1	具有独立承担民事责任的能力	法人或者其他组织的营业执照等证明文件,自然人的身份证明。 (1)企业应提供"营业执照"; (2)事业单位应提供"事业单位法人证书"; (3)非企业专业服务机构应提供执业许可证等证明文件; (4)个体工商户应提供"个体工商户营业执照"; (5)自然人应提供自然人身份证明
1-2	具有良好的商业信誉和健全的财务会计制度 具有履行合同所必需的设备和专业技术能力 有依法缴纳税收和社会保障资金的良好记录 参加政府采购活动前三年内,在经营活动中没有重大违法记录 法律、行政法规规定的其他条件	提供符合采购文件要求的《投标人资格声明书》
1-3	投标人信用记录	查询渠道:信用中国网站和中国政府采购网(www.creditchina.gov.cn/www.ccgp.gov.cn); 截止时点:投标截止时间以后、资格审查阶段采购人或采购代理机构的实际查询时间; 信用信息查询记录和证据留存具体方式:查询结果网页打印页作为查询记录和证据,与其他采购文件一并保存; 信用信息的使用原则:经认定的被列入失信被执行人、重大税收违法案件当事人名单、政府采购严重违法失信行为记录名单的投标人,其投标无效; 以联合体形式投标的,联合体成员存在不良信用记录,视同联合体存在不良信用记录
1-4	法律、行政法规规定的其他条件	法律、行政法规规定的其他条件
2	落实政府采购政策需满足的资格要求	
2-1	中小企业政策	

序号	审查因素	审查内容
2-1-1	中小企业证明文件	当本项目(包)涉及预留份额专门面向中小企业采购时,建议在《资格证明文件》中提供。 (1)投标人单独投标的,应提供《中小企业声明函》或《残疾人福利性单位声明函》或由省级以上监狱管理局、戒毒管理局(含新疆生产建设兵团)出具的属于监狱企业的证明文件。 (2)若招标文件要求以联合体形式参加或者要求合同分包的,且投标人为联合体或拟进行合同分包的,则联合体中的中小企业、签订分包意向协议的中小企业具体情况需在《中小企业声明函》或《残疾人福利性单位声明函》或由省级以上监狱管理局、戒毒管理局(含新疆生产建设兵团)出具的属于监狱企业的证明文件中如实填报,且满足招标文件关于预留份额的要求
2-1-2	拟分包情况说明及分包意向协议	如本项目(包)要求通过分包措施预留部分采购份额面向中小企业采购且投标人因落实政府采购政策拟进行分包的,必须提供;否则无须提供。 对于预留份额专门面向中小企业采购的项目(包),组成联合体或者接受分包合同的中小企业与联合体内其他企业、分包企业之间不得存在直接控股、管理关系
2-2	其他落实政府采购政策的资格要求	
3	本项目的特定资格要求	
3-1	本项目对于联合体的要求	(1)如本项目接受联合体投标且投标人为联合体时,必须提供《联合协议》,明确各方拟承担的工作和责任,并指定联合体牵头人,授权其代表所有联合体成员负责本项目投标和合同实施阶段的牵头、协调工作。该联合协议应当作为投标文件的组成部分,与投标文件其他内容同时递交。 (2)联合体各成员单位均需提供本表中序号1-1、1-2的证明文件。联合体成员单位应满足本表3-2、3-3的各项规定。 (3)本表序号3-3项规定的其他特定资格要求中的每一小项要求,联合体各方中至少应当有一方符合本表中其他资格要求并提供证明文件。 (4)联合体中有同类资质的供应商按照联合体分工承担相同工作的,应当按照资质等级较低的供应商确定资质等级。 (5)以联合体形式参加政府采购活动的,联合体各方不得再单独参加或者与其他供应商另外组成联合体参加同一合同项下的政府采购活动。 (6)若联合体中任一成员单位中途退出,则该联合体的投标无效。 (7)本项目不接受联合体投标时,投标人不得为联合体

续表

序号	审查因素	审查内容
3-2	业绩情况要求	
3-3	其他特定资格要求	
3-4	政府购买服务承接主体的要求	如本项目属于政府购买服务，投标人不属于公益一类事业单位、使用事业编制且由财政拨款保障的群团组织

中小企业证明文件说明如下。

(1)如本项目(包)不专门面向中小企业预留采购份额，资格证明文件部分无须提供《中小企业声明函》或《残疾人福利性单位声明函》或由省级以上监狱管理局、戒毒管理局(含新疆生产建设兵团)出具的属于监狱企业的证明文件；供应商如具有上述证明文件，建议在商务技术文件中提供。

(2)如本项目(包)专门面向中小企业采购，投标文件中需提供《中小企业声明函》或《残疾人福利性单位声明函》或由省级以上监狱管理局、戒毒管理局(含新疆生产建设兵团)出具的属于监狱企业的证明文件，且建议在资格证明文件部分提供。

(3)如本项目(包)预留部分采购项目预算专门面向中小企业采购，且要求获得采购合同的供应商将采购项目中的一定比例分包给一家或者多家中小企业的，投标文件中除需提供《中小企业声明函》或《残疾人福利性单位声明函》或由省级以上监狱管理局、戒毒管理局(含新疆生产建设兵团)出具的属于监狱企业的证明文件，还需同时提供《拟分包情况说明》及《分包意向协议》，且建议在资格证明文件部分提供。

(4)如本项目(包)预留部分采购项目预算专门面向中小企业采购，且要求供应商以联合体形式参加采购活动，投标文件中除需提供《中小企业声明函》或《残疾人福利性单位声明函》或由省级以上监狱管理局、戒毒管理局(含新疆生产建设兵团)出具的属于监狱企业的证明文件，还需同时提供《联合协议》；上述文件建议在资格证明文件部分提供。

(5)中小企业声明函填写注意事项：①《中小企业声明函》由参加政府采购活动的投标人出具。联合体投标的，《中小企业声明函》可由牵头人出具。②对于联合体中由中小企业承担的部分，或者分包给中小企业的部分，必须全部由中小企业制造、承担或者承接。供应商应当在声明函"标的名称"部分标明联合体中中小企业承担的具体内容或者中小企业的具体分包内容。③对于多标的采购项目，投标人应充分、准确地了解所提供货物的制造企业、提供服务的承接企业信息。对相关情况了解不清楚的，不建议填报本声明函

【示例】

资格声明书

在参与本次项目投标中，我单位承诺：

(1)具有良好的商业信誉和健全的财务会计制度；

(2)具有履行合同所必需的设备和专业技术能力；

(3)有依法缴纳税收和社会保障资金的良好记录；

(4)参加政府采购活动前三年内，在经营活动中没有重大违法记录（重大违法记录是指因违法经营受到刑事处罚或者责令停产停业、吊销许可证或者执照、较大数额罚款等行政处罚，不包括因违法经营被禁止在一定期限内参加政

府采购活动，但期限已经届满的情形）；

（5）我单位不属于政府采购法律、行政法规规定的公益一类事业单位，或使用事业编制且由财政拨款保障的群团组织（仅适用于政府购买服务项目）；

（6）我单位不存在为采购项目提供整体设计、规范编制或者项目管理、监理、检测等服务后，再参加该采购项目的其他采购活动的情形（单一来源采购项目除外）；

（7）与我单位存在"单位负责人为同一个人或者存在直接控股、管理关系"的其他法人单位信息如下（如有，不论其是否参加同一合同项下的政府采购活动均需填写）：

序号	单位名称	相互关系
1		
2		
……		

上述声明真实有效，否则我方负全部责任。

【小贴士】

【问】根据《政府采购法》第二十三条规定，采购人可以要求参加政府采购的供应商提供有关资质证明文件和业绩情况，并根据本法规定的供应商条件和采购项目对供应商的特定要求，对供应商的资格进行审查。引出以下问题：（1）招标方式（邀请招标、公开招标）和非招标方式（竞争性谈判、竞争性磋商、询价等），资格审查是否应依照《政府采购法》由采购人审查？抑或非招标方式应由评审小组审查。（2）《政府采购竞争性磋商采购方式管理暂行办法》第二十六条第四项规定，评审情况记录和说明，包括对供应商的资格审查情况。此条款规定评审报告应包括资格审查情况，评审报告应由磋商小组全体签名，是否意味着资格审查应由磋商小组共同审查并签字确认？竞争性谈判同问。（3）根据国库司解答，依照87号令，政府采购货物和服务招标项目的资格审查由采购人或采购代理机构负责，不能委托评标委员会进行审查。非招标方式如资格审查应为采购人或代理机构负责，那么他们是否可以书面授权给评审小组？（4）若业主代表不参加政府采购评审活动，如有采购人授权，那么代理机构是否可以代为审查，如无采购人书面授权，则应由谁审查？

【答】（1）根据87号令规定，招标方式采购评标前的供应商资格审查由采购人或采购代理机构负责。根据74号令规定，竞争性谈判和询价采购的资格审查由谈判小组或询价小组负责。根据《政府采购竞争性磋商采购方式管理暂行办法》规定，竞争性磋商采购的供应商资格审查由磋商小组负责。

（2）竞争性谈判和磋商采购的资格审查应当由谈判小组和磋商小组共同审查并签字确认。

（3）根据87号令规定，采购人和采购代理机构均可以开展资格审查。采购人和采购代理机构应当签订委托代理协议，明确资格审查的责任主体。

（信息来自中国政府采购网）

六、采购方式

达到公开招标数额标准，因特殊情况需要采用公开招标以外的采购方式的，应当依法获得批准。

采购需求客观、明确且规格、标准统一的采购项目，如通用设备、物业管理等，一般采用招标或者询价方式采购，以价格作为授予合同的主要考虑因素，采用固定总价或者固定单价的定价方式。

采购需求客观、明确，且技术较复杂或者专业性较强的采购项目，如大型装备、咨询服务等，一般采用招标、谈判（磋商）方式采购，通过综合性评审选择性价比最优的产品，采用固定总价或者固定单价的定价方式。

不能完全确定客观指标，需由供应商提供设计方案、解决方案或者组织方案的采购项目，如首购订购、设计服务、政府和社会资本合作等，一般采用谈判（磋商）方式采购，综合考虑以单方案报价、多方案报价以及性价比要求等因素选择评审方法，并根据实现项目目标的要求，采取固定总价或者固定单价、成本补偿、绩效激励等单一或者组合定价方式。

采购项目划分采购包的，要分别确定每个采购包的采购方式，具体取决于每个采购包的特点及适用法律法规的规定。

1. 招标、询价方式

采购需求客观、明确且规格、标准统一的采购项目，如通用设备、物业管理等，一般采用招标或者询价方式采购，以价格作为授予合同的主要考虑因素，采用固定总价或者固定单价的定价方式。

2. 招标、谈判（磋商）方式

采购需求客观、明确，且技术较复杂或者专业性较强的采购项目，如大型装备、咨询服务等，一般采用招标、谈判（磋商）方式采购，通过综合性评审选择性价比最优的产品，采用固定总价或者固定单价的定价方式。

3. 谈判（磋商）方式

不能完全确定客观指标，需由供应商提供设计方案、解决方案或者组织方案的采购项目，如首购订购、设计服务、政府和社会资本合作等，一般采用谈判（磋商）方式采购，综合考虑以单方案报价、多方案报价以及性价比要求等因素选择评审方法，并根据实现项目目标的要求，采取固定总价或者固定单价、成本补偿、绩效激励等单一或者组合定价方式。

七、竞争范围

明确项目的竞争主体，比如是面向全社会公开招标，还是限定在一定数量的供应商范围内进行。政府采购的竞争范围分为无限竞争和有限竞争。

1. 无限竞争

无限竞争，即公开招标方式，这是最具开放性和透明度的竞争方式，任何符合资格要求的供应商都可以参与投标，不存在供应商数量限制。

2. 有限竞争

邀请招标：货物或者服务项目采取邀请招标方式采购的，采购人应当从符合相应资格条件的供应商中通过随机方式选择三家以上的供应商，并向其发出投标邀请书。

竞争性谈判：在这种采购方式中，采购小组与至少三家以上的供应商进行多轮谈判，通过比较各个供应商提供的报价和技术方案来确定最优成交者，竞争范围受到参与谈判的供应商数量的限制。

询价：通常是针对规格、标准统一、现货货源充足且价格变化幅度小的货物类项目，采购人向满足条件的几家供应商发出询价通知书，然后在报价的基础上选定供应商，竞争范围也是有限的。

竞争性磋商：类似于竞争性谈判，适用于技术复杂或者性质特殊，不能确定详细规格或者具体要求的项目，至少需要三家以上供应商参与，并通过磋商程序最终确定成交供应商。

八、评审规则

评审规则包括评审步骤、评审方法和评审标准。

1. 评审步骤

评审步骤分为实质性要求审查、澄清及说明、比较和评价、确定候选人四大步骤。

（1）审查投标/响应文件是否符合招标/采购文件的商务、技术等实质性要求。

投标文件/响应文件符合性审查：评标委员会/评审小组对资格审查合格的投标人/供应商的投标文件/响应文件进行符合性审查，以确定其是否满足招标/采购文件的实质性要求。

评标委员会/评审小组根据《符合性审查表》中规定的审查因素和审查内容，对投标人/供应商的投标文件/响应文件是否是实质上的响应招标/采购文件进行符合性审查，并形成符合性审查评审结果。投标人/供应商的投标文件/响应文件有任何一项不符合《符合性审查表》要求的，投标响应无效。

【示例】

符合性审查表

序号	审查因素	审查内容
1	授权委托书	按招标文件要求提供授权委托书
2	投标完整性	未将一个采购包中的内容拆分投标
3	投标报价	投标报价未超过招标文件中规定的项目/采购包预算金额或者项目/采购包最高限价
4	报价唯一性	投标文件未出现可选择性或可调整的报价（招标文件另有规定的除外）
5	投标有效期	投标文件中承诺的投标有效期满足招标文件中载明的投标有效期的
6	实质性格式	标记为"实质性格式"的文件均按招标文件要求提供且签署、盖章的
7	★号条款响应	投标文件满足招标文件第五章《采购需求》中★号条款要求的
8	拟分包情况说明（如有）	如本项目（包）不是因落实政府采购政策亦允许分包，且供应商拟进行分包时，必须提供；否则无须提供
9	分包其他要求（如有）	分包履行的内容、金额或者比例未超出《投标人须知资料表》中的规定 分包承担主体具备《投标人须知资料表》载明的资质条件且提供了资质证书电子文件（如有）
10	报价的修正（如有）	不涉及报价修正，或投标文件报价出现前后不一致时，投标人对修正后的报价予以确认（如有）
11	报价合理性	报价合理，或投标人的报价明显低于其他通过符合性审查投标人的报价，有可能影响产品质量或者不能诚信履约的，能够应评标委员会要求在规定时间内证明其报价合理性的

续表

序号	审查因素	审查内容
12	进口产品（如有）	招标文件不接受进口产品投标的内容时,投标人所投产品不含进口产品
13	国家有关部门对投标人的投标产品有强制性规定或要求的	国家有关部门对投标人的投标产品有强制性规定或要求的(如相应技术、安全、节能和环保等),投标人的投标产品应符合相应规定或要求,并提供证明文件电子件: 采购的产品若属于《节能产品政府采购品目清单》范围中政府强制采购产品,则投标人所报产品必须获得国家确定的认证机构出具的、处于有效期之内的节能产品认证证书
14	公平竞争	投标人遵循公平竞争的原则,不存在恶意串通,不存在妨碍其他投标人的竞争行为,不存在损害采购人或者其他投标人的合法权益情形的
15	串通投标	不存在《政府采购货物和服务招标投标管理办法》视为投标人串通投标的情形: (1)不同投标人的投标文件由同一单位或者个人编制; (2)不同投标人委托同一单位或者个人办理投标事宜; (3)不同投标人的投标文件载明的项目管理成员或者联系人员为同一人; (4)不同投标人的投标文件异常一致或者投标报价呈规律性差异; (5)不同投标人的投标文件相互混装; (6)不同投标人的投标保证金从同一单位或者个人的账户转出
16	附加条件	投标文件未含有采购人不能接受的附加条件
17	其他无效情形	投标人、投标文件不存在不符合法律、法规和招标文件规定的其他无效情形

（2）要求投标人/供应商对投标/响应文件有关事项作出澄清或者说明。

在审查投标文件或响应文件时，如果发现其中存在含义不明确、同类问题表述不一致或者有明显错误等情况，可以书面形式要求投标人或供应商作出必要的澄清或者说明。这种澄清或说明必须基于原投标文件或响应文件内容，不得超出其范围，且不得改变其实质性内容。

对于供应商而言，这是一种重要的救济机制，因为它为其提供了一个解释和修正投标文件中可能存在的误解或疏漏的机会，从而避免因为这些非实质性的瑕疵而失去中标的机会。

对于采购人来说，通过获取供应商的澄清或说明，可以更准确地理解和评估各投标方案，有助于选择最适合需求、最具性价比的供应商，从某种程度上讲，这也是挽救项目质量和效率的一种机制。同时，也确保了政府采购活动的公开、公平、公正原则得到切实执行。

【示例】

1 投标文件有关事项的澄清或者说明

1.1 评标过程中，评标委员会将以书面形式要求投标人对其投标文件中的含义不明确、同类问题表述不一致或者有明显文字和计算错误的内容作出必要的澄清、说明或者补正。投标人的澄清、说明或者补正应当采用书面形式，并加盖公章，或者由法定代表人（若投标人为事业单位或其他组织或分支机构，可为单位负责人）或其授权的代表签字。投标人的澄清、说明或者补正不得超出投标文件的范围或者改变投标文件的实质性内容。澄清文件将作为投标文件内容的一部分。

1.2 评标委员会认为投标人的报价明显低于其他通过符合性审查投标人的报价，有可能影响产品质量或者不能诚信履约的，有权要求该投标人在评标现场合理的时间内提供书面说明，必要时提交相关证明材料；若投标人不能证明其报价合理性，评标委员会可将其作为无效投标处理。

1.3 投标报价需包含招标文件全部内容，如分项报价表有缺漏视为已含在其他各项报价中，将不对投标总价进行调整。评标委员会有权要求投标人在评标现场合理的时间内对此进行书面确认，投标人不确认的，视为将一个采购包中的内容拆分投标，其投标无效。

2 投标文件报价出现前后不一致的情形

投标文件报价出现前后不一致的，按照下列规定修正：

2.1 招标文件对于报价修正是否另有规定：

□有，具体规定为：＿＿＿＿＿＿＿＿＿＿＿＿＿＿＿＿＿

□无，按下述 2.2～2.7 项规定修正。

2.2 单独递交的开标一览表（报价表）与投标文件中的开标一览表（报价表）内容不一致的，以单独递交的开标一览表（报价表）为准。

2.3 投标文件中的开标一览表（报价表）的内容与投标文件中的相应内容不一致的，以开标一览表（报价表）为准。

2.4 大写金额和小写金额不一致的，以大写金额为准。

2.5 单价金额小数点或者百分比有明显错位的，以开标一览表的总价为准，并修改单价。

2.6 总价金额与按单价汇总金额不一致的，以单价金额计算结果为准。

2.7 同时出现两种以上不一致的，按照前款规定的顺序修正。修正后的报价经投标人书面确认后产生约束力，投标人不确认的，其投标无效。

（3）对投标/响应文件进行比较和评价。

价格评议：除算术修正和落实政府采购政策的价格扣除外，不对投标/响应报价进行调整。

投标/响应文件的比较和评价：评标委员会/评审小组将按照采购文件中规定的评审方法和标准，对符合性审查合格的投标/响应文件进行商务和技术评估、综合比较与评价；未通过符合性审查的投标/响应文件不得进入比较与评价。

（4）确定中标/成交候选人名单，以及根据采购人委托直接确定中标人/成交供应商。

采用综合评分法时，评标结果按评审后得分由高到低顺序排列。得分相同的，按投标报价由低到高顺序排列。得分且投标报价相同的并列。投标文件满足招标文件全部实质性要求，且按照评审因素的量化指标评审得分最高的投标人为排名第一的中标候选人。评分分值计算保留小数点后两位，第三位四舍五入。

采用最低评标价法时，评标结果按算术修正和落实政府采购政策的价格扣除后的投标报价由低到高顺序排列。投标报价相同的并列。投标文件满足招标文件全部实质性要求且投标报价最低的投标人为排名第一的中标候选人。

2. 评审方法

评审方法分为综合评分法和最低评标价法。

1）综合评分法

《政府采购法实施条例》规定，综合评分法，是指投标文件满足招标文件全部实质性要求且按照评审因素的量化指标评审得分最高的供应商为中标候选人的评标方法。采用综合评分法的，评审标准中的分值设置应当与评审因素的量化指标相对应。招标文件中没有规定的评标标准不得作为评审的依据。

招标项目采用综合评分法时，提供相同品牌产品（单一产品或核心产品品牌相同）且通过资格审查、符合性审查的不同投标人参加同一合同项下投标的，按一家投标人计算，评审后得分最高的同品牌投标人获得中标人推荐资格；评审得分相同的，由采购人或者采购人委托评标委员会按照招标文件规定的方式确定一个投标人获得中标人推荐资格，招标文件未规定的采取随机抽取方式确定，其他同品牌投标人不作为中标候选人。

2）最低评标价法

最低评标价法，是指投标文件满足招标文件全部实质性要求且投标报价最低的供应商为中标候选人的评标方法。

招标项目采用最低评标价法时，提供供相同品牌产品（单一产品或核心产品相同）的不同投标人参加同一合同项下投标的，以其中通过资格审查、符合性审查且报价最低的参加评标；报价相同的，由采购人或者采购人委托评标委员会按照招标文件规定的方式确定一个参加评标的投标人，招标文件未规定的采取随机抽取方式确定，其他投标无效。

【小贴士】

【问】在某政府采购公开招标中，共五家投标单位参加投标，且均通过资格审查、符合性审查。通过评审前三家为相同品牌，依照财政部87号令对于同品牌投标的有关规定，评标委员会推荐了综合得分第一的投标人为第一中标候选人，排名第四、第五的投标人为第二、第三中标候选人。如果第一中标候选人因自身原因放弃中标，那么招标人是否可以使用排名第二的单位（不是评标委员会推荐的第二中标候选人）为中标人？如果不可以，在不重新招标的情况下，需要使用评标委员会推荐的第二、第三中标候选人为中标人吗？

【答】《政府采购货物和服务招标投标管理办法》（财政部令第87号）第三十一条规定，使用综合评分法的采购项目，提供相同的品牌产品且通过资格审查、符合性审查的不同投标人参加同一合同项下投标的，按一家投标人计算。您的问题中，前三家为相同品牌，只能按一家投标人计算，从中确定综合得分第一的投标人为第一中标候选人，其他两家非相同品牌供应商分列第二、第三中标候选人。《中华人民共和国政府采购法实施条例》第四十三条规定采购人应当自收到评审报告之日起5个工作日内在评审报告推荐的中标或者成交候选人中按顺序确定中标或者成交供应商。因此，在不重新招标的情况下，需要按顺序从评标委员会推荐的第二、第三中标候选人中确定中标人。

关于您反映的对第二、第三的投标人不公平的问题，我们将进行深入研究，并在下一步的制度修订中予以完善。

（信息来自中国政府采购网）

3. 评审标准

采用综合性评分法的，评审因素应当按照采购需求和与实现项目目标相关的其他因素确定。

采购需求客观、明确的采购项目，采购需求中客观但不可量化的指标应当作为实质性要求，不得作为评分项；参与评分的指标应当是采购需求中的量化指标，评分项应当按照量化指标的等次设置对应的不同分值。不能完全确定客观指标，需由供应商提供设计方案、解决方案或者组织方案的采购项目，可以结合需求调查的情况，尽可能明确不同的技术路线、组织形式及相关指标的重要性和优先级，设定客观、量化的评审因素、分值和权重。价格因素应当按照相关规定确定分值和权重。

采购项目涉及后续采购的，如大型装备等，要考虑兼容性要求。可以要求供应商报出后续供应的价格，以及后续采购的可替代性、相关产品和估价，作为评审时考虑的因素。需由供应商提供设计方案、解决方案或者组织方案，且供应商经验和能力对履约有直接影响的，如订购、设计等采购项目，可以在评审因素中适当考虑供应商的履约能力要求，并合理设置分值和权重。需由供应商提供设计方案、解决方案或者组织方案，采购人认为有必要考虑全生命周期成本的，可以明确使用年限，要求供应商报出安装调试费用、使用期间能源管理、废弃处置等全生命周期成本，作为评审时考虑的因素。

【小贴士】

【问】根据政府采购促进中小企业发展的相关政策以及财政部发布的信息公告、指导性案例，目前特定金额的业绩、从业人员以及非政府部门颁发的奖项、证书等均不能作为综合评分的内容，特别是随着政府简政放权之后，政府部门已经很少颁发奖项、证书，个人的相关证书也日渐减少，请问在政府采购项目中，哪些内容可以作为综合评分的因素？

【答】《政府采购货物和服务招标投标管理办法》（财政部令第87号）规定，评审因素的设定应当与投标人所提供货物服务的质量相关，包括投标报价、技术或者服务水平、履约能力、售后服务等。一般来讲，综合评分的因素包括价格因素、技术因素、服务因素、商务因素等。具体细项因素可以根据项目特点而设置。实践中，只要政府采购法律法规、政策文件等没有明文禁止的、与采购项目需求相关有利于实现预算绩效目标和"物有所值"采购目标的条件都可以作为评审因素。

（信息源自中国政府采购网）

【小贴士】

【问】《政府采购法实施条例》第三十四条"采用综合评分法的，评审标准中的分值设置应当与评审因素的量化指标相对应"针对"量化指标对应"，项目实施中涉及评分分值与参数条数对应问题。例如一项目评分设置为："技术参数总分30分，技术参数要求条款响应得分＝（供应商满足技术参数要求条款的数量÷技术参数要求条款的总数量）×30分"。上述公式中，有分子与分母除不尽的情况。请问如此设置，是否满足"评审标准中的分值设置应当与评审因素的量化指标相对应"的规定。

【答】按照投标满足要求的项数占技术需求总项数的比例计算技术得分的方法属于一种客观量化评审方法，符合规定。

（信息源自中国政府采购网）

【小贴士】

【问】关于技术指标量化的问题，每一条技术参数都要设置分值吗？

【答】采购人、采购代理机构要根据采购项目需求特点和绩效目标科学设置评审因素。评审因素的设定应当与货物服务的质量相关，但并不是每项技术要求或技术参数都要作为评分因素。

（信息来自中国政府采购网）

【小贴士】

【问】请问主观分的设定应该在多少分值范围内合适，超出多少算违规？

【答】政府采购相关法律法规规定，政府采购评审因素应当细化和量化，且与相应的商务条件和采购需求对应。除特殊采购项目确需进行主观评价外，采购项目应当尽可能不设定主观分。确需设置主观分的，应当根据项目实际情况合理设定。

（信息来自中国政府采购网）

【小贴士】

【问】依据财政部案例第七百一十六号中投诉事项5的问题，招标文件有关招标产品各项技术参数要求对应的分值加总后超过总分，最终判定为"评分标准的设置未与招标产品的具体技术参数相对应"。（1）全部技术参数共计103条（其中标注"▲"参数20条，其他参数83条），在评分标准中约定为：设备技术参数全部满足招标文件要求的得满分（50分）；在此基础上，招标文件中标注"▲"参数负偏离的，每项扣2分，其他参数负偏离的，每项扣1分，扣完为止。是否属于评审标准中的分值设置未与评审因素的量化指标相对应的情形？（2）若属于未量化情形，是否需约定为：设备技术参数全部满足招标文件要求的得满分（50分）；在此基础上，招标文件中标注"▲"参数负偏离的，每项扣2

分，其他参数负偏离的，每项扣0.12分？在此项约定中实际出现了因条目数与评分除不尽导致最终加总与总分不一致的情况，请问是否有问题？若对参数条目数认定有歧义（类似采购人认为是83条，投标人或监管部门认为是85条），该如何处理呢？（3）实际中，若投标人对参数偏离过多实际已经影响履约，评分可否约定为：招标文件中标注"▲"参数负偏离的，每项扣2分，其他参数负偏离的，每项扣1分，如标注"▲"参数或其他参数负偏离项目超过20条（含），则本项技术分得0分。该约定是否属于评审标准中的分值设置未与评审因素的量化指标相对应的情形？（4）若只对技术参数中部分重要条款设置评分项，即标注"▲"参数负偏离的，每项扣2.5分，极端情况下，投标人对不评分的技术参数均不响应或大部分负偏离，请问如何约束招标过程中出现的这种情况？

【答】关于评审因素的指标分值设置问题，采购人、代理机构应根据指标的重要性，对每一个指标赋予具体分值，每项分值不一定相同，但各项指标对应的分值累计总和与总分值要保持一致。相关分值累计总和与总分值不一致属于"评审标准中的分值设置未与评审因素的量化指标相对应"的情形。

（信息来自中国政府采购网）

【小贴士】

【问】《中华人民共和国政府采购法实施条例》第三十四条第四款规定，采用综合评分法的，评审标准中的分值设置应当与评审因素的量化指标相对应。我想咨询一下有无具体的量化细化标准和分值设置标准，量化到何种程度才算是细化了呢？例如施工项目（竞争性磋商）技术部分中的施工组织方案总体概述：施工组织总体设想、方案针对性和各分部分项工程施工技术方法(0~5分)，由评审专家酌情打分。商务部分中供应商针对本项目提出的合理化建议是否科学可行，由评审专家酌情打分。投标人根据工程实际情况提出针对本项目的合理化建议，由评审专家酌情打分，最高得3分。请问这样设置分值可否？

【答】评审因素要准确反映采购人的需求重点，应当与投标人所提供货物服务的质量相关，围绕与报价相关的技术或服务标准进行设定。评分标准的分值设置必须与评审因素的量化指标相对应，不能量化的指标不能作为评审因素，应明确评审标准中合理、先进、稳定等所表述的具体标准并进行量化。

（信息来自中国政府采购网）

【小贴士】

【问】《政府采购法实施条例》第三十四条规定：综合评分法，是指投标文件满足招标文件全部实质性要求且按照评审因素的量化指标评审；采用综合评分法的，评审标准中的分值设置应当与评审因素的量化指标相对应。怎么理解？采用设置优得3分、良得2分、合格得1分的量化分值设定违法吗？

【答】你所提及的"优、良、合格"情形违反上述规定，"优、良、合格"不是量化指标，没有评判标准，给予了评标委员会成员较大自由裁量权。综合评分法等评审因素设置，应当细化和量化，且与相应的商务条件和采购需求对应，最大限度地限制评标委员会成员在评标中的自由裁量权。

（信息来自中国政府采购网）

【小贴士】

【问】关于《政府采购法实施条例》第三十四条中提及的，采用综合评分法的，评审标准中的分值设置应当与评审因素的量化指标相对应。采用编制大纲是否详细合理（0～4分），技术路线是否详细合理（0～3分），编制内容是否详尽（0～3分），这样设置评标办法，是否合法？

【答】财政部令第87号规定，评审因素应当细化和量化，且与相应的商务条件和采购需求对应。

从你反映的情况看，由于编制大纲是否详细合理等缺乏客观可量化的衡量标准，因此不符合财政部令第87号的规定。

（信息来自中国政府采购网）

【小贴士】

【问】根据《关于促进政府采购公平竞争优化营商环境的通知》（财库〔2019〕38号）以及《政府采购货物和服务招标投标管理办法》（财政部令第87号）第五十五条规定，评审因素的设定应当与投标人所提供货物服务的质量相关。那么将投标文件规范性（投标文件制作规范，没有细微偏差情形的得2分；有一项细微偏差的扣0.5分，直至该项分值扣完为止）设置为打分项是否合理？是否违背了87号令以及38号文的精神？

【答】根据《关于促进政府采购公平竞争优化营商环境的通知》（财库〔2019〕38号）以及《政府采购货物和服务招标投标管理办法》（财政部令第87号）第五十五条规定，评审因素的设定应当与投标人所提供货物服务的质量相关，包括投标报价、技术或者服务水平、履约能力、售后服务等。留言所述投标文件的规范性与所提供货物服务的质量无关，不宜作为评审因素。

（信息来自中国政府采购网）

【小贴士】

【问】《关于促进政府采购公平竞争优化营商环境的通知》规定，不得因装订、纸张、文件排序等非实质性的格式、形式问题限制和影响供应商投标（响应）。那么请问：（1）这句话中的装订怎么理解？比如文件活页装订是否违反了此条规定呢？（2）装订、纸张、文件排序等条款可作为评审因素吗？

【答】（1）采购文件可以对投标文件的装订方式作出规定，但不得因装订方式限制供应商参与采购活动或作无效（投标）处理。

（2）评审因素的设定应当与投标人所提供货物服务的质量相关，包括投标报价、技术或者服务水平、履约能力、售后服务等。留言所述装订、纸张、文件排序等一般与所提供货物服务的质量无关，不宜作为评审因素。

（信息来自中国政府采购网）

【小贴士】

【问】政府采购一些物业管理、装修及修缮项目，需求部门提出在开评标之前进行现场踏勘，部分项目确实有这个必要，请问：（1）潜在供应商不参加现场踏勘是否可以禁止其参加后续开评标活动；（2）现场踏勘如果不能作为实质性废标条款的话，是否可以作为评分项。

【答】（1）不能以供应商不参加现场踏勘为由禁止其参与后续采购活动。

（2）评审因素的设定应当与投标人所提供货物服务的质量相关。供应商是否参加现场踏勘与产品质量、服务无关，不宜作为评审因素。

（信息来自中国政府采购网）

【小贴士】

【问】采购项目为垃圾勾臂车货物类采购，采用公开招标方式以及综合评分法。在设置技术、商务分（主观分）时，能否将"根据所投产品的品牌情况，由专家进行打分。（1）所投品牌同类产品社会认知度，0～2.0分；（2）所投品牌同类产品相关荣誉，0～1.0分"设置为评审因素。个人理解："同类产品社会认知度"这一评审因素的设置未量化细化，而且容易让评审专家在评审时想到产品的品牌或实力大小，属于《政府采购法实施条例》第二十条规定的情形，构成"以不合理的条件对供应商实行差别待遇或歧视待遇"；"相关荣誉"这一评审因素也未量化细化，没有说明应当从哪几个方面进行评审。

【答】评审因素的设定应当与供应商所提供的货物、服务的质量相关，关于留言所述的"所投产品的品牌情况"中的"同类产品社会认知度"和"相关荣誉"不宜作为评审因素。

（信息来自中国政府采购网）

【小贴士】

【问】（1）《政府采购货物和服务招标投标管理办法》（财政部令第87号）第五十五条规定：评审因素的设定应当与投标人所提供货物服务的质量相关，包括投标报价、技术或者服务水平、履约能力、售后服务等。很多采用综合评分法的评分条款中设置成立党支部和工会并提供相关证明材料的可以加分，是否合理。（2）符合国家标准的GB/T相关认证，只要和项目质量或服务有关的是否都可以作为评分标准。（3）政府采购相关法律法规是否有规定具体什么采购需要专门面向小微企业，采购单位是否可以自行规定哪些采购可以专门面向小微企业。（4）组装或集成的产品（如发电机组由发电机、发动机等部件组成）形成一个独立的品牌型号厂家，但组装中的主要部件为同一品牌的同一型号，这是否可按一家投标人计算。（5）采购电梯产品时，如果电梯中要单独配置一台空调，那么此空调是否必须采购强制节能产品。（6）联合体投标，87号令中已经将"联合体各方中至少应当有一方符合采购人规定的特定条件"删除，《政府采购法》规定，"以联合体形式进行政府采购的，参加联合体的供应商均应当具备本法第二十二条规定的条件"，特定条件是否也属于第二十二条规定的条件。这是否意味着联合体投标各方均应满足特定条件即只能强强联合，不允许互补。

【答】（1）根据《政府采购货物和服务招标投标管理办法》（财政部令第87号）规定，评审因素的设定应当与投标人所提供货物服务的质量相关，与服务质量无关的条件不宜作为评审因素。

（2）采购人应根据项目特点自行决定采购项目是否专门面向中小企业。

（3）留言所述部件为同一品牌产品问题，根据《政府采购货物和服务招标投标管理办法》（财政部令第87号）规定，非单一产品采购项目，采购人应根据采购项目技术构成、产品价格比重等合理确定核心产品，并在招标文件中载明。多家投标人提供的核心产品品牌相同的，按照有关规定处理。

（4）留言所述电梯配置空调问题，应按照《关于印发节能产品政府采购品目清单的通知》（财库〔2019〕19号）有关规定执行政府采购节能环保相关政策。

（5）留言所述联合体参与政府采购问题，按照政府采购法律法规规定，以联合体形式参加投标的，按照联合协议承担特定工作的供应商具有相应资质即可。

（信息来自中国政府采购网）

【小贴士】

【问】某博物馆物业管理服务，商务条款加分项中设置：投标人获得由省级精神文明组织颁发的"文明单位""文明窗口单位""文明标兵单位"荣誉称号的，每个计5分，最多计10分。该采购人认为：博物馆作为对公众开放的场馆，对精神文明建设工作有实质性需要，且该博物馆正在积极参与和申请"文明标兵单位"和"国家一级博物馆"，获得过"文明单位""文明窗口单位""文明标兵单位"等荣誉称号的投标单位，其获得荣誉称号的经验将会对该博物馆在规范文明行为事项活动中提供积极的帮助。因此，采购人认为，将该项列为评分项，符合法律规定、政府文件规定和采购人单位实际权益需求，并无不合理的地方。法律依据：（1）《中华人民共和国招标投标法》第二章第十九条：招标人应当根据招标项目的特点和需要编制招标文件。招标文件应当包括招标项目的技术要求、对投标人资格审查的标准、投标报价要求和评标标准等所有实质性要求和条件以及拟签订合同的主要条款。（2）首先，《中央精神文明建设指导委员会关于评选表彰全国文明城市、文明村镇、文明单位的暂行办法》第三章第八条第三款规定：凡是符合全国文明单位标准的党政机关、人民团体机关及其基层单位，实行独立核算、具有独立法人资格的各种所有制形式的企业、事业单位均有资格申报全国文明单位。其次，《××省文明城市、文明村镇、文明行业、文明单位、文明标兵单位评选和管理办法》第二条中规定，文明单位、文明标兵单位的评选范围包括党政机关、人民团体机关、城镇街道、社区居委会和实行独立核算、建有共产党基层组织或工会基层组织的企业、事业法人单位（含委托法人单位）。再者，《××市文明创建工作先进评选和管理办法》第三条规定，凡本市辖区内各区县（市）、各街道、各社区居委会、农村各乡镇（场）村，各行政机关和人民团体机关，实行独立核算，建有基层党组织或群团组织的各种所有制形式的企业、事业法人单位，都应依照本办法积极参加文明创建活动。

【答】评审因素应与投标人提供货物服务的质量相关，但不得以特定行政区域或者特定行业的业绩、奖项作为加分条件或者中标、成交条件对供应商实行差别待遇或者歧视待遇。留言所述"文明单位""文明窗口单位"等荣誉称号不宜作为评审因素。

（信息来自中国政府采购网）

【小贴士】

【问】在政府采购招标文件中，参与行业规范的制定是否能作为综合评分因素？如果作为综合评分因素，是否违反了《政府采购法实施条例》第二十条"以特定行政区域或者特定行业的业绩、奖项作为加分条件或者中标、成交条件"。

【答】评审因素的设定应当与投标人所提供货物服务的质量相关。考虑到参与行业规范制定一般不与所提供货物服务的质量相关，原则上不宜作为评审因素。

（信息来自中国政府采购网）

【小贴士】

【问】（1）企业无亏损是否可以作为打分项。（2）企业负债率是否可以作为评审因素。

【答】财政部令第87号规定，评审因素的设置应当与货物服务的质量相关，负债率、无亏损与货物、服务质量无关，不宜作为评审因素。

（信息来自中国政府采购网）

【小贴士】

【问】请问投标人的工商登记经营范围是否可以作为评分条件？

【答】评审因素的设定应当与投标人所提供货物服务的质量相关，包括投标报价、技术或者服务水平、履约能力、售后服务等，工商登记经营范围不宜作为评审因素。

（信息来自中国政府采购网）

【小贴士】

【问】现有一政府采购项目，商务评审要求供应商具有A级纳税信用等级得2分。但取得A级纳税信用等级必须经营三年以上。设置这项评审因素是否"属于以不合理的条件对供应商实行差别待遇或者歧视待遇"？《中华人民共和国中小企业促进法》第四十条第三款：政府采购不得在企业股权结构、经营年限、经营规模和财务指标等方面对中小企业实行差别待遇或者歧视待遇。设置这一评审项是否违反上述规定？

【答】依照87号令第五十五条有关规定，评审因素的设定应当与投标人所提供货物服务的质量相关，包括投标报价、技术或者服务水平、履约能力、售后服务等。实践中，采购人应当结合实际需求，按照上述原则合理确定评审因素。A级纳税信用等级不宜作为评审因素。

（信息来自中国政府采购网）

【小贴士】

【问】政府采购活动中，经常有项目将"守合同重信用"荣誉（以下简称"守重"荣誉）列入评审因素进行加分，理由是："守重"荣誉由工商行政管理部门评价和公示，具有权威性，且与供应商的诚信履约相关，列入评审因素加分，既是对供应商履约信用的考察，也是对企业"守重"荣誉的鼓励。这类设置与《中华人民共和国中小企业促进法》（以下简称《促进法》）、《政府采购促进中小企业发展暂行办法》（财库〔2011〕181号，以下简称《暂行办法》）和87号令相关规定是否相抵触？

《工商总局关于"守合同重信用"企业公示工作的若干意见》（工商市字〔2014〕223号）第三部分规定，申报企业应当自成立起至申报之日满七年、规模较大、市场占有率较高，且在企业和品牌的社会影响力、合同信用管理、合同行为、合同履约状况、经营效益、社会信誉等方面达到较高水平。经查如广东省申请条件企业成立经营也必须满两年。《工商总局"守合同重信用"企业信用标准体系》第一部分"信用标准体系"规定：（一）企业和品牌具有社会影响力。产品（服务）的销售区域较广，企业管理水平较高、信息化程度高、知识产权保护意识强，企业规模及管理达到行业领先水平……（五）经营效益达到较高水平。营业收入增长率、利润率、净资产收益率、资产负债率等方面均达到行业较高水平。

我们知道"守重"公示活动由企业自愿申请（非强制），申报条件与企业经营年限、规模、效益等指标紧密相关，也就是说，企业必须具备经营期限两年甚至七年以上，且经营规模及管理水平需达到行业领先。根据《促进法》第四十条第三款"政府采购不得在企业股权结构、经营年限、经营规模和财务指标等方面对中小企业实行差别待遇或者歧视待遇"；对"守重"荣誉加分，是否属于变相地将企业的经营年限和规模条件作为评审因素，违反了上述法律法规规定，构成对新生企业和中小微企业的差别待遇或歧视待遇？其实像高新技术企业证书的申请条件也有要求"企业申请认定时需注册成立一年以上"，以上这些似乎可认为是对新成立企业的一种歧视，因为它们即使自愿也存在经营年限的客观限制。这类具有经营年限申请条件的证书，是其政府行政单位出具的，也能体现市场企业信誉或实力，是否只要与采购项目质量和服务相关即可设置，不属于歧视新成立企业？

【答】《促进法》规定，政府采购不得在企业股权结构、经营年限、经营规模和财务指标等方面对中小企业实行差别待遇或者歧视待遇。《政府采购促进中小企业发展暂行办法》和87号令规定，采购人、采购代理机构不得将投标人的注册资本、资产总额、营业收入、从业人员、利润、纳税额等规模条件作为资格要求或者评审因素。"守合同重信用"荣誉与货物服务的质量不直接相关，并且暗含对供应商的规模和经营年限的要求，不宜作为评审因素。

（信息来自中国政府采购网）

【小贴士】

【问】（1）在政府采购货物或服务中，高新技术企业能否设为加分项。（2）货物采购中，相关专利证书能否设为加分项。（3）软件著作权证书能否设为加分项。（4）政府采购工程中，类似项目业绩加分项中能否设定类似规模（具体面积及金额要求）。

【答】（1）政府采购项目的评分因素应当与供应商所提供的货物服务的质量相关。在政府采购中，供应商是否为高新企业与货物服务的质量不直接相关，因此不宜列为加分因素。

（2）专利证书和软件著作权证书如果与货物服务的质量相关，则可以作为评审因素，如果不相关，则不宜列为加分因素。

（3）由于带金额的业绩与企业规模相关，为了扶持中小企业，政府采购不宜将带金额的业绩作为加分项。是否可以将具体面积作为加分项要结合采购项目进行判断，如果作为加分项，那么分值不宜过高。

（信息来自中国政府采购网）

【小贴士】

【问】在虚拟仿真实训综合平台类似项目政府采购过程中，高新技术企业证书、软件企业证书可以作为评分项吗？

【答】评审因素应当与供应商所提供货物服务的质量相关，高新技术企业或软件企业证书一般不宜作为评审因素。

（信息来自中国政府采购网）

【小贴士】

【问】《高新技术企业认定管理办法》规定：高新技术企业申请认定时必须注册成立一年以上。因此，注册成立一年以上的供应商才可以申请成为高新技术企业。请问在政府采购活动中，将高新技术企业认证证书设置为评审因素是否是以经营年限对供应商实行差别待遇或歧视待遇？高新技术企业证书是否可以作为政府采购项目的评审因素？

【答】依照87号令第五十五条规定，评审因素的设定应当与货物服务的质量相关，包括投标报价、技术或者服务水平、履约能力、售后服务等。高新技术企业认证证书不宜作为评审因素。

（信息来自中国政府采购网）

【小贴士】

【问】请问协会颁发的人员证书（如PMP）能否作为评审得分项？

【答】评审因素应当与供应商所提供货物服务的质量相关，留言所述证书一般不宜作为评审因素。

（信息来自中国政府采购网）

【小贴士】

【问】将协会颁发的奖项证书作为加分项，是否违规？

【答】这里提到的"奖项证书"可以区分为"奖项"和"证书"两个概念，对于"奖项"而言，根据《政府采购法实施条例》第二十条，以特定行政区域或者特定行业的业绩、奖项作为加分条件或者中标、成交条件属于以不合理的条件对供应商实行差别待遇或者歧视待遇，为禁止行为。协会一般都是某个特定行业的社团组织，其颁发的奖项属于特定行业的奖项，不得作为政府采购评审中的加分项。对于"证书"而言，如果属于受行政机关委托开展的有关资质和能力认定的证书，可以作为加分项。为落实国务院"放管服"改革要求，国务院明令取消的资质证书不得作为加分项。此外，其他证书原则上也不得作为加分项。

（信息来自中国政府采购网）

【小贴士】

【问】取消的行政许可不能作为资格条件，但能作为评审因素吗？

【答】取消的行政许可不能作为资格条件，也不宜作为评审因素。

（信息来自中国政府采购网）

【小贴士】

【问】财政部发布的指导性案例4号认为，质量管理体系认证证书、环境管理体系认证证书、职业健康安全管理体系认证证书不在国务院取消的资格许可和认定事项目录内，且其申请条件中也没有对企业的注册资金、营业收入等业绩规模作出限制，是否可以作为资格条件，希望再次确认！

【答】指导性案例4号表述为"若有关资格许可或认证证书同时满足下述要求，则不属于政府采购法实施条例第二十条规定'以不合理的条件对供应商实行差别待遇或者歧视待遇'的情形：（1）不在国务院取消的行政审批项目目录内；（2）申请条件中没有对企业的注册资本、资产总额、营业收入、从业人员、利润、纳税额等规模条件作出限制；（3）与项目的特殊要求存在实质上的关联性；（4）满足该资格许可或认证证书要求的供应商数量具有市场竞争性"。政府采购行政裁决指导案例具有指导意义，但相关证书是否可以作为资格条件，需要结合项目具体情况进行判断。

（信息来自中国政府采购网）

【小贴士】

【问】《政府采购法实施条例》第二十条规定，采购人或者采购代理机构有下列情形之一的，属于以不合理的条件对供应商实行差别待遇或者歧视待遇：（1）就同一采购项目向供应商提供有差别的项目信息；（2）设定的资格、技术、商务条件与采购项目的具体特点和实际需要不相适应或者与合同履行无关；（3）采购需求中的技术、服务等要求指向特定供应商、特定产品；（4）以特定行政区域或者特定行业的业绩、奖项作为加分条件或者中标、成交条件，等等。请问教育局采购实验室设备的采购文件里将质量管理体系认证证书、环境管理体系认证证书、职业健康安全管理体系认证证书、工商部门颁发的守合同重信用证书、中国教育装备行业信用评价证书、质量服务诚信单位信用证书作为加分项可以吗？属于特定行政区域或者特定行业的业绩、奖项可作为加分条件或者中标、成交条件吗？

【答】这需要结合项目的具体情况进行分析。仅从你反映的情况来看，如果与采购项目需求特点相关，并且不属于特定行政区域或者特定行业的业绩、奖项，相关证书可以作为加分条件。但是，要尽量避免将非权威机构出具的评价证书作为加分条件，否则会造成对其他供应商的歧视。

（信息来自中国政府采购网）

【小贴士】

【问】87号令规定，资格条件不得作为评审因素。现有一项目，资格条件中有一条是要具备建筑施工总承包三级资质，那么在评审因素中能否设置具备二级资质或一级资质的另行加分的条款？

【答】根据87号令的规定，如果建筑施工总承包三级资质已经作为资格条件，相应的二级资质或者一级资质不宜作为评审因素。

（信息来自中国政府采购网）

【小贴士】

【问】《政府采购法》第二十二条规定，供应商参加政府采购活动应当具备履行合同所必备的设备和专业技术能力。某些需要使用设备才能完成服务的政府采购服务项目（如检测服务、测绘服务），供应商为完成服务所使用的设备数量和质量不同，完成服务的效率、准确度或完整度就会有差异。这类采购项目，若将供应商投入该项目的设备数量或设备参数列为评分因素，是否属于资格条件列为评分因素情形？

【答】根据《政府采购法》第二十二条之规定，供应商投入某一采购项目的设备数量或设备参数，可以作为供应商参与政府采购活动的资格条件，不宜作为评审因素。

（信息来自中国政府采购网）

【小贴士】

【问】某采购项目允许联合体投标，但采购内容涉及的专业面比较广，部分非关键性内容允许分包给具备相应资质条件的单位承担。请问在评分的评审因素中还可以对投标人是否具备允许分包的一项或多项资质进行加分吗？

【答】采购人可结合项目具体特点，自行规定评审因素。需要由具备相关资质供应商承担的，有关资质应作为需要满足的资格条件，不宜作为评审因素。

（信息来自中国政府采购网）

【小贴士】

【问】 在政府采购项目中，缴纳社保是供应商参加政府采购活动的资格条件，但一般都是要求供应商提供单位缴纳社保的证明，此类证明不能体现供应商为其单位的哪些人员缴纳了社保。但有些服务类项目，在评审供应商服务团队配置时，会要求供应商提供为团队人员缴纳社保的证明，用以证明团队人员为本单位人员，这是否合理？如果不能作为评审因素，是否可以将为团队人员缴纳社保的证明作为资格条件或废标条款？

【答】 根据《中华人民共和国政府采购法》第二十二条的规定，供应商有依法缴纳税收和社会保障资金的良好记录应当作为供应商的资格条件而非评审因素，供应商只要有缴纳社会保障资金的良好记录即可参加政府采购活动。若为团队人员缴纳社会保障资金的证明与供应商提供的货物服务质量密切相关，则可作为评审因素。若该证明与供应商所提供的货物服务质量无关，则不宜作为评审因素。

（信息来自中国政府采购网）

【小贴士】

【问】 本项目需完成与相关单位（应急部门、三防部门、消防部门、安监部门、地震局、国土资源局、气象部门、水利部门）应急网络的对接，那么是否可以在评分细则设置承接①应急部门、②三防部门、③消防部门、④安监部门、⑤地震局、⑥国土资源局、⑦气象部门、⑧水利部门的指挥中心建设项目同类业绩为加分条件？①应急部门、②三防部门、③消防部门、④安监部门、⑤地震局、⑥国土资源局、⑦气象部门、⑧水利部门中大多属于政府部门，政府采购主体包含各种行业，而并非一个特指的"行业"？

【答】 采购人可以根据采购项目特点和实际需求，要求供应商将具有全国性的非特定行业的类似业绩、奖项作为加分条件。具体要求应通过采购文件作出规定。

（信息来自中国政府采购网）

【小贴士】

【问】 政府采购活动中，要求供应商将证明材料原件（如业绩合同、客户评价原件，这些属于互联网或者相关信息系统查询不到的信息）随投标文件一并提交，评审时由评委校核投标文件中的证明材料复印件，若未提交原件，则认定证明材料无效。上述行为是否属于不合理条件限制或者排斥潜在供应商？是否合理合法合规?

【答】对于通过互联网等公开渠道无法查阅的证明材料,采购人可以要求供应商提供纸质原件,以便核实真伪,不构成以不合理条件限制或者排斥潜在供应商。

(信息来自中国政府采购网)

【小贴士】

【问】在财政部87号令中规定不得已注册资本、资产总额、从业人员等规模条件作为资格要求。那么类似于电子智能化承包、城市及道路工程专业承包这类获得资格原本就要净资产达到一定要求,同时对于从业人员和过往业绩也有要求的能不能作为政府采购公开招标采购方式的资格条件。

【答】采购人、采购代理机构不得将投标人的注册资本、资产总额、营业收入、从业人员、利润、纳税额等规模条件作为资格要求或者评审因素。对于法律法规规定的资质条件可以作为资格要求。

(信息来自中国政府采购网)

【小贴士】

【问】在政府采购中可否将所投产品制造商的业绩、所投产品制造商的证书作为评分因素,比如ISO证书等。

【答】制造商的业绩可以作为评分因素,但是不能规定业绩的特定金额,也不得以特定地区和行业的业绩作为加分因素。所投产品的证书可以列为评分因素,但必须与货物和服务的质量相关。

(信息来自中国政府采购网)

【小贴士】

【问】政府采购活动中,采购人在招标文件"业绩"中设置为:"投标人自2017年以来开展的党政机关、部队、事业单位、大型国企等综合物业管理服务项目(单独实施的保安服务项目除外)的业绩情况,每份业绩得1分,满分5分",是否属于违反《政府采购法实施条例》第二十条第(四)项"以特定行政区域或者特定行业的业绩、特定合同业绩作为加分条件"的规定。

【答】留言所述情形不属于《政府采购法实施条例》第二十条规定的以不合理的条件对供应商实行差别待遇或歧视待遇的情形。

(信息来自中国政府采购网)

【小贴士】

【问】货物类采购，招标文件明确规定了核心产品，业绩评审因素的评分标准将供应商具备核心产品的销售业绩作为加分项，是否属于以不合理的条件对供应商实行差别待遇或者歧视待遇。

【答】如非限定特定区域、特定行业的业绩，仅将核心产品的销售业绩作为评审因素，不属于《政府采购法实施条例》第二十条规定的以不合理条件对供应商实行差别待遇或者歧视待遇的情形。

（信息来自中国政府采购网）

【小贴士】

【问】（1）在政府采购货物招标时，资格条件要求代理商或生产厂家均可参加投标，请问在评分标准设定时，能否设定将生产厂家的业绩作为加分条件；（2）代理商参加投标，若提供生产厂家的业绩，能否认定为合适。

【答】在实践中，如果允许代理商投标，应于招标文件中对业绩的认定做出约定。

（信息来自中国政府采购网）

【小贴士】

【问】在进行医院、高校物业政府采购时，能否将医院、高校物业业绩作为类似业绩。该类业绩算不算特定行业业绩？

【答】《政府采购法实施条例》第二十条规定，采购人不得以特定行政区域或者特定行业的业绩、奖项作为加分条件或中标、成交条件对供应商实行差别待遇或者歧视待遇。但对上述规定的理解和适用，应当根据项目特点予以区别对待。采购人可以从项目本身具有的技术管理特点和实际需要，对供应商提出将业绩要求作为资格条件或者评审加分标准。如医疗机构物业服务一般包括医疗污染物处理，可以要求供应商提供类似医疗机构服务的业绩，但必须保证一定数量的潜在供应商具有类似业绩，以确保采购项目的竞争性。

（信息来自中国政府采购网）

【小贴士】

【问】某福彩中心采购福利彩票预制票据，采购文件评审标准中设置"同类产品业绩每1个得×分"。经查，我国仅正式发售了"福利彩票"和"体育彩票"，请问评分标准中设置的"同类产品业绩加分"是否属于违背《政府采购法实施条例》第二十条第（四）款，以特定行业的业绩作为加分条件？

【答】根据《政府采购法》的规定，业绩可以作为供应商资格条件或评审因素。考虑到彩票行业的特殊性，应结合实际情况进行判断，如果满足业绩条件的供应商有三家以上，则不违反政府采购制度规定；如果满足业绩条件的供应商只有一家或两家，就属于以不合理条件限制供应商的情形。

（信息来自中国政府采购网）

【小贴士】

【问】如：企业完成的财政评审项目(概算评审、预算评审、招标控制价编制或审核、已标价工程量清单编制或审核、结算评审)业绩优者得15分；业绩良者得10分；业绩一般得5分。业绩优者即自2017年1月1日起至今完成单项工程评审额在1亿元及以上项目（包含1亿元），有1个得3分，最高得15分，并具备财政评审经验。业绩良者即自2017年1月1日起至今完成单项工程评审额在0.5亿元以上（含0.5亿元），有1个得2分，最高得10分，并具备财政评审经验。业绩一般者即自2017年1月1日起至今完成单项工程评审额在0.5亿元以下的项目，有1个得1分，最高得5分，并具备财政评审经验。评分为业绩优者、业绩良者、业绩一般者三个档，不兼得分，取三者最高值，即业绩优者最多得15分，业绩良者最多得10分，业绩一般者最多得5分。请注意，标书内有效业绩为：与财政部门签订的合同或报告上有财政部门盖章的为有效业绩，标书内业绩证明材料须有合同及报告的复印件并加盖公章。开标时需提供合同及评审报告原件。

【答】如果采购项目属于财政评估项目，要求供应商提供财政部门合同业绩是合理的。但是要求供应商提供特定金额的项目业绩不合理。

（信息来自中国政府采购网）

【小贴士】

【问】采购人想要公开招标采购10万棵A树木。因为农林作物种植的时间要求紧迫，需要中标的供应商具有足够的履约能力，想在评分标准里设置项业绩加分。提供2019年以来通过公开招标中标的20万棵以上A树木合同复印件得1分，提供类似项目业绩合同复印件每增加1份加1分，最多得10分。不是用金额衡量业绩，而是用数量衡量业绩；不是作为资格、技术、商务条件，而是作为加分项；还说了是类似项目业绩。根据《中小企业划型标准规定》，农、林、牧、渔业的营业收入在2亿元以下的为中小微企业，其中，营业收入500万元及以上的为中型企业，营业收入50万元及以上的为小型企业，营业收入50万元以下的为微型企业。这应该也没有对中小微企业的限制。请问招标文件的评分标准这样设置是否有违法政府采购相关法律法规？

【答】《中华人民共和国政府采购法》第二十二条第二款规定：采购人可以根据采购项目的特殊要求，规定供应商的特定条件，但不得以不合理的条件对供应商实行差别待遇或者歧视待遇。据此，政府采购项目中业绩可以作为评分因素。采购项目的评审因素应准确反映采购人的需求重点，设定在与报价相关的技术或服务指标上，不得设定特定金额或数量的业绩作为评审因素。留言所述使用特定数量树木招标项目业绩作为加分项不妥。一是不应规定业绩必须是公开招标的中标业绩，这与采购项目需求无必然联系；二是不应设定20万棵以上Ａ树木作为业绩条件，不符合政府采购支持中小企业政策要求。

（信息来自中国政府采购网）

【小贴士】

【问】特定业绩作为加分项属于以不合理理由限制、歧视其他供应商，但以累计业绩作为评审因素加分项（如累计业绩10万元得1分，每增加1万元加1分，本项最高得10分），是否也有歧视性？

【答】将特定金额的合同业绩或累计业绩设置为评审因素，由于合同金额与营业收入直接相关，所以此类评审因素的设置违反了《政府采购货物和服务招标投标管理办法》（财政部令第87号）第十七条、《政府采购促进中小企业发展暂行办法》（财库〔2011〕181号）的规定，属于《中华人民共和国政府采购法实施条例》第二十条规定的"以不合理的条件对供应商实行差别待遇或者歧视待遇"的情形。

（信息来自中国政府采购网）

【小贴士】

【问】投标人2015年以来完成的类似政府采购项目（合同中必须包含交互智能平板），金额在50万元（含）以下的，每个项目得0.5分，最高得1分；金额在50万元～100万元（含）的，每个项目得1分，最高得2分；金额在100万元～200万元（含）的，每个项目得2分，最高得4分；金额在200万元（不含）以上的，每个项目得3分，最高得6分。

（注：以上打分以单个采购项目合同原件为准。）评分标准这样是否合法？

【答】由于合同金额与营业收入直接相关，所以将特定金额的合同业绩作为评审因素，违反了《中华人民共和国政府采购法》第二十二条第二款、《政府采购货物和服务招标投标管理办法》第十七条和《政府采购促进中小企业发展暂行办法》（财库〔2011〕181号）的规定，属于《中华人民共和国政府采购法实施条例》第二十二条规定的"以不合理的条件对供应商实行差别待遇或者歧视待遇"的情形。

（信息来自中国政府采购网）

【小贴士】

【问】在政府采购项目中，可否对类似业绩给出明确的要求，如包含某些工作内容、达到某个工作量等，这种做法是否属于"以特定行政区域或者特定行业的业绩、奖项作为加分条件或者中标、成交条件"或"以其他不合理条件限制或者排斥潜在供应商"。如在类似业绩中要求了与项目实际需求相当最低的工作量（非具体合同金额），是否属于歧视小微型企业？

【答】根据87号令第十七条和《政府采购促进中小企业发展暂行办法》（财库〔2011〕181号）第二条的规定，采购人、采购代理机构不得以注册资本、资产规模、营业收入、从业人员、利润、纳税额等规模条件作为资格要求或者评审因素，对供应商实行差别待遇或者歧视待遇。如果业绩与货物服务的质量相关，可以作为政府采购的资格条件。但是，根据您反映的情况，最低工作量一般与企业的资产规模、营业收入等规模条件相关，不宜作为加分条件或资格条件。

（信息来自中国政府采购网）

【小贴士】

【问】评审因素："类似项目业绩，要求有'政府采购'业绩的得分，而'非政府采购'业绩的不得分"。现在很多地方的政府采购项目起点金额都是50万元甚至是100万元以上，如果设置了这样的评审因素，那么100万元或者50万元以下的业绩就不得分，变相地设置特定业绩或者评审因素间接地与营业收入挂钩，那么这样的评审因素是否合理？

【答】将特定金额政府采购业绩作为评审因素，或在评审因素中限定"政府采购业绩"得分，"非政府采购业绩"不得分的做法均不合理。首先，特定金额政府采购业绩与对供应商履约能力的考察没有必然联系，因与营业收入直接相关，可能构成对中小企业实行差别待遇或者歧视待遇，将其作为评审因素的做法违反了《政府采购法实施条例》第二十条规定。其次，在评审因素中限定"政府采购业绩"得分、"非政府采购业绩"不得分的做法，在考察企业的履约能力方面也存在不公平的问题。

（信息来自中国政府采购网）

【小贴士】

【问】公开招标的招标文件综合打分项评分细则的商务因素中的经营业绩一项，要求"投标人每提供一个近3年（2017年至今）所投同类产品销售合同（与本项目规模相当）得1分，最多得5分"。这是否违反《政府采购货物和服务招标投标管理办法》（财政部令第87号）第十七条"采购人、采购代理机构不得将投标人的注册资本、资产总额、营业收入、从业人员、利润、纳税额等规模条件作为资格要求或者评审因素"的要求？

【答】采购人应根据项目需求及实际情况合理设定评审因素，不得以特定规模的销售合同作为评审因素。

（信息来自中国政府采购网）

【小贴士】

【问】请问管理运营场馆的面积是属于财政部令第87号第十七条中所说的规模条件吗？

【答】供应商管理过的运营场馆面积属于特定金额或特定规模的业绩要求，不得作为政府采购项目的供应商资格条件或评审因素。

（信息来自中国政府采购网）

【小贴士】

【问】在政府采购项目中，通常会对供应商具有的类似业绩进行评分。《中华人民共和国政府采购法》第二十二条第二款规定：采购人可以根据采购项目的特殊要求，规定供应商的特定条件，但不得以不合理的条件对供应商实行差别待遇或者歧视待遇。问题1：物业服务项目对供应商的综合协调、人员管理、教育培训、应急处置等能力要求较高。不同的项目反映出供应商的能力也不同，那么设置供应商具有不低于本项目建筑面积或服务面积的类似业绩评分项，是否可行？问题2：保安服务项目对供应商管理、教育培训保安员的能力要求较高，对保安员提供给服务对象的服务规范要求较高。管理不同数量级别的保安员提供服务反映出供应商的能力也不同。那么设置供应商具有不低于本项目需要最低保安员数量的类似业绩评分项，是否可行？

【答】根据87号令及《政府采购促进中小企业发展暂行办法》（财库〔2011〕181号）规定，采购人、采购代理不得以注册资本、资产规模、营业收入、从业人员、利润、纳税额等规模条件作为资格要求或评审因素，对供应商实行差别待遇或者歧视待遇。留言所述不低于本项目建筑面积或服务面积、最低保安员数量等与资产规模、营业收入等规模条件相关，不宜作为加分条件或资格条件。

（信息来自中国政府采购网）

【小贴士】

【问】招标文件评标办法中业绩评审因素设置为"投标人近三年具有省级或部级业绩得5分，市级业绩得3分，县级业绩得1分"是否违反《政府采购法实施条例》第二十条第四款"以特定行政区域或者特定行业的业绩、奖项作为加分条件或者中标、成交条件"和第八款"以其他不合理条件限制或者排斥潜在供应商"。

【答】评审因素应与投标人提供的货物服务质量相关，且不得以特定行政区域或者特定行业的业绩、奖项作为加分条件或者中标、成交条件对供应商实行差别待遇或者歧视待遇。留言所述"省级或部级业绩"、"市级业绩"、"县级业绩"不宜作为评审因素。

（信息来自中国政府采购网）

【小贴士】

【问】"与公共建筑（场馆类）类似业绩，每提供一个得3分，最多得15分"；"拟派项目经理和技术负责人具有公共建筑（场馆类）类似业绩，每提供一个得2分，最多得4分"；"获得过省级及以上建筑领域相关奖项，省级奖项每提供一个得1分，国家级奖项每提供一个得3分，最多得9分"作为评分项。想咨询下这样设置评分是否有悖《政府采购法实施条例》第二十条"以特定行业业绩作为加分项"、《政府采购促进中小企业发展暂行办法》第三条"对中小企业实行差别待遇或歧视待遇"、《关于促进政府采购公平竞争优化营商环境的通知》第一条"设置或者变相设置供应商规模、成立年限等门槛，限制供应商参与政府采购活动"的相关规定？

【答】与供应商所提供货物服务质量有关的因素可以列为评审因素。拟派项目经理和技术负责人具有公共建筑（场馆类）类似业绩与完成本项目的履约能力有关，可以列为评分因素。但是建筑领域相关奖项与货物服务质量并无直接关系，不宜作为评审因素。

（信息来自中国政府采购网）

【小贴士】

【问】在服务类政府采购招标时，招标文件在评分标准的商务得分中一般会有同行业服务合同案例要求得分。请问，转包的服务类合同是否算是供应商的同行业服务案例业绩。

【答】政府采购合同不允许转包，故不存在转包的服务类合同能否作为供应商同行业服务案例业绩的问题。

（信息来自中国政府采购网）

【小贴士】

【问】政府采购项目名称为"公安局交通警察支队车驾管信息化监管中心采购项目"，招标文件中有一评分细则"提供2017年以来投标人类似项目业绩（车驾管综合监管类），每提供一个得1分，最多得5分。"在评审过程中，评审专家认为这一评分细则属于违反《政府采购法实施条例》第二十条第（四）项"以特定行政区域或者特定行业的业绩、特定合同业绩作为加分条件或者中标、成交条件"的规定，代理机构很疑惑，请问这个业绩要求是否属于特定行业的业绩？

【答】留言所述业绩属于特定行业的业绩。

（信息来自中国政府采购网）

【小贴士】

【问】公开招标物业项目，在设置业绩时，是否可以面积来设定评审因素，例如达到多少面积得×分。

【答】评审因素的设定应当与投标人所提供货物服务的质量相关，包括投标报价、技术或者服务水平、履约能力、售后服务等。不鼓励使用物业企业所服务的物业面积作为物业项目评审因素。

（信息来自中国政府采购网）

【小贴士】

【问】政府采购项目资格审查项要求了类似项目业绩一项，因为87号令中有要求"资格条件不能作为评审因素"，那评审因素中再要求业绩加分，即在一项基础上每增加一项加分是否可以？

【答】根据87号令的规定，业绩如果已经被设置为某个政府采购项目的供应商资格条件，就不应再列为评审因素。需要强调的是，实际中要慎重将业绩设为资格条件。

（信息来自中国政府采购网）

第二节 合同管理安排

合同管理安排，包括合同类型、定价方式、合同文本的主要条款、履约验收方案、风险管控措施等。

一、合同类型

按照每个采购包的需求特点，确定合适的合同形式，如固定总价合同、成本补偿合同、固定单价合同等。

合同类型按照民法典规定的典型合同类别，再结合采购标的的实际情况确定。

典型合同类别如下。

《中华人民共和国民法典》合同编中规定的典型合同类别主要包括但不限于以下几种。

（1）买卖合同：指出卖人转移标的物的所有权于买受人，买受人支付相应价款的合同。

（2）供用电、水、气、热力合同：这类合同涉及日常生活和工业生产中的能源供应关系。

（3）赠予合同：赠予人将其财产无偿给予受赠人，受赠人表示接受的合同。

（4）借款合同：借款人向贷款人借款，到期返还借款并支付利息的合同。

（5）保证合同：保证人承诺在债务人不履行债务时，由其按照约定履行债务或者承担责任的合同。

（6）租赁合同：出租人将租赁物交付给承租人使用、收益，承租人支付租金的合同。

（7）融资租赁合同：出租人根据承租人对出卖人、租赁物的选择，向出卖人购买租赁物，提供给承租人使用，承租人支付租金的合同。

（8）保理合同：债权人将应收账款转让给保理人，保理人提供资金融通、应收账款管理或者催收、应收账款债务人付款担保等服务的合同。

（9）承揽合同：承揽人按照定做人的要求完成工作，交付工作成果，定做人支付报酬的合同。

（10）建设工程合同：承包人进行工程建设，发包人支付价款的合同，包括勘察、设计、施工等各种工程合同。

（11）运输合同：包括客运合同和货运合同，分别针对旅客运输和货物运输的服务约定。

（12）仓储合同：保管人储存存货人交付的仓储物，存货人支付仓储费的合同。

在政府采购中，合同类型会根据实际采购标的物的性质、用途及服务内容，参照民法典中这些典型合同的规定来确定合同的具体类型，以确保合同的有效性和合法性。此外，采购合同还可能结合采购项目的特殊性，涉及其他类型的合同，例如委托合同、服务合同、技术开发合同、知识产权许可合同等。

二、定价方式

采购需求客观、明确且规格、标准统一的采购项目，如通用设备、物业管理等，一般采用招标或者询价方式采购，以价格作为授予合同的主要考虑因素，采用固定总价或者固定单价的定价方式。

采购需求客观、明确且技术较复杂或者专业性较强的采购项目，如大型装备、咨询服务等，一般采用招标、谈判（磋商）方式采购，通过综合性评审选择性价比最优的产品，采用固定总价或者固定单价的定价方式。

不能完全确定客观指标，需由供应商提供设计方案、解决方案或者组织方案的采购项目，如首购订购、设计服务、政府和社会资本合作等，一般采用谈判（磋商）方式采购，综合考虑以单方案报价、多方案报价以及性价比要求等因素选择评审方法，并根据实现项目目标的要求，采取固定总价或者固定单价、成本补偿、绩效激励等单一或者组合定价方式。

1）固定总价

在这种定价方式下，供应商在投标阶段就给出了完成整个项目或提供指定商品与服务的总价。无论实际执行过程中成本是否增加或减少，除非合同中有明确约定的调整条款，否则这个总价在整个合同期内都不会改变。

2）固定单价

固定单价定价方式适用于可计量的商品或服务，在合同中明确规定每一单位产品的价格。结算时，按照实际交付或完成的数量乘以固定的单价计算总价。

3）成本补偿

成本补偿定价方式中，政府将根据供应商的实际成本加上合理的利润来支付费用。

这种方式下，供应商承担的成本风险较小，但政府需要对供应商的成本进行监督和审计。

4）绩效激励

在这种定价方式下，付款与供应商达到或超越预设绩效指标的程度相挂钩。也就是说，政府根据项目完成的质量、进度和其他关键绩效指标来决定支付多少款项给供应商。

综上所述，政府采购定价方式的选择取决于项目的性质、复杂性、风险分配以及预期的成果表现等因素。

三、合同文本的主要条款

为每个采购包单独编制或定制合同文本，确保合同条款与该采购包的具体内容相符，同时满足法律规范的要求。

《政府采购需求管理办法》规定，合同文本应当包含法定必备条款和采购需求的所有内容，包括但不限于标的名称，采购标的质量、数量（规模），履行时间（期限）、地点和方式，包装方式，价款或者报酬、付款进度安排、资金支付方式，验收、交付标准和方法，质量保修范围和保修期，违约责任与解决争议的方法等。

采购项目涉及采购标的的知识产权归属、处理的，如订购、设计、定制开发的信息化建设项目等，应当约定知识产权的归属和处理方式。采购人可以根据项目特点划分合同履行阶段，明确分期考核要求和对应的付款进度安排。对于长期运行的项目，要充分考虑成本、收益以及可能出现的重大市场风险，在合同中约定成本补偿、风险分担等事项。

合同权利义务要围绕采购需求和合同履行设置。国务院有关部门依法制定了政府采购合同标准文本的，应当使用标准文本。属于《政府采购需求管理办法》第十一条规定范围的采购项目，合同文本应当经过采购人聘请的法律顾问审定。

四、履约验收方案

履约验收方案要明确履约验收的主体、时间、方式、程序、内容和验收标准等事项。采购人、采购代理机构可以邀请参加本项目的其他供应商或者第三方专业机构及专家参与验收，相关验收意见作为验收的参考资料。政府向社会公众提供的公共服务项目，验收时应当邀请服务对象参与并出具意见，验收结果应当向社会公告。

验收内容要包括每一项技术和商务要求的履约情况，验收标准要包括所有客观、量化指标。不能明确客观标准、涉及主观判断的，可以通过在采购人、使用人中开展问卷调查等方式，转化为客观、量化的验收标准。

分期实施的采购项目，应当结合分期考核的情况，明确分期验收要求。货物类项目可以根据需要设置出厂检验、到货检验、安装调试检验、配套服务检验等多重验收环节。

工程类项目的验收方案应当符合行业管理部门规定的标准、方法和内容。

履约验收方案应当在合同中约定。

五、风险管控措施

采购过程和合同履行过程中的风险包括国家政策变化、实施环境变化、重大技术变化、预算项目调整、因质疑投诉影响采购进度、采购失败、不按规定签订或者履行合同、出现损害国家利益和社会公共利益情形等。

对于《政府采购需求管理办法》第十一条规定的采购项目，要研究采购过程和合同履行过程中的风险，判断风险发生的环节、可能性、影响程度和管控责任，提出有针对性的处置措施和替代方案。

在线习题(第二章)

第三章
政府采购需求风险控制

第一节 内控制度及审查机制

一、采购需求管理制度

采购人应当将采购需求管理作为政府采购内控管理的重要内容，建立健全采购需求管理制度，加强对采购需求的形成程序和实现过程的内部控制与风险管理。

采购需求管理是政府采购流程中的关键环节，对于保证采购活动的合规性、有效性和合理性具有重要意义。采购人应将采购需求管理纳入其内部控制系统的核心组成部分，并制定健全的采购需求管理制度。具体措施如下。

1. 明确采购需求形成程序

确保采购需求基于实际工作需要，经过充分论证、科学合理地确定，避免盲目采购或超标准配置。

2. 强化采购需求实现过程控制

对采购需求从提出、审批、发布到合同签订、履约验收等全过程进行严格管理，确保每个环节都有明确的责任主体和操作规范。

3. 内部控制与风险管理

通过建立健全风险防控机制，识别并评估采购需求过程中可能出现的风险点，如需求不明确、需求变更频繁、需求与实际使用脱节等，采取针对性的预防和应对措施。

4. 建立信息反馈机制

定期对采购需求管理情况进行总结和评价，根据实际情况动态调整和完善相关制度，以提高采购效率和效果，保障公共资金的合理使用。

二、采购需求审查机制

1.审查范围

《政府采购需求管理办法》第二十九条规定，采购人应当建立审查工作机制，在采购活动开始前，针对采购需求管理中的重点风险事项，对采购需求和采购实施计划进行审查，审查分为一般性审查和重点审查。

以下采购项目应当开展重点审查：

（1）1000万元以上的货物、服务采购项目，3000万元以上的工程采购项目。

（2）涉及公共利益、社会关注度较高的采购项目，包括政府向社会公众提供的公共服务项目等。

（3）技术复杂、专业性较强的项目，包括需定制开发的信息化建设项目、采购进口产品的项目等。

（4）主管预算单位或者采购人认为需要开展需求调查的其他采购项目。

2.审查机制

在协同各审查部门展开审查工作并确保内部监督的有效性方面，可以按照以下步骤和原则构建工作机制。

（1）建立多部门联合审查机制。

组建审查工作组，包含采购部门、财务部门、业务部门和监督部门等代表，各部门依据各自的专业职能共同参与审查，确保审查覆盖所有关键领域和环节。

设立固定的沟通协调机制，例如定期会议、临时专题会议等，讨论审查中发现的问题及解决方案，确保信息交流及时、充分。

（2）明确角色与职责。

采购部门负责提供采购需求和采购实施计划的基础信息；财务部门负责审核预算合规性、财务风险和资金使用的合理性；业务部门依据业务实际需求，核实采购需求的适用性和技术参数的可行性；监督部门则扮演着独立审查和审计的角色，着重关注程序合规性、非歧视性、竞争性以及采购政策的落实情况。

（3）引入专家和第三方机构参与。

对于复杂或专业的采购项目，可以聘请行业专家或委托第三方专业机构进行专项审查或提供技术支持，但必须确保他们在前期需求确定和计划编制阶段未直接参与，以保持审查的客观公正性。

专家和第三方机构的参与应通过透明、公正的方式进行，其审查意见和建议需经内部审查小组审议采纳。

（4）流程规范化。

制定详细的审查流程和标准，确保每一项审查均有章可循、有据可依。

在审查结束后，形成书面审查报告，并提交至高级管理层或相应的决策机构进行审批，确保审查成果得到认可并得以实施改进。

（5）建立反馈与整改机制。

对审查中发现的问题和漏洞，督促相关部门及时整改，并追踪整改结果，形成闭环管理。定期对审查工作进行总结和评估，不断完善内部监督体系，提升采购管理水平。

通过以上机制，各部门能够在采购需求和实施计划审查过程中形成相互制衡、相互补充的关系，共同推进采购活动的合规、高效与透明。

第二节　采购需求和采购实施计划的审查

根据《政府采购需求管理办法》，采购人应当建立审查工作机制，在采购活动开始前，针对采购需求管理中的重点风险事项，对采购需求和采购实施计划进行审查，审查分为一般性审查和重点审查。

对于审查不通过的，应当修改采购需求和采购实施计划的内容并重新进行审查。

一、一般性审查

1. 适用范围

根据《政府采购需求管理办法》第三十一条第一款规定，一般性审查和重点审查的具体采购项目范围，由采购人根据实际情况确定。主管预算单位可以根据本部门实际情况，确定由主管预算单位统一组织重点审查的项目类别或者金额范围。一般而言，如主管预算单位未确定统一组织重点审查的项目类别或者金额范围，所有政府采购项目采购需求和采购实施计划编制完成后，都应开展一般性审查。

2. 审查内容

根据《政府采购需求管理办法》第三十条规定，一般性审查主要审查是否按照本办法规定的程序和内容确定采购需求、编制采购实施计划。审查内容包括，采购需求是否符合预算、资产、财务等管理制度规定；对采购方式、评审规则、合同类型、定价方式的选择是否说明适用理由；属于按规定需要报相关监管部门批准、核准的事项，是否作出相关安排；采购实施计划是否完整。

3. 实施主体

根据《政府采购需求管理办法》第三十二条规定，审查工作机制成员应当包括本部门、本单位的采购、财务、业务、监督等内部机构。采购人可以根据本单位实际情况，建立相关专家和第三方机构参与审查的工作机制。

因此审查委员会可以是本部门、本单位的采购、财务、业务、监督等内部机构，也可以是采购人组织建立的专家委员会或第三方机构，但参与确定采购需求和编制采购实施计划的专家和第三方机构不得参与审查。

一般性审查意见书格式示例如下。

采购需求和采购实施计划一般性审查意见书

项目名称：

采购单位：

采购部门：

审查时间：

审查说明

根据审查工作机制，在采购活动开始前，针对采购需求管理中的重点风险事项，对采购需求和采购实施计划进行审查。

一般性审查的具体采购项目范围，由采购人根据实际情况确定。

审查应当符合《政府采购需求管理办法》（财库〔2021〕22号）要求及政府采购的相关规定。

对于审查不通过的，应当修改采购需求和采购实施计划的内容并重新进行审查。

一、审查项目情况

（一）审查项目名称

（二）审查对象

1. 采购需求

参与确定采购需求的专家、第三方机构。

2. 采购实施计划

参与确定采购实施计划的专家、第三方机构。

二、审查人员

序号	姓名	单位	内部机构	职务/职称	联系方式	备注

审查工作机制成员应当包括本部门、本单位的采购、财务、业务、监督等内部机构。采购人可以根据本单位实际情况，建立相关专家和第三方机构参与审查的工作机制。

参与确定采购需求和编制采购实施计划的专家与第三方机构不得参与审查。

三、审查会议

1. 审查时间

2. 审查地点

四、审查意见

一般性审查主要审查是否按照《政府采购需求管理办法》规定的程序和内容确定采购需求、编制采购实施计划。

审查内容	审查结果
如需开展需求调查的,是否按规定开展需求调查	
采购需求是否符合预算、资产、财务等管理制度规定	
对采购方式、评审规则、合同类型、定价方式的选择是否说明适用理由	
属于按规定需要报相关监管部门批准、核准的事项,是否作出相关安排	
采购实施计划是否完整	
审查结论	通过/不通过

审查意见:

示例:经审查,采购需求、采购实施计划符合相关规定,审查通过。

示例:经审查,选择的采购方式为竞争性磋商,但本项目不符合《政府采购竞争性磋商采购方式管理暂行办法》(财库〔2014〕214号)第三条规定的适用情形,审查不通过的,根据相关规定修改后,再重新进行审查。

审查结果为"通过"或"不通过",审查结果"不通过"的,还需说明具体原因。

审查结果全部为"通过"的，则审查结论为"通过"。审查结果有一项为"不通过"的，则审查结论为"不通过"。

审查人员（签字）：

日期：××××年××月××日

二、重点审查

1. 适用范围

根据《政府采购需求管理办法》第三十一条第二款规定，属于本办法第十一条规定范围的采购项目，应当开展重点审查。

2. 审查内容

重点审查是在一般性审查的基础上，进行以下审查。

1）非歧视性审查

主要审查是否指向特定供应商或者特定产品，包括资格条件设置是否合理，要求供应商提供超过2个同类业务合同的，是否具有合理性；技术要求是否指向特定的专利、商标、品牌、技术路线等；评审因素设置是否具有倾向性，将有关履约能力作为评审因素是否适当。

2）竞争性审查

主要审查是否确保充分竞争，包括应当以公开方式邀请供应商的，是否依法采用公开竞争方式；采用单一来源采购方式的，是否符合法定情形；采购需求的内容是否完整、明确，是否考虑后续采购竞争性；评审方法、评审因素、价格权重等评审规则是否适当。

3）采购政策审查

主要审查进口产品的采购是否必要，是否落实支持创新、绿色发展、中小企业发展等政府采购政策要求。

4）履约风险审查

主要审查合同文本是否按规定由法律顾问审定，合同文本运用是否适当，是否围绕采购需求和合同履行设置权利、义务，是否明确知识产权等方面的要求，履约验收方案是否完整、标准是否明确，风险处置措施和替代方案是否可行。

5）采购人或者主管预算单位认为应当审查的其他内容

除了上述提到的重点审查内容之外，"采购人或者主管预算单位认为应当审查的其他内容"可能还包括但不限于以下几个方面：

信息安全与保密审查：对于涉及敏感信息或关键技术的采购项目，审查合同条款中关于信息安全保护和保密协议的相关内容是否完备。

反腐败与廉洁自律审查：检查采购过程中是否存在违反廉政建设规定的行为，如是否存在违规干预采购活动、索贿受贿、暗箱操作等情况。

可持续性审查：针对采购项目可能产生的环保影响和社会影响进行评估，是否符合循环经济、节能减排、社会责任等相关政策要求。

3. 实施主体

同一般性审查的审查委员会设置，审查委员会可以是本部门、本单位的采购、财务、业务、监督等内部机构，也可以是采购人组织建立的专家委员会或第三方机构，但参与确定采购需求和编制采购实施计划的专家和第三方机构不得参与审查。

重点审查意见书格式示例如下。

采购需求和采购实施计划重点审查意见书

项目名称：

采购单位：

采购部门：

审查时间：

审查说明

根据审查工作机制，在采购活动开始前，针对采购需求管理中的重点风险事项，对采购需求和采购实施计划进行审查。

重点审查应在一般性审查通过的基础上再进行。

可以根据本单位实际情况，确定统一组织重点审查的项目类别或者金额范围。属于《政府采购需求管理办法》（财库〔2021〕22号）第十一条规定范围的采购项目，应当开展重点审查。

审查应当符合《政府采购需求管理办法》（财库〔2021〕22号）要求及政府采购的相关规定。

对于审查不通过的，应当修改采购需求和采购实施计划的内容并重新进行审查。

一、审查项目情况

（一）审查项目名称

（二）审查对象

1.采购需求

参与确定采购需求的专家、第三方机构。

2.采购实施计划

参与确定采购实施计划的专家、第三方机构。

二、审查人员

序号	姓名	单位	内部机构	职务/职称	联系方式	备注

审查工作机制成员应当包括本部门、本单位的采购、财务、业务、监督等内部机构。采购人可以根据本单位实际情况，建立相关专家和第三方机构参与审查的工作机制。

参与确定采购需求和编制采购实施计划的专家和第三方机构不得参与审查。

三、审查会议

1.审查时间

2.审查地点

四、审查意见

审查内容		审查结果
（1）非歧视性审查（主要审查是否指向特定供应商或者特定产品）	资格条件设置是否合理	
	要求供应商提供超过2个同类业务合同的，是否合理	
	技术要求是否指向特定的专利、商标、品牌、技术路线等	
	评审因素设置是否有倾向性	
	将有关履约能力作为评审因素是否合适	
（2）竞争性审查（主要审查是否确保充分竞争）	应当以公开方式邀请供应商的，是否依法采用公开竞争方式	
	采用单一来源采购方式的，是否符合法定情形	
	采购需求的内容是否完整、明确	
	采购需求的内容是否考虑后续采购竞争性	
	评审方法、评审因素、价格权重等评审规则是否适当	

续表

审查内容		审查结果
（3）采购政策审查	进口产品的采购是否必要	
	是否落实支持创新政府采购政策要求	
	是否落实绿色发展、节能环保政府采购政策要求	
	是否落实中小企业发展政府采购政策要求	
	是否落实支持监狱发展政府采购政策要求	
	是否落实促进残疾人就业政府采购政策要求	
（4）履约风险审查	合同文本是否按规定由法律顾问审定	
	合同文本运用是否适当	
	是否围绕采购需求和合同履行设置权利、义务	
	是否明确知识产权等方面的要求	
	履约验收方案是否完整、标准是否明确	
	风险处置措施和替代方案是否可行	
（5）采购人或者主管预算单位认为应当审查的其他内容	应列明审查的具体内容	
审查结论		通过/不通过

审查意见：

示例：经审查，采购需求、采购实施计划符合相关规定，审查通过。

示例：经审查，采购实施计划未落实中小企业发展政府采购政策要求，审查不通过，根据相关规定修改后，再重新进行审查。

审查结果为"通过"或"不通过"，审查结果"不通过"的，还需说明具体原因。

审查结果全部为"通过"的，则审查结论为"通过"。审查结果有一项为"不通过"的，则审查结论为"不通过"。

审查人员（签字）：

日期：××××年××月××日

采购需求和采购实施计划的调查、确定、编制、审查等工作应当形成书面记录并存档。

采购文件应当按照审核通过的采购需求和采购实施计划编制。

在线习题（第三章）

第四章
政府采购合同

第一节 政府采购合同的一般要求

政府采购合同作为采购人与供应商之间订立、变更、中止或者终止政府采购权利和义务关系的协议。政府采购中最基本的法律关系是通过政府采购合同来规定的，政府采购合同规定了政府采购的重要当事人——采购人与供应商之间的基本权利和义务，也是处理采购人和供应商之间的具体交易以及可能出现的纠纷的主要依据。因此，对于确定当事人的权利和义务、规范当事人之间的法律关系具有十分重要的意义。

一、法律适用

政府采购合同是指公益性采购人为实现采购任务，而利用财政性资金依法定形式、程序与供应商之间签订的以货物、工程和服务为主要内容的明确相互的权利、义务关系的协议。政府采购合同的一方主体是行政主体和行使公共职能的单位，包括各级国家机关、事业单位或者团体组织。合同的另一方主体是向采购人提供货物、工程或者服务的法人、其他组织或者自然人。

根据《政府采购法》第四十三条规定，政府采购合同适用合同法。采购人和供应商之间的权利和义务，应当按照平等、自愿的原则以合同方式约定。采购人可以委托采购代理机构代表其与供应商签订政府采购合同。由采购代理机构以采购人名义签订合同的，应当提交采购人的授权委托书，作为合同附件。所以，政府采购合同一方面适用于《政府采购法》的相关规定，另一方面也必须适用于《合同法》的相关规定。2021年1月1日起，合同法被编入《民法典》。自然地，政府采购合同就应当适用《民法典》。

政府采购本身是一种市场交易行为，在采购合同订立过程中，不涉及行政权力的行使，买卖双方的法律地位是平等的。因此，政府采购合同适用于《民法典》第三编合同。

但是，由于政府采购的主体是国家机关、事业单位和团体组织，采购资金是财政性资金，采购是为了公共事务，政府采购还具有维护国家利益和公共利益以及政策调控等功能。因此，政府采购又不完全等同于只涉及买卖双方的一般民事合同，政府采购合同还具有社会性。《政府采购法》在明确政府采购合同适用《民法典》的前提下，对政府采购合同的订立（应当采用书面形式，合同必备条款等）、效力、变更、终止等也作出了特别规定。

在合同订立方面，《民法典》规定，当事人依法享有自愿订立合同的权利，任何单位和个人不得非法干预；《民法典》还规定，当事人应当遵循公平原则确定各方的权利和义务。也就是说，合同当事人自愿签订，合同的内容也应当由当事人约定。但是，对于政府采购合同来说，采购人与供应商享有自愿订立政府采购合同的权利，前提是必须遵守《政府采购法》的相关规定。采购人在选择与之订立合同的供应商时，必须严格执行公开招标、邀请招标、竞争性谈判、竞争性磋商、询价、单一来源、框架协议等法定的采购方式和采购程序。在按照法定采购方式和采购程序确定中标、成交供应商以后，采购人与中标、成交供应商依照采购程序所确定的采购结果签订政府采购合同；否则，双方应当承担相应的法律责任。另外，政府采购合同的授予还应当体现和落实政府采购的政策功能。因此，政府采购合同的主要内容和形式，不能像一般民事合同那样完全由采购人与供应商自行确定，必须有所规制。

二、政府采购合同文本

《政府采购法》第四十五条规定，国务院政府采购监督管理部门应当会同国务院有关部门，规定政府采购合同必须具备的条款。同时，《政府采购法实施条例》第四十七条规定，国务院财政部门应当会同国务院有关部门制定政府采购合同标准文本。所以，政府采购合同文本的内容应按照国务院有关部门制定的采购合同标准文本进行编制。

1. 合同标准文本与合同必备条款的关系

合同条款是构成合同文本的基础。《民法典》规定，合同的内容由当事人约定，一般包括以下条款：当事人的名称或者姓名和住所，标的，数量，质量，价款或者报酬，履行期限、地点和方式，违约责任，解决争议的方法。

政府采购合同必须具备的条款，除了《民法典》所规定的、合同一般需要具备的基本条款外，更重要的应该是区别于普通民事合同，凸显政府采购管理要求的有关条款，比如：

（1）有关政府采购项目预算管理要求的条款。

（2）资金支付条款（例如，国库集中支付的要求）。

（3）有关预防腐败要求的条款（例如：在合同标的物之外，供应商不得提供、采购人不得接受赠品的要求）。

（4）履约验收条款（例如：政府采购招标项目邀请项目未中标供应商、项目评审专家等参与合同验收，大型或者复杂的政府采购项目应当邀请国家认可的质量检测机构参与验收工作，强化履约监督）。

（5）有关维护国家利益、公共利益及国家安全要求的条款。

（6）合同强制备案条款（政府采购项目的采购合同自签订之日起七个工作日内，采购人应当将合同副本报同级政府采购监督管理部门和有关部门备案）。

必须具备的条款是政府采购合同标准文本的其中一部分，是合同标准文本的核心。

当前，政府采购合同标准文本尚未发布，因此有必要了解另外一类同样由国家权威部门制定和发布、具有通用性的合同文本，即合同示范文本。例如由住房和城乡建设部、国家工商总局制定发布的《建设工程施工合同（示范文本）》（GF-2017-0201）、《建设项目工程总承包合同（示范文本）》（GF-2020-0216）。合同示范文本是示范性的，由合同当事人根据需要自主选用。正如《民法典》规定，当事人可以参照各类合同的示范文本订立合同。政府采购合同标准文本制定发布后，采购人或者采购代理机构与供应商应当依法按照政府采购合同标准文本签订政府采购合同；否则，双方所签订的合同无效。

2.合同标准文本的意义和作用

推行政府采购合同标准文本意义重大，它既是规范政府采购活动的需要，也是服务政府采购当事人的需要。合同标准文本是对《民法典》尤其是对政府采购法律制度的有益补充。法律法规只能对当事人的权利、义务作出原则性规定；而合同标准文本则可以分别从不同角度，针对不同行业特点，细致、具体地加以规范，为《政府采购法》《民法典》的贯彻实施起到很好的促进作用。政府采购合同标准文本由国务院财政部门会同国务院有关部门依法制定。

第一，它具有合法性和完备性。合同标准文本条款完备，内容详细，其各项条款完全依据《民法典》《政府采购法》等有关法律制定，当事人按照这一格式文本签订合同可以防止出现违法条款、无效条款或者遗漏重要内容。

第二，它具有公平性和对等性。合同标准文本遵照合同当事人法律地位一律平等的原则规定各方权利和义务，可杜绝"霸王条款"等各种形式的显失公平的条款。

第三，它具有公开性和确定性。合同标准文本一般通过规章或规范性文件的形式公开发布，内容相对固定，透明度高，有利于预防和遏制腐败。施行合同标准文本还能更好地服务政府采购当事人。当事人依据标准文本实施采购及签订合同，可以减轻撰写合同条款的负担，对当事人提供了具体的辅导和帮助，可减少签约的盲目性。

另外，一旦发生合同争议或纠纷，使用标准文本签订的合同可以避免条款短缺、解释不清等情况，当事人的权利义务易于分辨，比较容易得到法律的保护。

三、政府采购合同内容

1. 合同内容应符合批准的预算

《政府采购法》第六条规定，政府采购应当严格按照批准的预算执行。一方面，从政府采购合同订立的程序来说，合同价应当不高于已批准的预算金额，且与中标价格保持一致。这既是财政性资金在使用中的严肃性，同时也是项目投资控制的综合体现。另一方面，合同内容应符合预算确定的内容。在政府采购活动实施过程中，采购需求的确定应当依据部门预算确定，采购文件应当依据已经确定的采购需求进行编制。所以，政府采购合同最终的订立，其内容不得超出预算已经确定的内容，不得额外要求与项目无关的其他商品、服务，更不得要求供应商提供赠品或者回扣。

2. 合同内容不得违背采购确定的实质性内容

政府采购合同当事人双方通过采购活动最终确立，招标、谈判、磋商、询价、单一来源、框架协议等采购活动的目的就是为了缔结政府采购合同。为了保证采购的严肃性，保证采购当事人的合法权益，应当依据采购文件确定事项签订采购合同。如不依据采购文件确定事项或者擅自变更采购文件确定的事项签订合同，将背离政府采购的原则。《政府采购法》规定，政府采购合同应按照采购文件确定的事项签订；《政府采购法实施条例》规定，未按照采购文件确定的事项签订政府采购合同的，应受到相应的处罚；《政府采购货物和服务招标投标管理办法》规定，采购人应当按照采购文件和中标人投标文件的规定，与中标人签订书面合同。所签订的合同不得对采购文件确定的事项和中标人投标文件做实质性修改。采购人不得向中标人提出任何不合理的要求作为签订合同的条件。所以，政府采购合同文本的内容应与采购活动中招标（采购）文件、投标（响应）文件、评审资料等过程资料保持一致性，不应违背采购活动已经确定的实质性的内容。

四、政府采购合同订立形式

1.《民法典》规定的合同形式

《民法典》第三编合同第四百六十九条规定，当事人订立合同，可以采用书面形式、口头形式或者其他形式。书面形式是合同书、信件、电报、电传、传真等可以有形地表现所载内容的形式。以电子数据交换、电子邮件等方式能够有形地表现所载内容，并可以随时调取查用的数据电文，视为书面形式。

《最高人民法院关于适用〈中华人民共和国合同法〉若干问题的解释（二）》：当事

人未以书面形式或者口头形式订立合同，但从双方从事的民事行为能够推定双方有订立合同意愿的，人民法院可以认定是以"其他形式"订立的合同。这就对"其他形式"的合同形式在实践层面作出了解释。

2. 政府采购合同的合同形式

由于政府采购活动使用财政资金，其采购的内容通常涉及行政事务和公共利益，具有很强的公共性，加之政府采购合同具有不完全等同于一般民事合同的因素，因此《政府采购法》对政府采购合同的形式作出了特别限定。

《政府采购法》第四十四条规定，政府采购合同应当采用书面形式。所以，政府采购合同应当使用合同书、信件和数据电文（包括电报、传真、电子数据交换、电子邮件）等可以有形表现所载内容的形式。

五、政府采购合同订立时间

1. 合同文本编制的时间要求

按照《政府采购需求管理办法》的要求，政府采购项目在采购活动开始前需要确定采购需求和采购实施计划，并针对采购需求和采购实施计划进行审查。审查不通过的，应当修改采购需求和采购实施计划的内容并重新进行审查。同时，《政府采购需求管理办法》第十三条明确了合同文本的主要条款属于采购实施计划中合同管理安排的内容。所以，合同文本是采购实施计划的重要内容。

根据《政府采购货物和服务招标投标管理办法》第二十条规定，采购人或者采购代理机构应当根据采购项目的特点和采购需求编制招标文件。在该条款中，列举了招标文件应当包括的十六项内容。其中，包括拟签订的合同文本。所以，政府采购合同文本是招标文件的重要组成部分。

综上所述，政府采购合同文本编制应当纳入政府采购需求管理，在编制采购实施计划时进行编制。同时，编制的政府采购合同文本通过审查程序后，应作为招标文件的组成部分一并发予参与政府采购活动的供应商。

2. 合同订立和生效的时间

政府采购合同实质上是采取要约、承诺方式订立合同的。按照《民法典》第三编合同第四百八十三条规定，承诺生效时合同成立，但是法律另有规定或者当事人另有约定的除外。承诺生效时间，是承诺在何时发生法律约束力。承诺生效时间在合同的理论和实践中具有重大意义：

（1）由于承诺的时间就是合同成立的时间，因而承诺在什么时间生效，就直接决定了合同在什么时间成立。

（2）由于合同的成立时间和生效时间的一致性，承诺生效之时又是合同生效之日，是双方享有合同权利、承担合同义务之日。

（3）合同的生效时间可能涉及诉讼时效、履行期限利益等问题。

（4）合同的成立涉及合同签订地以及法院管辖权、准据法的确定等问题。

按照《民法典》第三编合同第四百九十条规定，当事人采用合同书形式订立合同的，自当事人均签名、盖章或者按指印时合同成立。政府采购合同应当采用书面形式，且通常采用的是合同书形式。根据《政府采购法》第四十六条规定，采购人与中标、成交供应商应当在中标、成交通知书发出之日起三十日内，按照采购文件确定的事项签订政府采购合同。所以，政府采购合同最终订立时间应该是自中标（成交）通知书发出之日起三十日内，采购人与中标（成交）供应商订立书面政府采购合同，签名、盖章后合同成立。

六、政府采购合同法律效力

合同的效力是法律赋予依法成立的合同对当事人的法律强制力。合同生效，是指已经成立的合同在当事人之间产生法律约束力。《民法典》第三编合同第五百零二条规定，依法成立的合同，自成立时生效，但是法律另有规定或者当事人另有约定的除外。所以，合同一旦依法成立，就对合同当事人具有法律约束力，受到法律的保护。

在政府采购活动中，采购人与中标、成交供应商必须按照采购文件确定的事项签订政府采购合同。中标、成交通知书对采购人和中标、成交供应商均具有法律效力。中标、成交通知书发出后，采购人改变中标、成交结果的，或供应商放弃中标、成交的，应当依法承担法律责任。中标、成交供应商一旦确定，采购人就必须按照中标、成交结果，与中标、成交供应商签订政府采购合同，否则要承担相应法律责任。

第二节　政府采购合同的特殊要求

一、政府采购合同公告

1. 合同公告的法律依据

为保证政府采购公开、公平、公正，加强社会监督，政府采购相关法律、法规结合政府采购的整个流程和各个重要环节，制定了一系列提高政府采购透明度的具体措施。而政府采购合同公告程序就是其中之一。

　　《政府采购法实施条例》第五十条规定，采购人应当自政府采购合同签订之日起2个工作日内，将政府采购合同在省级以上人民政府财政部门指定的媒体上公告，但政府采购合同中涉及国家秘密、商业秘密的内容除外。

　　《政府采购信息发布管理办法》第三条规定，本办法所称政府采购信息，是指依照政府采购有关法律制度规定应予公开的公开招标公告、资格预审公告、单一来源采购公示、中标（成交）结果公告、政府采购合同公告等政府采购项目信息。第八条规定，中央预算单位政府采购信息应当在中国政府采购网发布，地方预算单位政府采购信息应当在所在行政区域的中国政府采购网省级分网发布。

　　财政部办公厅《关于印发〈政府采购公告和公示信息格式规范（2020年版）〉的通知》（财办库〔2020〕50号）对政府采购合同公告的格式作出了明确的规定。

合同公告

　　一、合同编号：_____

　　二、合同名称：_____

　　三、项目编号（或招标编号、政府采购计划编号、采购计划备案文号等，如有）：_____

　　四、项目名称：_____

　　五、合同主体

　　采购人（甲方）：_____

　　地　址：_____

　　联系方式：_____

　　供应商（乙方）：_____

　　地　址：_____

　　联系方式：_____

　　六、合同主要信息

　　主要标的名称：_____

　　规格型号（或服务要求）：_____

　　主要标的数量：_____

　　主要标的单价：_____

　　合同金额：_____

　　履约期限、地点等简要信息：_____

　　采购方式：（如公开招标、竞争性磋商、单一来源采购等）

七、合同签订日期：_____

八、合同公告日期：_____

九、其他补充事宜：_____

公告附件：项目政府采购合同（采购人应当按照《政府采购法实施条例》有关要求，将政府采购合同中涉及国家秘密、商业秘密的内容删除后予以公开）

2. 政府采购合同公开的例外情形

按照《政府采购法实施条例》的规定，政府采购合同应当公开，但合同中涉及国家秘密、商业秘密的内容除外。即政府采购合同内容"以公开为原则、以不公开为例外"。这一规定一方面保障了政府采购信息公开的需要；另一方面也保障了国家利益和公民、法人及其他组织的合法利益，实现了公开与保密之间、知情权与隐私权之间的平衡。

在具体实践中，如何界定政府采购合同中是否涉及"国家秘密""商业秘密"至关重要。

关于国家秘密，《保守国家秘密法》第二条规定，国家秘密是指关系国家的安全和利益，依照法定程序确定，在一定时间内只限一定范围的人员知悉的事项。第九条规定：下列涉及国家安全和利益的事项，泄露后可能损害国家在政治、经济、国防、外交等领域的安全和利益的，应当确定为国家秘密：（1）国家事务的重大决策中秘密事项；（2）国防建设和武装力量活动中的秘密事项；（3）外交和外事活动中的秘密事项以及对外承担保密义务的事项；（4）国民经济和社会发展中的秘密事项；（5）科学技术中的秘密事项；（6）维护国家安全活动和追查刑事犯罪中的秘密事项；（7）经国家保密行政管理部门确定的其他秘密事项。政党的秘密事项中符合前款规定的，属于国家秘密。

关于商业秘密，《中华人民共和国反不正当竞争法》对此做了界定，即"不为公众所知悉、能为权利人带来经济利益、具有实用性并经权利人采取保密措施的技术信息和经营信息"。《最高人民法院关于适用〈中华人民共和国民事诉讼法〉若干问题的意见》（法发〔92〕22号）第154条则解释得更为具体：……商业秘密，主要是指技术秘密、商业情报及信息等，如生产工艺、配方、贸易联系、购销渠道等当事人不愿公开的工商业秘密。

政府采购合同通常包括以下主要内容：合同当事人的名称或者姓名和住所，合同标的名称、规格型号、数量、单价及合同金额、质量要求、服务要求、履行期限、地点和方式、违约责任、解决争议的方法等。这些条款中可能涉及国家秘密、商业秘密的内容，采购人可以不公开。但并不意味着整个合同都可以不公开，对政府采购合同中不涉及国家秘密、商业秘密的其他内容，仍然应当予以公开。其中，值得注意的是合同标的名称、规格型号、单价及合同金额等内容不得作为商业秘密；合同中涉及个人隐私的姓名、联系方式等内容，除征得权利人同意外，不得对外公告。按照《政府采购法实施条例》的规定，政府采购合同公开的责任主体为采购人。因此，在实际执行中，关于政府采购合同是否涉及以及哪些内容涉及国家秘密、商业秘密，应当由采购人依据法律的相关规定具体判定。

二、政府采购合同备案

1. 政府采购合同备案的目的和意义

政府采购合同是采购人和供应商履行权利、义务的依据，是采购人申请资金支付的依据，是政府采购监督管理部门和有关部门实施政府采购监督的依据。政府采购监督管理部门和有关部门可以据此检查采购人和供应商是否根据采购文件确定的事项签订政府采购合同，是否根据合同的规定履行合同义务，以及是否擅自变更合同内容等。

政府采购合同备案是采购人主体责任履行的重要体现。各采购人是政府采购活动执行的主体，负责政府采购预算执行，确定采购需求与付款条件，组织政府采购活动，签订政府采购合同，对政府采购合同备案信息的真实性负责。由于政府采购合同备案工作政策性强、时限要求紧、质量要求高，一方面采购人需要依法依规与供应商签订政府采购合同，并进行合同公告、合同备案、合同追加、合同备案变更等，对政府采购合同签订与执行等全过程负主体责任；另一方面采购人需要主动学习政府采购相关法律法规及政策，不断提高单位的专业化水平，确保采购合同备案工作落实好并执行到位。

政府采购合同备案是规范政府采购活动的重要抓手。政府采购合同是政府采购预算与政府采购活动结果的具体体现，采购单位在政府采购活动结束后依据采购文件、采购需求、响应文件、约定的付款方式、评标报告等内容，在中标或成交通知书发出之日起三十日内与供应商签订政府采购合同，合同签订后应当及时备案。政府采购合同内容是否完整、合同备案是否及时，直接影响着政府采购项目以及后续资金支付等工作能否顺利进行。政府采购合同签订与备案的准确性、及时性是采购单位管理水平的具体体现，能有效检验采购单位的内控管理与政府采购活动的专业化水平。

政府采购合同备案是财政部门监管的重要内容。政府采购监管部门依法依规对备案的合同文本进行检查，检查内容包括合同是否符合政府采购法律法规和政策要求、是否符合采购预算管理要求、合同主要内容及相关条款是否与采购文件要求一致、备案合同与采购文件及评审报告等内容是否一致、是否按规定程序进行备案等情况，对存在违法违规行为的单位和个人进行监督检查。

2. 政府采购合同备案的法律依据

《政府采购法》第四十七条规定，政府采购项目的采购合同自签订之日起七个工作日内，采购人应当将合同副本报同级政府采购监督管理部门和有关部门备案。《政府采购法实施条例》第六十七条规定，未按照规定时间将政府采购合同副本报本级人民政府财政部门和有关部门备案的，由财政部门责令限期改正，给予警告，对直接负责的主管人员和其他直接负责人员依法给予处分，并予以通报。所以，采购在政府采购合同签订后，应按照规定及时进行合同备案。

三、政府采购合同的档案管理

1. 政府采购合同档案保存的时限

根据《政府采购法》第四十二条规定，采购人、采购代理机构对政府采购项目每项采购活动的采购文件应当妥善保存，不得伪造、变造、隐匿或者销毁。采购文件的保存期限为从采购结束之日起至少保存十五年。

采购文件包括采购活动记录、采购预算、招标文件、投标文件、评标标准、评估报告、定标文件、合同文本、验收证明、质疑答复、投诉处理决定及其他有关文件、资料。

所以，政府采购合同作为采购文件的内容，保存期限为从采购结束之日起至少十五年。

2. 政府采购合同档案保存的形式

目前，多数政府采购合同相关资料仍然采用纸质形式。但政府采购合同的资料内容多，需要保存的时间长，纸质档案保存不便，且保存成本高。随着采购活动中电子化水平的不断提高，政府采购合同档案以电子档案方式保存变得势在必行。《政府采购法实施条例》第四十六条规定，政府采购法第四十二条规定的采购文件，可以用电子档案方式保存。也就是说，政府采购合同档案也可以采用电子档案保存。

第三节　政府采购合同组成

一、政府采购合同的一般条款

1. 一般民事合同条款

1）合同一般条款内容

合同条款是表达合同当事人约定的合同内容的具体条款。《民法典》第三编合同第四百七十条规定，合同的内容由当事人约定，一般包括下列条款：（1）当事人的姓名或者名称和住所；（2）标的；（3）数量；（4）质量；（5）价款或者报酬；（6）履行期限、地点和方式；（7）违约责任；（8）解决争议的方法。

2）合同主要条款内容

合同的主要条款是合同的必备条款，缺少必备条款，合同不能成立，缺少其他条款，则可以通过法律规定的确定方法等予以确定，不能导致合同不能成立。合同的主要条款就是当事人的名称或姓名和住所、标的、数量等三大必备条款，只要合同具备了前述三大条款，原则上即为成立。

当事人对合同条款的理解有争议的，应当依据《民法典》第一百四十二条第一款的规定，确定争议条款的含义：有相对人的意思表示的解释，应当按照所使用的词句，结合相关条款、行为的性质和目的、习惯以及诚信原则，确定意思表示的含义。无相对人的意思表示的解释，不能完全拘泥于所使用的词句，而应当结合相关条款、行为的性质和目的、习惯以及诚信原则，确定行为人的真实意思。

2. 政府采购合同的一般条款

《政府采购货物和服务招标投标管理办法》第七十二条规定，政府采购合同应当包括采购人与中标人的名称和住所、标的、数量、质量、价款或者报酬、履行期限及地点和方式、验收要求、违约责任、解决争议的方法等内容。

2021年4月30日，财政部颁发了《政府采购需求管理办法》（财库〔2021〕22号）。该办法第二十三条规定，合同文本应当包含法定必备条款和采购需求的所有内容，包括但不限于标的名称，采购标的质量、数量（规模），履行时间（期限）、地点和方式，包装方式，价款或者报酬、付款进度安排、资金支付方式，验收、交付标准和方法，质量保修范围和保修期，违约责任与解决争议的方法等。由此可见，《政府采购需求管理办法》在《政府采购货物和服务招标投标管理办法》的基础上，进一步细化了政府采购合同的内容，不但包括法定必备条款，还包括采购需求所有内容。

二、政府采购合同的特殊条款

1. 政府采购合同履行期限

《政府采购法》第六条规定，政府采购应当严格按照批准的预算执行。也就是说，无预算是不能采购的。《预算法》规定，预算年度自公历一月一日起，至十二月三十一日止。由于预算是一年一编，这也就决定了政府采购项目一般是一年一采，采购合同也是一年一签。但对于一些特殊的政府采购项目，为确保某些服务采购的连续性，《政府购买服务管理办法》（财政部令第102号）对此作出了专门的规定。

《政府购买服务管理办法》（财政部令第102号）规定，政府购买服务合同履行期限一般不超过1年；在预算保障的前提下，对于购买内容相对固定、连续性强、经费来源稳定、价格变化幅度小的政府购买服务项目，可以签订履行期限不超过3年的政府购买服务合同。

2. 政府采购合同履约保证金

1）履约保证金的性质及作用

履约保证金是中标或成交供应商按照采购文件要求而向采购人或采购代理机构提供的用以保障其履行合同义务的一种担保。履约保证金的目的是促使中标或成交供应商全面履行与采购人或采购代理机构订立的合同，确保合同目标的实现。中标或成交供应商违约的，采购人或采购代理机构将按照合同约定扣除其全部或部分履约保证金，或由担保人承担担保责任。如果中标或成交供应商违约给采购人造成的损失超过履约保证金的，还应当依法赔偿超过部分的损失。

履约保证金的设立使得采购过程与合同履行过程有机联结，相互支撑。既可以保证采购合同的履行，又有助于择优选择中标或成交供应商，能有效预防和遏制供应商在采购竞争阶段为了中标或成交而盲目虚假承诺、低价恶性竞争，然后在合同履行阶段通过偷工减料、以次充好而获取利润的行为，防范合同履行风险。

2）履约保证金的形式和金额

《政府采购法实施条例》第四十八条规定，采购文件要求中标或者成交供应商提交履约保证金的，供应商应当以支票、汇票、本票或者金融机构、担保机构出具的保函等非现金形式提交。履约保证金的数额不得超过政府采购合同金额的10%。

3）履约保证金是否收取以及收取的具体形式和金额由采购文件约定

采购人或采购代理机构可以根据合同履行的需要，在采购文件中要求中标或成交供应商在签订合同前提交或不提交履约保证金。采购文件要求提交的，应载明履约保证金的形式、金额以及提交时间。

履约保证金通常作为合同订立的条件，要在合同签订前提交。履约保证金的有效期自合同生效之日起至合同约定的中标或成交供应商主要义务履行完毕止。中标或成交供应商合同主要义务履行完毕，采购人或采购代理机构应按合同约定及时退还履约保证金。如果是银行保函或履约担保书，一般在到期后自行失效。

3. 政府采购合同分包履行

《政府采购法》第四十八条规定，经采购人同意，中标、成交供应商可以依法采取分包方式履行合同。政府采购合同分包履行的，中标、成交供应商就采购项目和分包项目向采购人负责，分包供应商就分包项目承担责任。但在具体实践中应注意以下问题：

（1）分包应当公开进行，并经过采购人同意，中标成交供应商不得私下分包，通常采购的公开方式是采购人在采购文件中，事先明确规定是否可以分包或者在合同履约过程中，经过采购人同意而分包。

（2）依法分包。法律法规有明确关于分包的规定必须遵守，采购人不得违法同意分包，如施工企业不得将主体工程、关键工程分包，以提供知识服务和智力服务为标的的合同不得分包。

（3）合同的履约依法需要相关市场准入法定资格资质的，分包供应商必须具有法律法规规定资格条件和相应资格资质，禁止向没有取得法定资格资质的供应商分包。

（4）中标成交供应商对整个合同履约承担全部责任（包含分包部分），分包供应商仅就分包部分承担责任，当分包供应商不能履约时，中标成交供应商需要自己履约。

4.政府采购追加合同的要求

《政府采购法》第四十九条规定，政府采购合同履行中，采购人需追加与合同标的相同的货物、工程或者服务的，在不改变合同其他条款的前提下，可以与供应商协商签订补充合同，但所有补充合同的采购金额不得超过原合同采购金额的百分之十。在实践中，采购人追加合同时，需要注意五个要点：追加采购应当发生在合同履行过程中；需追加采购的标的要与原合同标的相同；追加采购产生的变更需要签署补充合同；不得改变合同的其他条款；所有补充合同的采购金额不得超过原合同采购金额的百分之十。

三、政府采购合同的常见类型

《政府采购需求管理办法》第二十二条规定，合同类型按照民法典规定的典型合同类别，结合采购标的的实际情况确定。

《民法典》第三编"合同"规定了十九种典型合同，包括买卖合同，供用电、水、气、热力合同，赠予合同，借款合同，保证合同，租赁合同，融资租赁合同，保理合同，承揽合同，建设工程合同，运输合同，技术合同，保管合同，仓储合同，委托合同，物业服务合同，行纪合同，中介合同，合伙合同。

在政府采购实践中，使用较多的主要典型合同有买卖合同、承揽合同、建设工程合同、技术合同、委托合同、物业服务合同等。

1.买卖合同

买卖合同是出卖人转移标的物的所有权于买受人，买受人支付价款的合同。买卖合同是最重要的传统合同。采购教学设备、科研产品、办公用品等货物类项目均可采用买卖合同。

买卖合同的内容一般包括标的物的名称、数量、质量、价款、履行期限、履行地点和方式、包装方式、检验标准和方法、结算方式、合同适用的文字及效力等条款。

2. 承揽合同

承揽合同是承揽人按照定做人的要求完成工作，交付工作成果，定做人支付报酬的合同。承揽包括加工、定作、修理、复制、测试、检验等工作。

承揽合同的内容一般包括承揽的标的、数量、质量、报酬，承揽方式，材料的提供，履行期限，验收标准和方法等条款。

3. 建设工程合同

建设工程合同是承包人进行工程建设，发包人支付价款的合同。建设工程合同包括工程勘察、设计合同，施工合同。建设工程合同应当采用书面形式。

勘察、设计合同的内容一般包括提交有关基础资料和概预算等文件的期限、质量要求、费用以及其他协作条件等条款。

施工合同的内容一般包括工程范围、建设工期、中间交工工程的开工和竣工时间、工程质量、工程造价、技术资料交付时间、材料和设备供应责任、拨款和结算、竣工验收、质量保修范围和质量保证期、相互协作等条款。

发包人可以与总承包人订立建设工程合同，也可以分别与勘察人、设计人、施工人订立勘察、设计、施工承包合同。发包人不得将应当由一个承包人完成的建设工程肢解成若干部分发包给数个承包人。总承包人或者勘察、设计、施工承包人经发包人同意，可以将自己承包的部分工作交由第三人完成。第三人就其完成的工作成果与总承包人或者勘察、设计、施工承包人向发包人承担连带责任。承包人不得将其承包的全部建设工程转包给第三人或者将其承包的全部建设工程肢解以后以分包的名义分别转包给第三人。

禁止承包人将工程分包给不具备相应资质条件的单位。禁止分包单位将其承包的工程再分包。建设工程主体结构的施工必须由承包人自行完成。

4. 委托合同

委托合同是委托人和受托人约定，由受托人处理委托人事务的合同。委托人可以特别委托受托人处理一项或者数项事务，也可以概括委托受托人处理一切事务。

建设工程实行监理的，发包人应当与监理人采用书面形式订立委托监理合同。发包人与监理人的权利和义务以及法律责任，应当依照《民法典》合同编委托合同以及其他有关法律、行政法规的规定。也就是说，建设工程监理服务合同应当是属于委托合同而不是建设工程合同范畴。

5. 技术合同

技术合同是当事人就技术开发、转让、许可、咨询或者服务的确立相互之间权利和义务的合同。订立技术合同应当有利于知识产权的保护和科学技术的进步，促进科学技术成果的研发、转化、应用和推广。

技术合同的内容一般包括项目的名称，标的的内容、范围和要求，履行的计划、地点和方式，技术信息和资料的保密，技术成果的归属和收益的分配办法，验收标准和方法，名词和术语的解释等条款。与履行合同有关的技术背景资料、可行性论证和技术评价报告、项目任务书和计划书、技术标准、技术规范、原始设计和工艺文件，以及其他技术文档，按照当事人的约定可以作为合同的组成部分。技术合同涉及专利的，应当注明发明创造的名称、专利申请人和专利权人、申请日期、申请号、专利号以及专利权的有效期限。

技术合同价款、报酬或者使用费的支付方式由当事人约定，可以采取一次总算、一次总付或者一次总算、分期支付的方式，也可以采取提成支付或者提成支付附加预付入门费的方式。作为技术合同，通常可以采用一次总算、一次总付或者一次总算、分期支付的办法。但考虑到符合国家为中小企业减负的政策，利于国家构建良好的营商环境的愿景，采用一次总算、分期支付更能降低供应商的垫支风险。

技术合同又可以进一步细分为技术开发合同、技术转让合同、技术许可合同、技术咨询合同、技术服务合同等五种类型的合同。

1）技术开发合同

技术开发合同是当事人之间就新技术、新产品、新工艺、新品种或者新材料及其系统的研究开发所订立的合同。技术开发合同包括委托开发合同和合作开发合同，应当采用书面形式。

2）技术转让合同

技术转让合同是合法拥有技术的权利人，将现有特定的专利、专利申请、技术秘密的相关权利让与他人所订立的合同。技术转让合同包括专利权转让、专利申请权转让、技术秘密转让等合同，应当采用书面形式。

3）技术许可合同

技术许可合同是合法拥有技术的权利人，将现有特定的专利、技术秘密的相关权利许可他人实施、使用所订立的合同。技术许可合同包括专利实施许可、技术秘密使用许可等合同，应当采用书面形式。

4）技术咨询合同

技术咨询合同是当事人一方以技术知识为对方就特定技术项目提供可行性论证、技术预测、专题技术调查、分析评价报告等所订立的合同。技术咨询合同的委托人应当按照约定阐明咨询的问题，提供技术背景材料及有关技术资料，接受受托人的工作成果，支付报酬。技术咨询合同的受托人应当按照约定的期限完成咨询报告或者解答问题，提出的咨询报告应当达到约定的要求。采购人订立政府采购咨询合同、工程咨询合同等应属于技术咨询合同范畴。

5）技术服务合同

技术服务合同是当事人一方以技术知识为对方解决特定技术问题所订立的合同，不包括承揽合同和建设工程合同。技术服务合同的委托人应当按照约定提供工作条件，完成配合事项，接受工作成果并支付报酬。技术服务合同的受托人应当按照约定完成服务项目，解决技术问题，保证工作质量，并传授解决技术问题的知识。

6. 物业服务合同

物业服务合同是物业服务人在物业服务区域内，为业主提供建筑物及其附属设施的维修养护、环境卫生和相关秩序的管理维护等物业服务，业主支付物业费的合同。

物业服务合同的内容一般包括服务事项、服务质量、服务费用的标准和收取办法、维修资金的使用、服务用房的管理和使用、服务期限、服务交接等条款。物业服务人公开作出的有利于业主的服务承诺，为物业服务合同的组成部分。物业服务合同应当采用书面形式。

物业服务人应当按照约定和物业的使用性质，妥善维修、养护、清洁、绿化和经营管理物业服务区域内的业主共有部分，维护物业服务区域内的基本秩序，采取合理措施保护业主的人身、财产安全。对物业服务区域内违反有关治安、环保、消防等法律法规的行为，物业服务人应当及时采取合理措施制止、向有关行政主管部门报告并协助处理。

第四节　政府采购合同订立的法律责任

一、采购人、采购代理机构的法律责任

1. 不与中标、成交供应商签订采购合同

中标、成交通知书是通过严肃的采购程序，最终确立中标、成交供应商的书面凭证。从《民法典》的角度看，中标、成交通知书是一种达成承诺的通知。中标、成交通知书对采购人和中标、成交供应商均具有法律效力。中标、成交通知书发出之日起30日内，采购人应当与中标、成交供应商签订政府采购合同。中标、成交通知书发出后，采购人改变中标、成交结果的，或者中标、成交供应商放弃中标的，应当依法承担法律责任。

《政府采购法》第七十一条规定，采购人、采购代理机构存在中标、成交通知书发出后不与中标、成交供应商签订采购合同情形的，责令限期改正，给予警告，可以并处罚

款，对直接负责的主管人员和其他直接责任人员，由其行政主管部门或者有关机关给予处分，并予通报。

2. 未按照采购文件确定的事项签订采购合同

《政府采购法》第四十六条规定，采购人与中标、成交供应商应当在中标、成交通知书发出之日起三十日内，按照采购文件确定的事项签订政府采购合同。这里的采购文件是指招标文件、投标文件、竞争性谈判文件、竞争性磋商文件、询价通知书、响应性文件等。采购文件确定的事项主要包括采购标的、数量、质量、价款或者报酬、履行期限、地点和方式、合同文本或合同草案等。采购合同不得改变采购文件所确定的实质性要件，招标、谈判、磋商、询价的目的是缔结采购合同，为保证采购的严肃性，保证采购当事人的合法权益，应当依据采购文件确定事项签订采购合同，如果不依据采购文件确定事项或者擅自变更采购文件确定的事项签订合同，那么将背离政府采购的原则。

《政府采购法实施条例》第六十七条规定，采购人存在未按照采购文件确定的事项签订政府采购合同情形的，由财政部门责令限期改正，给予警告，对直接负责的主管人员和其他直接责任人员依法给予处分，并予以通报。

3. 采购人追加合同金额超过原合同采购金额10%

在履行政府采购合同过程中，根据实际情况，采购人可能会追加合同标的。《政府采购法》第四十九条规定，政府采购合同履行中，采购人需追加与合同标的相同的货物、工程或者服务的，在不改变合同其他条款的前提下，可以与供应商协商签订补充合同，但所有补充合同的采购金额不得超过原合同采购金额的10%。追加合同标的必须符合三个条件：一是所追加合同标的与原合同标的相同，不得追加不相同的标的物；二是不得改变其他合同条款；三是追加的合同金额不得超过原合同采购金额的10%。

《政府采购法实施条例》第六十七条规定，采购人存在政府采购合同履行中追加与合同标的相同的货物、工程或者服务的采购金额超过原合同采购金额10%的，由财政部门责令限期改正，给予警告，对直接负责的主管人员和其他直接责任人员依法给予处分，并予以通报。

4. 擅自变更、中止或者终止政府采购合同

《政府采购法》第四十三条规定，政府采购合同适用《合同法》，2021年1月1日起，合同法被编入《民法典》。自然地，政府采购合同就应当适用《民法典》。同时，《政府采购法》对政府采购合同的签订、履行也作了相关规定。《政府采购法》对政府采购合同有规定的，应执行《政府采购法》的规定。

《政府采购法》第五十条规定，政府采购合同的双方当事人不得擅自变更、中止或者终止合同。政府采购合同继续履行将损害国家利益和社会公共利益的，双方当事人应当

变更、中止或者终止合同。政府采购合同是根据采购文件确定的事项签订，采购人和供应商应当严格按照合同的规定履行合同义务，双方当事人任何一方都不得擅自变更、中止或者终止合同，也不得通过协商变更、中止或者终止合同。所谓变更是指合同内容的变更，即改变合同的标的、数量、质量、价款或者报酬、履行期限、地点和方式等实质性要件。中止是指暂停合同的履行，终止是指不再履行合同。政府采购是预算的执行环节，擅自中止或者终止履行合同将损害预算执行的严肃性，甚至可能损害国家利益或者社会公共利益。在实践中，采购人、供应商认为，政府采购合同适用《民法典》，而《民法典》规定，当事人协商一致，可以变更合同。所以认为以协商一致的方式变更合同并不违法。但《政府采购法》明确规定政府采购合同的双方当事人不得擅自变更、中止或者终止合同。在规范合同方面，《民法典》是一般法，《政府采购法》是特别法，根据法律适用的一般原理，特别法优于一般法，所以关于政府采购合同的法律适用，《政府采购法》有规定的应执行《政府采购法》的规定。

《政府采购法实施条例》第六十七条规定，采购人存在擅自变更、中止或者终止政府采购合同的，由财政部门责令限期改正，给予警告，对直接负责的主管人员和其他直接责任人员依法给予处分，并予以通报。

5. 未按照规定公告政府采购合同

公开透明是政府采购的基本原则，其目标是实现公平竞争，维护市场经济秩序。为了便于有关部门加强对政府采购的监督管理，特别是发挥社会公众对政府采购的监督，应当公开政府采购合同。《政府采购法实施条例》第五十条规定，采购人应当在政府采购合同签订之日起2个工作日内，将政府采购合同在省级以上人民政府财政部门指定的媒体上公告，但政府采购合同中涉及国家秘密、商业秘密的内容的除外。本条中的"按规定"是指采购人应当在规定的时间，即合同签订之日起2个工作日内，在指定的媒体公告政府采购合同。同时，采购人公告合同应将政府采购合同中涉及国家秘密、商业秘密内容排除，避免损害国家利益或者其他当事人的合法权益。

《政府采购法实施条例》第六十七条规定，采购人存在未按照规定公告政府采购合同的，由财政部门责令限期改正，给予警告，对直接负责的主管人员和其他直接责任人员依法给予处分，并予以通报。

6. 未按照规定时间进行政府采购合同备案

《政府采购法》和《政府采购法实施条例》的规定确立了政府采购合同备案制度。《政府采购法》第四十七条规定，政府采购项目的采购合同自签订之日起7个工作日内，采购人应当将合同副本报同级政府采购监督管理部门和有关部门备案。政府采购合同是采购人和供应商履行合同的依据，是采购人申请资金支付的依据，是政府采购监督管理部门和有关部门实施政府采购监督的依据。

《政府采购法实施条例》第六十七条规定，采购人存在未按照规定时间将政府采购合同副本报同级财政部门和有关部门备案的，由财政部门责令限期改正，给予警告，对直接负责的主管人员和其他直接责任人员依法给予处分，并予以通报。

二、供应商的法律责任

1.中标或者成交后无正当理由拒不与采购人签订政府采购合同

中标或者成交后无正当理由拒不与采购人签订政府采购合同。该项情形违反了《政府采购法》第四十六条第二款的规定。

《政府采购法》第四十六条第二款规定，中标、成交通知书对采购人和中标、成交供应商均具有法律效力。中标、成交通知书发出后，采购人改变中标、成交结果的，或者中标、成交供应商放弃中标、成交项目的，应当依法承担法律责任。本条进一步明确供应商无正当理由拒不与采购人签订采购合同属于违法行为。这里的"正当理由"，是指因不可抗力不能签订并履行合同。根据《民法典》第一百八十条第二款规定，不可抗力是不能预见、不能避免并不能克服的客观情况。具体而言，以下情况属于不可抗力：一是自然灾害，例如地震、台风、洪水等。二是某些政府行为，例如政府颁布新政策、法律和采取行政措施。三是社会异常事件，例如罢工、战争等。供应商有正当理由不能签订合同的不承担法律责任，除正当理由外，供应商不得以其他任何理由拒绝与采购人签订合同。实践中，供应商往往以中标、成交价格太低导致其亏本，或者其授权的制造厂商拒绝供货等为由拒绝签订合同，这些情形均不应认定为正当理由。

《政府采购法实施条例》第七十二条规定，中标或者成交后无正当理由拒不与采购人签订政府采购合同的，处以采购金额千分之五以上千分之十以下的罚款，列入不良行为记录名单，在一至三年内禁止参加政府采购活动，有违法所得的，并处没收违法所得，情节严重的，由工商行政管理机关吊销营业执照；构成犯罪的，依法追究刑事责任。

2.未按照采购文件确定的事项签订政府采购合同

未按照采购文件确定的事项签订政府采购合同。该项情形违反了《政府采购法》第四十六条第一款的规定。

按照采购文件确定的事项签订政府采购合同是采购人、供应商双方当事人必须履行的法律义务。《政府采购法实施条例》第六十七条规定了采购人未按照采购文件确定的事项签订政府采购合同的法律责任。所以，供应商未按照采购文件确定的事项签订政府采购合同，同样要承担法律责任。

《政府采购法》第四十六条规定，采购人与中标、成交供应商应当在中标、成交通知书发出之日起30日内，按照采购文件确定的事项签订政府采购合同。采购合同不得改变采购文件所确定的实质性要件，采购人、供应商都应当依据采购文件确定事项签订采购合同，如不依据采购文件确定事项或者擅自变更采购文件确定的事项签订合同，将会损害国家利益、社会公共利益和其他当事人的合法权益，违背政府采购公平竞争制度。实践中，供应商常常以产品更新换代为由擅自变更中标、成交产品的规格型号，或者与采购人协商变更标的数量、履约时间等采购文件实质性要件。这些都属于违反本条规定的情形，应当承担相应的法律责任。

《政府采购法实施条例》第七十二条规定，供应商未按照采购文件确定的事项签订政府采购合同的，处以采购金额千分之五以上千分之十以下的罚款，列入不良行为记录名单，在一至三年内禁止参加政府采购活动，有违法所得的，并处没收违法所得，情节严重的，由工商行政管理机关吊销营业执照；构成犯罪的，依法追究刑事责任。

3. 将政府采购合同转包

政府采购合同签订后，供应商应当按照合同的规定履行合同义务，不得将合同转包。所谓合同转包，是指供应商将中标、成交的项目整体转让给其他供应商，或者将中标、成交项目拆分后分别转让给其他供应商。采购人与供应商之间签订的政府采购合同，是通过招标、竞争性谈判、竞争性磋商、询价或者单一来源采购等采购方式择优确定的，如果供应商将中标、成交项目转包，将使竞争程序失去意义，严重破坏政府采购制度的严肃性，也严重影响采购项目的质量，损害国家利益、公共利益和采购人的合法权益。

合同转包要与合同分包区分。合同转包是违法行为，法律法规明确禁止合同转包行为。根据《政府采购法》第四十八条规定，经采购人同意，中标、成交供应商可以依法采取分包方式履行合同。但采取分包方式履行合同的，不能将合同的主体和关键部分分包给其他供应商。

《政府采购法实施条例》第七十二条规定，供应商将政府采购合同转包的，处以采购金额千分之五以上千分之十以下的罚款，列入不良行为记录名单，在一至三年内禁止参加政府采购活动，有违法所得的，并处没收违法所得，情节严重的，由工商行政管理机关吊销营业执照；构成犯罪的，依法追究刑事责任。

4. 提供假冒伪劣产品

政府采购合同签订后，供应商应当遵循诚实信用原则，依照合同规定的标的、质量、数量、履行期限、履行地点、履行方式等内容完成自己应尽的义务。按照约定履行，既要全面履行合同义务，又要正确适当履行合同义务。

供应商提供的产品应当符合《中华人民共和国产品质量法》的要求，不得伪造或者冒用认证标志等质量标志，伪造产品的产地，伪造或者冒用他人的厂名、厂址，不得在生产、销售的产品中掺杂、掺假，以假充真，以次充好，不得以不合格产品冒充合格产品。所谓"假冒产品"，是指伪造或者冒用认证标志等质量标志，伪造产品的产地，伪造或者冒用他人的商标、商号等。所谓"伪劣产品"，是指在生产、销售的产品中掺杂、掺假，以假充真，以次充好，以不合格产品冒充合格产品。在实践中，供应商提供假冒或者伪劣产品的现象时有发生，假冒伪劣产品损害国家利益、公共利益和采购人的合法权益，属于严重违法或者犯罪行为。所以，采购人应当加强履约验收，发现供应商提供假冒伪劣产品的，应当及时向财政部门报告，并向工商行政管理部门举报。

《政府采购法实施条例》第七十二条规定，供应商提供假冒伪劣产品的，处以采购金额千分之五以上千分之十以下的罚款，列入不良行为记录名单，在一至三年内禁止参加政府采购活动，有违法所得的，并处没收违法所得，情节严重的，由工商行政管理机关吊销营业执照；构成犯罪的，依法追究刑事责任。

5. 擅自变更、中止或者终止政府采购合同

擅自变更、中止或终止政府采购合同。该项情形违反了《政府采购法》第五十条第一款的规定。

《政府采购法实施条例》第六十七条规定了采购人擅自变更、中止或终止政府采购合同依法承担的法律责任。不得擅自变更、中止或终止政府采购合同是采购人、供应商双方当事人共同的法律义务，所以，供应商擅自变更、中止或终止政府采购合同同样要承担法律责任。

《政府采购法》第五十条规定，政府采购合同的双方当事人不得擅自变更、中止或者终止合同。政府采购合同是根据采购文件确定的事项签订的，采购人和供应商应当严格按照合同的规定履行合同义务，双方任何一方都不得变更、中止或者终止合同，也不得通过协商变更、中止或者终止合同。供应商违反《政府采购法》关于合同的规定应当承担相应的法律责任。变更、中止或者终止合同可能是合同当事人双方协商一致的行为，也可能是合同当事人单方的行为。合同变更的内容包括合同的标的、规格、型号、数量、质量等；中止是无正当理由暂停履约；终止就是不再履行合同义务。合同当事人一方擅自变更、中止或者终止合同均属于违约行为，应当承担相应的违约责任。同时，也是《政府采购法》和《政府采购法条例》禁止的行为，应承担相应的法律责任。

《政府采购法实施条例》第七十二条规定，供应商擅自变更、中止或者终止政府采购合同的，处以采购金额千分之五以上千分之十以下的罚款，列入不良行为记录名单，在一至三年内禁止参加政府采购活动，有违法所得的，并处没收违法所得，情节严重的，由工商行政管理机关吊销营业执照；构成犯罪的，依法追究刑事责任。

【小贴士】

【问】政府采购合同签订后，供货商以厂家停产为理由请求变更合同，变更为同一型号的低配版（一项技术参数降低），是否可以？如果采购人希望变更为另一型号（一项参数降低，但整体参数提高且市场价格要高于中标产品），是否可以？是否需要财政监督部门批准，具体流程是什么？

【答】采购人、供应商应根据采购文件及响应文件确定的事项签订政府采购合同，并按照合同履约。政府采购合同的双方当事人不得擅自变更采购合同。但如果合同继续履行将损害国家利益和社会公共利益的，双方当事人可以变更合同，过错方应当承担赔偿责任。合同签订后不履约的，应当依照合同追究违约责任。

(信息来自中国政府采购网)

政府采购合同文本示例如下。

湖北省政府集中采购电子化公开招标文本中合同文本

合同编号：_____

合 同 书

项目名称：_____

甲方（采购人）：_____

乙方（中标人）：_____

签订地：_____

签订日期：_____年_____月_____日

本合同由甲乙双方根据《中华人民共和国政府采购法》《中华人民共和国政府采购法实施条例》《中华人民共和国民法典》等相关法律法规规定，按平等、自愿、诚实信用的原则拟定，甲、乙双方均应遵守法律规定和合同约定，并各自履行应负的全部责任和义务。

一、项目基本情况

1.项目名称：_____（见招标文件）_____

2.项目编号：_____（见招标文件）_____

3.政府采购计划备案号：_____（见招标文件）_____

4.项目概况：_____（见招标文件）_____

二、标的名称、数量（规模）

序号	名称	品牌规格型号	数量	单位	单价/元	分项合计/元	制造厂家（全称）
1	货物（服务）名称1						
2	货物（服务）名称2						
……	……	……	……	……	……	……	……
合计							

三、货物（服务）质量

____（以招标文件要求以及投标文件的响应）____。合同履行时间（期限）、地点和方式。

1.合同履行时间：自____年__月__日至____年__月__日止。

2.交付或服务地点及方式：____（见招标文件）____。

四、包装及运输

____（见招标文件）____。

五、合同价款

1.本合同金额为（大写）：人民币____（见投标文件）__元（￥：____）

2.合同金额包括乙方完成本合同约定的全部工作可能发生的所有费用（含市场变化等可能发生的费用），即总报价为"交钥匙"价。甲方在支付此金额后，不再因本合同支付任何其他费用。

3._____。

六、资金支付方式及安排

____（见招标文件）____。

七、交付标准、方法和验收方案

1.交付标准、方法：____（见招标文件）____。

2.验收方案：____（见招标文件）____。

八、质保（服务）期及质保（服务）范围和要求

1.质保（服务）期：____（见招标文件）____。

2.质保（服务）范围：____（见招标文件）____。

3.质保（服务）要求：____（见招标文件）____。

九、项目培训

____（见投标文件）____。

十、知识产权归属、处理方式

_____（见招标文件）_____。

十一、双方的权利和义务

1.甲方的权力和义务：_____。

2.乙方的权力和义务：_____。

十二、违约责任

1.甲方的违约责任：_____。

2.乙方的违约责任：_____（见招标文件）_____。

十三、保密条款

_____（见招标文件）_____。

十四、其他补充条款

_____

十五、不可抗力

任何一方由于不可抗力原因不能履行合同时，应在不可抗力事件结束后____日内以书面形式通知对方，以减轻可能给对方造成的损失，在取得有关机构的不可抗力证明或双方谅解确认后，允许延期履行或修订合同，并根据情况可部分或全部免于承担违约责任。

十六、解决争议的方法

一切由执行合同引起的或与本合同有关的争执，双方应通过友好协商解决，如协商不能解决，应提交甲方所在地有管辖权的人民法院诉讼解决。

十七、合同组成

下列文件为本合同不可分割的部分。

1.合同书；

2.代理机构发出的中标或成交通知书；

3.经双方确认并共同签字的补充文件、技术协议等；

4.乙方的投标或响应文件（含附件、补充文件、图纸等）；

5.采购文件（含附件、补充文件、图纸等）。

十八、合同生效与终止

1.本合同经甲、乙双方授权代表签字和加盖公章（或合同专用章）后生效。如招标申请公证的，合同需经公证机构公证后生效。

2.双方履行完各自权利和义务后合同自行终止。

3.本合同规定可以终止合同的情形。

十九、通知与送达

1.就本合同有关事项，双方应通过本合同约定的联系方式向对方发送相关通知，本合同约定的送达地址同时作为有效司法送达地址。

2.一方变更通知或通信地址，应自变更之日起＿＿＿日内，以书面形式通知对方，否则，由未通知方承担由此而引起的相关责任。

二十、其他

本合同正本一式＿＿＿份，甲方执＿＿＿份，乙方执＿＿＿份；副本一式＿＿＿份，甲方执＿＿＿份，乙方执＿＿＿份。

（以下无正文）

甲　　方：	乙　　方：
单位名称（盖章）：	单位名称（盖章）：
单位地址：	单位地址：
法人代表授权人（签字）：	法人代表授权人（签字）：
联系人：	联系人：
电　　话：	电　　话：
传　　真：	传　　真：
邮政编码：	邮政编码：
开户银行：	开户银行：
账　　号：	账　　号：
税　　号：	税　　号：

2024年4月25日，财政部发布了《关于印发〈政府采购货物买卖合同（试行）〉的通知》（财办库〔2024〕84号），该合同标准文本适用于购买现成货物的采购项目，不包括需要供应商定制开发、创新研发的货物采购项目，为政府采购货物买卖合同的编制提供了重要的参考。

在线习题（第四章）

第一节　政府采购履约验收的主体、责任及要求

一、政府采购履约验收的主体及责任

政府采购履约验收是政府采购活动的最后一个环节,是保证采购质量的关键一步,必须"立好规矩"才能真正践行物有所值理念。近年来,各地区、各部门高度重视政府采购履约验收管理工作,依法加强政府采购履约验收管理是深化政府采购制度改革、提高政府采购效率和质量的重要保证。严格规范开展履约验收是加强政府采购结果管理的重要举措,是保证采购质量、开展绩效评价、形成闭环管理的重要环节,对实现采购与预算、资产及财务等管理工作协调联动具有重要意义。

采购人是政府采购项目履约验收工作的责任主体。采购人应当加强内控管理,健全内控管理体系;明确验收机制,规范项目验收程序;履行验收义务,完善项目验收内容;确定验收结论,及时处理项目验收中发现的问题,向财政部门反映供应商违约失信行为。

对技术复杂、专业性强或者采购人履约验收能力不能满足工作需要的项目,采购人可以委托采购代理机构组织项目验收。委托事项应当在委托代理协议中予以明确,但不得因委托而转移或者免除采购人项目验收的主体责任。采购代理机构应当在委托代理协议范围内,协助采购人组织项目验收工作,协调解决项目验收中出现的问题,及时向采购人反映履约异常情形及供应商违约失信行为等。发现采购人存在违约失信行为的,应当提醒采购人纠正,拒不纠正的,应当书面报告财政部门。

尽管履约验收并非完全属于采购人的责任,但无论采购代理机构是否参与项目验收,采购人都是政府采购项目的责任主体。而采购代理机构在政府采购项目履约验收中起协助和协调的作用。

其中，供应商作为项目的执行者，在项目验收中也扮演着非常重要的角色。供应商应当配合采购人、采购代理机构做好项目验收，提供同项目验收相关的生产、技术、服务、数量、质量、安全等资料，提高项目验收的规范性与效率。

各级人民政府财政部门作为监管部门，应依法履行对政府采购履约验收活动监督管理职责，建立完善履约验收监管体系，督导采购人严格履行验收义务，适时开展专项检查，依法查处违法违规、违约失信等行为。

二、政府采购履约验收的要求

根据《关于进一步加强政府采购需求和履约验收管理的指导意见》（财库〔2016〕205号）相关规定，严格规范开展履约验收：

（1）采购人应当依法组织履约验收工作。采购人应当根据采购项目的具体情况，自行组织项目验收或者委托采购代理机构验收。大型或者复杂的政府采购项目，应当邀请国家认可的质量检测机构参加验收工作。验收方成员应当在验收书上签字，并承担相应的法律责任。采购人委托采购代理机构进行履约验收的，应当对验收结果进行书面确认。

（2）完整细化编制验收方案。采购人或其委托的采购代理机构应当根据项目特点制定验收方案，明确履约验收的时间、方式、程序等内容。技术复杂、社会影响较大的货物类项目，可以根据需要设置出厂检验、到货检验、安装调试检验、配套服务检验等多重验收环节；服务类项目，可根据项目特点对服务期内的服务实施情况进行分期考核，结合考核情况和服务效果进行验收；工程类项目应当按照行业管理部门规定的标准、方法和内容进行验收。

（3）完善验收方式。对于采购人和使用人分离的采购项目，应当邀请实际使用人参与验收。采购人、采购代理机构可以邀请参加本项目的其他供应商或第三方专业机构及专家参与验收，相关验收意见作为验收书的参考资料。政府向社会公众提供的公共服务项目，验收时应当邀请服务对象参与并出具意见，验收结果应当向社会公告。

（4）严格按照采购合同开展履约验收。采购人或者采购代理机构应当成立验收小组，按照采购合同的约定对供应商的履约情况进行验收。验收时，应当按照采购合同的约定对每一项技术、服务、安全标准的履约情况进行确认。验收结束后，应当出具验收书，列明各项标准的验收情况及项目总体评价，由验收双方共同签署。验收结果应当与采购合同约定的资金支付及履约保证金返还条件挂钩。履约验收的各项资料应当存档备查。

（5）严格落实履约验收责任。验收合格的项目，采购人应当根据采购合同的约定及时向供应商支付采购资金、退还履约保证金。验收不合格的项目，采购人应当依法及时处理。采购合同的履行、违约责任和解决争议的方式等适用《中华人民共和国合同法》（2021年1月1日起，《合同法》被编入《民法典》）。供应商在履约过程中有政府采购法律法规规定的违法违规情形的，采购人应当及时报告本级财政部门。

加大依法采购、依法验收宣传力度，转变采购人对政府采购的一些误区，强化采购人是政府采购合同履约验收工作的责任主体，进一步理清采购人、供应商、代理机构等各方履约验收的职责，切实承担起依法验收的责任。采购人应落实责任部门、责任人负责政府采购事宜。监管部门、采购人要加强业务人员的教育培训，增强其法律意识和提高业务操作水平，并建立一套完善的管理考核制度，提高业务人员的素质和能力。责任和业务能力齐头并进，从而把履约验收工作落到实处。

第二节　政府采购履约验收的程序

合同履行达到验收条件时，供应商向采购人发出项目验收建议。采购人应当收到建议后启动项目验收，并通知供应商。项目履约验收应方案合理，程序规范。政府采购项目主要验收程序如下。

一、成立履约验收小组

采购人在执行政府采购项目履约验收时，首先应当成立政府采购项目验收小组，负责项目验收具体工作，出具验收意见，并对验收意见负责。验收小组可由使用部门、审计部门、财务部门、资产管理部门等单位内部人员或其他专业技术人员等组成。验收小组成员由采购人自行选择，可以从本单位指定，也可以从同领域其他单位或者第三方专业机构等邀请。

履约验收小组原则上由熟悉项目需求与标的的专业技术人员、使用部门人员或邀请的专家等组成，并明确履约验收小组的负责人，主持验收小组工作。

（1）凡符合下列情况之一的：

①自行组织的分散采购项目；

②未达到公开招标限额标准的政府采购项目；

③功能简单且属于标准定制的货物采购项目；

④需求单一且属于通用的服务采购项目。

验收小组成员可由熟悉掌握政府采购项目技术需要的采购单位人员、采购人使用部门人员等三人以上单数组成。相关专业技术人员不足的或采购人认为有必要的，可邀请验收专家参加验收。

（2）凡符合下列情况之一的：

①达到公开招标限额标准的政府采购项目；

②受到质疑、投诉的政府采购项目；

③社会普遍关注及影响面较大的政府采购项目；

④大型、复杂的政府采购项目；

⑤政府采购监督管理部门规定的其他需要采取联合验收方式进行验收的政府采购项目。

验收小组成员由熟悉掌握政府采购项目技术需要的专家、采购人相关人员、监管部门人员等组成。对于大型或复杂的采购项目或依法需要国家相关职能部门检测的项目，应当邀请国家认可的质量检测机构参加验收工作或国家相关职能部门人员参加验收工作并出具意见。政府向社会提供的公共服务项目，验收时应当邀请服务对象参加验收工作并出具意见。

自行委托专家参加验收工作的，应对专家的真实性、合法性承担责任。验收专家必须符合政府采购评审专家要求并具备验收项目所需的相应专业资质。

验收小组应当认真履行项目验收职责，确保项目验收意见客观真实反映合同履行情况。验收小组应当在实施验收前全面掌握项目采购需求、验收清单和标准，项目的技术规定要求和中标、成交供应商的响应承诺等情况，以及合同明确约定的要求，并做好验收所需要的其他准备工作。

二、制定履约验收方案

验收组织机构应当在实施验收前根据项目验收清单和标准、采购文件对项目的技术规定和要求、供应商的投标响应承诺情况、合同明确约定的要求等，制定详细的项目验收方案。

履约包括项目基本情况、验收组织机构、项目验收方式、验收流程和时间、验收内容及验收标准等内容。其中项目验收方式应当符合项目特点，对一次性整体验收不能反映履约情况的项目，应当采取分段、分期验收的方式，科学设置分段节点，分别制定验收方案并实施验收。验收内容要包括每一项技术和商务要求的履约情况，客观反映货物供给、工程施工和服务承接完成情况，货物类项目应当包括出厂检验、到货检验、安装调试检验及配套服务检验等多重验收环节。工程类项目应当包括施工内容、施工用料、施工进程、施工工艺、质量安全等。服务类项目应当包括服务对象覆盖面、服务事项满意度、服务承诺兑现程度和稳定性等。验收标准要包括所有客观、量化指标。不能明确客观标准、涉及主观判断的，可以通过在采购人、使用人中开展问卷调查等方式，转化为客观、量化的验收标准。

验收方案制定的质量、完善程度，是验收工作的关键所在，是后续验收工作能否顺利、高效进行的前提条件。

请看下面的案例。

《履约验收方案》编制大纲

一、项目基本情况

1.项目名称

2.项目采购人

3.项目中标供应商

4.项目采购内容

5.项目实施时间

二、成立验收小组及成员情况

1.验收小组组成

2.验收小组成员

三、验收时间及验收地点

1.验收时间

2.验收地点

四、验收内容

五、验收流程

六、验收指标及标准

附件 履约验收方案内容和方法

一、项目基本情况

1.项目名称

2.项目采购人

3.项目中标供应商

4.项目采购内容

货物项目采购内容：设备名称、主要参数和采购数量。

服务项目采购内容：服务内容。

5.项目实施时间

包括但不限于合同签订时间、合同规定完成时间、项目实际完成时间等。

二、成立验收小组及成员情况

验收小组的组成、选定原因及各成员的基本情况。

如为大型、复杂的项目，注明是否有专业的验收检测机构参与验收。

如为向社会公众提供公共服务的项目，注明是否有验收服务对象参与验收。

三、验收时间及验收地点

验收计划时间和地点，如为分段或分期验收，需描述各阶段或各期验收时间安排。

四、验收内容

项目验收内容应当具体，形成详细的验收清单，客观反映货物供给、工程施工和服务承接完结情况。复杂设备应当包括出厂及到货检验、安装和调试检验及相关伴随服务检验等。服务类项目应当包括服务对象覆盖面、服务事项满意度、服务承诺兑现程度和稳定性等。

五、验收流程

描述实施验收准备、正式实施验收到出具履约验收结论的程序（包括但不限于听取采购人、供应商对项目实施情况的汇报，现场查看使用情况、运行安全情况、技术保障情况等）。

对于货物类和服务类，可采用不同的验收办法实施验收。

（一）货物类

1.外观检查

（1）检查货物内外包装是否完好，有无破损、碰伤、浸湿、受潮、变形等情况；

（2）检查包装箱上的标志、名称、型号是否与采购的品牌相同；

（3）检查货物设备及其配件、附件外表有无残损、锈蚀、碰伤等；

（4）特殊仪器设备要依据设备的特性和合同要求及相关国家、行业、企业标准进行外观检查；

项目检查时若发现上述问题，应做详细记录，并拍照留据。

2.数量验收

（1）以供货合同和装箱单为依据，逐件清点核对货物及其配件、附件的数量，并检查货物的名称、型号、规格、生产厂家、尺寸、材质是否与合同和装箱单一致；

（2）检查是否有检验证、合格证、保修证、使用说明书、操作规程、检修手册、产品合格证及原始装箱配置清单并加盖制造商供货专用章。

数量验收时要认真做好记录，写明验收地点、时间、参加人员、箱号、品名、应到和实到数量。

3.质量验收

（1）要严格按照合同条款、使用说明书、操作手册的规定和程序进行安装试机；

（2）对照合同技术参数指标条款、使用说明书进行各种技术参数测试，检查货物的技术指标和性能是否达到要求（出具验收数据单）；

（3）进口仪器设备的验收按工商质检部门的有关规定进行，合同规定由外商安装调试的，必须由外商派人员来现场共同开箱验收、安装、测试，安装调试合格后方可签署验收文件；

（4）关于设备使用人员培训，必须保证使用人员能正确操作、进行基本养护、处理一般问题；

（5）特殊、特种仪器设备根据国家相关规定进行验收。

质量验收时要认真做好记录。若仪器出现质量问题，应将详细情况书面通知供货单位，视情况决定是否退货、更换或要求厂商派人员检修。

4.技术繁杂、社会影响较大的货物项目

技术繁杂、社会影响较大的货物项目，采购人或者采购代理机构可以根据需要设置出厂检验、到货检验、安装调试检验、配套服务检验等多重验收环节。

（二）服务类

对服务质量、服务进度、服务人员配备、服务承诺兑现及安全等履约情况逐项进行评价。

1.物业、安保等人员服务类项目

根据合同约定，核对人员实际到岗数量、工资待遇、人员证书等量化资料，由用户单位及相关部门提供服务质量报告。

2.出版物、广告宣传、设计类服务项目

根据合同约定，提供出版物、广告、设计等成品材料，并检验是否达到预期效果及合同约定的其他相关内容。

3.咨询、审计、委托代理类服务项目

根据合同约定，核对服务时数、人员配备、服务效果、客户满意度及合同约定的其他相关内容。

4.技防、信息化建设类服务项目

根据合同约定，召开验收会，会上需提供完整的验收文档材料，并通过现场验收实测技防、信息化建设的实际使用效果等。

六、验收指标及标准

项目验收标准应当符合采购合同约定，未进行相应约定的，应当符合国家强制性规定、政策要求、安全标准、行业或企业有关标准等。

三、开展履约验收活动

供应商提供项目验收相关技术资料、合格证明以及验收所必须具备的其他材料，并协助验收组织机构开展验收。验收小组应当根据事先拟定的验收工作方案，对供应商提供的货物、工程或者服务按照招标（采购）文件、投标（响应）文件、封存样品、政府采购合同进行逐一核对、验收，并做好验收记录。验收工作由采购人组织，验收小组负责，供应商配合。验收工作应完整完善、公开合理，必要时应抽样并送交具备资质的第三方检测机构进行检验。

验收小组应按照拟定的验收工作方案及时做好验收前准备，依据政府采购合同、采购文件、投标（响应）文件、封存样品等规定的技术、服务、安全标准组织对供应商提供的货物、服务或工程进行验收。

标准定制的货物和通用的服务采购项目可以采用抽检方式进行验收。验收时，应当按照采购文件、投标（响应）文件、封存样品、政府采购合同约定对每一项技术、服务、安全标准的履约情况进行逐一核对、验收，并做好验收记录，政府向社会公众提供的公共服务项目，还应记录好服务对象出具的意见。

验收过程中，验收小组成员应认真做好个人验收记录，提出个人验收意见，个人验收意见作为验收报告的依据。验收小组在成员个人验收意见的基础上形成履约验收书。对需要共同认定的事项存在争议的，按照少数服从多数的原则做出履约验收结论，并签字确认。验收小组成员对验收有异议的，可在履约验收书上签署不同意见，并说明理由。

大型或复杂、关系到生命财产安全、社会关注度高的采购项目，验收组织机构邀请国家认可的质量检测机构参与验收，按照专业检测程序和时限完成验收工作后出具检测报告，在验收书上签署意见并加盖单位公章。政府向社会公众提供的公共服务项目，应当邀请服务对象参与验收并出具意见。

四、出具履约验收报告

履约验收结束后，根据采购项目实际情况、履约验收过程、履约验收情况及验收结论等编制项目履约验收报告，也称履约验收书。

履约验收书应包括：实施验收过程基本情况陈述，供应商对合同规定的每一项技术、服务、安全标准等履行情况，与政府采购合同约定的权利、义务比较情况，验收结论性意见等。验收小组全体成员应当在验收书上签字确认，对自己的验收结论承担法律责任。验收小组成员对验收结论存在争议的，应当按照少数服从多数的原则得出结论。有异议的验收小组成员应当在验收书上签署不同的意见并说明理由，否则视为同意验收结论。委托第三方检测的，需附上检测报告。分期验收的项目，需附上相应资料。

采购人应当根据验收结论明确验收意见并盖章确认（验收结果如与采购合同不一致，采购人应当根据验收意见中载明的具体偏差内容和处置建议，研究确定验收意见并加盖公章）。

对网上商城以及其他金额较小或者技术简单的项目，可以适当简化前述验收流程，由采购人指定本单位熟悉项目需求与标的的工作人员，对合同约定的技术、服务、安全标准等内容进行验收，提出项目验收意见，并由采购人确认。项目履约验收合格作为支付采购资金和退还履约保证金的重要依据和必要条件。

验收结果不合格的，采购人应责令供应商采取补救措施，向供应商发出整改通知书，整改完成后，由供应商通知采购人重新验收。重新验收仍然不合格的，采购人应当按照合同约定追究供应商的违约责任。验收结果部分不合格，不影响整体使用的，经采购人同意，可以先将合格的部分交付使用并支付相应部分的采购资金。若验收结果合格，应按照合同约定支付价款。对于验收结果不合格的项目，若可经整改合格，应当给予限期整改的机会，若整改后仍不合格，则应当按照合同约定追究供应商的违约责任。

请看下面的案例。

《履约验收报告》编制大纲

第一章　项目概述

一、项目概况

1.项目名称

2.项目类型

3.项目采购人

4.项目中标供应商

5.项目采购内容

6.项目采购预算

7.项目实施时间

二、项目采购需求

1.招标文件约定

2.投标文件承诺

3.合同约定

第二章　履约验收实施情况

一、履约验收时间及地点

1.履约验收时间

2.履约验收地点

二、履约验收小组组成

1.履约验收组织机构

2.履约验收小组成员

三、履约验收实施流程

实施验收过程基本情况陈述。

第三章 项目履约情况

第四章 履约验收结论

1.验收小组的个人验收记录及意见

2.验收结论性意见

第五章 履约验收改进意见及建议

附件一：验收小组签到表

附件二：验收小组个人意见记录表

附件三：履约验收书

五、公告履约验收结果（如需）

《政府采购法实施条例》第四十五条规定，政府向社会公众提供的公共服务项目，验收时应当邀请服务对象参与并出具意见，验收结果也应当向社会公告。

公共服务项目验收结果公告

一、合同编号：＿＿＿＿＿＿＿＿＿＿＿＿

二、合同名称：＿＿＿＿＿＿＿＿＿＿＿＿

三、项目编号（或招标编号、政府采购计划编号、采购计划备案文号等，如有）：＿＿＿＿＿＿＿＿＿＿＿＿

四、项目名称：＿＿＿＿＿＿＿＿＿＿＿＿

五、合同主体

采购人（甲方）：＿＿＿＿＿＿＿＿＿＿＿＿

地址：＿＿＿＿＿＿＿＿＿＿＿＿

联系方式：＿＿＿＿＿＿＿＿＿＿＿＿

供应商（乙方）：＿＿＿＿＿＿＿＿＿＿＿＿

地址：＿＿＿＿＿＿＿＿＿＿＿＿

联系方式：＿＿＿＿＿＿＿＿＿＿＿＿

六、合同主要信息

服务内容：＿＿＿＿＿＿＿＿＿＿＿＿

服务要求：＿＿＿＿＿＿＿＿＿＿＿＿

服务期限：＿＿＿＿＿＿＿＿＿＿＿＿

服务地点：＿＿＿＿＿＿＿＿＿＿＿＿

七、验收日期：＿＿＿＿＿＿＿＿＿＿＿＿

八、验收组成员（应当邀请服务对象参与）：＿＿＿＿＿＿＿＿＿＿＿＿

九、验收意见：＿＿＿＿＿＿＿＿＿＿＿＿

十、其他补充事宜：＿＿＿＿＿＿＿＿＿＿＿＿

选自财政部办公厅《关于印发〈政府采购公告和公示信息格式规范（2020年版）〉的通知》（财办库〔2020〕50号）

六、资料备案与归档

验收完成后，各项资料应当存档备查。采购项目完成验收后，采购人应当整理验收申请、验收方案、采购资料及合同、验收记录、检测报告、验收书等材料并将其作为该采购项目档案妥善保管，不得伪造、变造、隐匿或者销毁，验收资料保存期为从验收结束之日起十五年。

请看下面的案例。

某动物疫苗采购项目（货物类）验收工作方案

根据财政部《关于进一步加强政府采购需求和履约验收管理的指导意见》（财库〔2016〕205号）相关规定，结合动物防疫工作情况，编制动物疫苗验收工作方案。

一、验收依据

（1）《政府采购法》及《政府采购法实施条例》；

（2）本项目政府采购合同；

（3）本项目招标文件；

（4）中标供应商的投标文件；

（5）政府采购合同履行过程中的往来文件等。

二、验收内容

（1）产品供货品种、数量是否按照调拨单执行；

（2）产品供货过程中相关记录是否规范、完整，相关材料是否客观、真实、可追溯；

（3）中标供应商提供的疫苗技术指标是否按照投标文件中响应的技术参数执行；

（4）中标供应商增值服务承诺履行情况；

（5）服务对象的反馈意见。

三、验收方式

（1）现场验收。由第三方机构组织验收小组，在疫苗调拨期间开展货物接收现场验收。

（2）企业自查。中标供应商开展合同履约自查工作。

（3）管理部门审查。管理部门根据合同要求、《疫苗调拨通知单》、疫苗供应过程中的相关记录、中标供应商的自查报告等，对各中标供应商的合同履约情况进行审查。

（4）使用部门评价。根据"采购人和使用人分离的采购项目应当邀请实际使用人参与验收"的规定，各使用单位对供货企业项目履约情况作出评价，对产品使用效果给予评估意见或出具检测报告。

（5）专家集中验收。在秋防结束后，适时组织有关专家对防疫物资采购项目在合同签订、合同履约、产品验收、疫苗质量和售后服务等方面进行综合评价，及时发现问题，做好与供货企业的沟通，在后续的供货和服务中加以改进和完善。

四、组织形式

根据采购人的委托，疫苗验收工作由第三方机构×××公司来组织进行，采购人全程参与，具体安排如下。

（1）省内各地动物防疫部门依据招标文件上的技术规格要求和国家有关质量标准对疫苗及标识产品质量进行货物接收验收；

（2）各地疫苗及标识产品接收单位按要求办理交货入库手续、负责交货验收工作；

（3）×××公司会同采购人组织现场验收专家小组，具体开展现场验收工作，验收小组原则上要有疫苗使用方所在地的市县动物疫病预防控制中心的专家参加；

（4）各地疫苗接收单位和使用单位就中标供应商提供的产品进行综合评价（如疫苗免疫效果评估）；

（5）组织部分疫苗及标识产品接收单位和使用单位召开座谈会，对企业供货、产品使用及售后服务等有关问题征询意见和建议；

（6）在秋防结束后，适时组织有关专家对防疫物资采购项目在合同签订、合同履约、产品验收、疫苗质量和售后服务等方面进行综合评审，并给予验收意见。

五、现场验收时间

疫苗现场验收时间定于××××年××月××日至××××年××月××日。

六、现场验收人员安排

验收小组人员安排：每组采购人代表1人、使用部门代表1人，第三方机构代表1人，社会专家2人。

七、验收工作要求

（1）疫苗验收工作应当严格按照政府采购相关法律、法规进行；

（2）各验收工作小组应当严格按照疫苗验收工作方案开展验收工作；

（3）验收过程中，各验收小组应当根据实际情况如实填写各项表格，相关签字确认手续完备，对关键时间节点、关键证据采取拍照、录像等方式进行留存，作为验收结论依据。

某教师培训服务项目（服务类）验收工作方案

根据财政部《关于进一步加强政府采购需求和履约验收管理的指导意见》（财库〔2016〕205号）的要求，采购人应严格按照采购合同开展履约验收。验收时，应当按照采购合同的约定对每一项技术、服务标准的履约情况进行确认；验收结束后，应当出具验收书，列明各项标准的验收情况及项目总体评价，由验收双方共同签署；验收结果应当与采购合同约定的资金支付及履约保证金返还条件挂钩。履约验收的各项资料应当存档备查。

现根据某教师培训服务项目政府采购合同，拟定履约验收方案如下。

一、履约验收主体及对象

（1）履约验收主体：某省教育管理部门；参与验收单位：某第三方机构。

（2）履约验收对象：某教师培训服务项目承训单位。

二、履约验收依据

（1）《中华人民共和国政府采购法》《中华人民共和国政府采购法实施条例》《关于进一步加强政府采购需求和履约验收管理的指导意见》（财库〔2016〕205号）、《政府采购需求管理办法》（财库〔2021〕22号）等法律法规。

（2）采购人与中标人签订的政府采购合同。

（3）某教师培训服务项目招标文件。

（4）中标人的投标文件。

（5）政府采购合同履行过程中的往来文件等。

三、履约验收人员安排

本项目履约验收工作小组由采购人、某第三方机构、专家小组共同组成。

四、履约验收内容

主要内容包括资料完整性、实施规范性、培训专业性、目标达成度等4个维度。

（1）资料完整性。主要审核培训项目实施方案、培训项目验收资料是否齐全。资料类型主要包括：项目申报书、绩效自评报告、实施方案、主要管理制度、培训项目开班通知、参训学员信息统计表、学员考勤与考核记载汇总统计表、授课教师情况、学员培训代表性成果、培训工作简报、生成性课程资源。

（2）实施规范性。通过查阅培训项目事前、事中、结项等资料，查验培训项目在实施阶段中的经费使用、项目管理等是否符合相关规定和要求，查验培训方式、培训课时及培训人数等情况。

（3）培训专业性。主要关注和分析培训项目实际完成的内容与项目计划实施的方案是否一致，培训需求与培训方案设计的匹配性如何，培训课程安排的专业度、逻辑性与针对性，培训师资安排等。

（4）目标达成度。主要关注培训目标达成度、学员对培训效果的认可度、培训成果凝练、培训方式创新特色、学员满意度等，项目实施是否有明显特色，是否提炼、生成有辐射推广价值的培训成果。

五、履约验收标准

本次履约验收的标准包括资料审查、实地调研、匿名评估、汇报评审等4个方面。

（1）资料审查。从资料完整性、培训人数完成率、资金使用合规性、项目完成时效性等4个方面进行评分，每项5分，共计20分。

（2）实地调研。从项目实施规范性、培训实施专业度、预期效果实现度等3个方面进行评分，每项10分，共计30分。

（3）匿名评估。从参训学员总体满意率、授课教师测评优良率等2个方面进行评分，其中参训学员总体满意率15分、授课教师测评优良率5分，共计20分。

（4）汇报评审。从项目实施总体情况汇报、专家总体赋分等2个方面进行评分，其中项目实施总体情况汇报10分、专家总体赋分20分，共计30分。

六、履约验收程序

（一）进度安排

由于本项目分包较多，涉及单位较多，且部分培训项目尚未实施结束，所以分批次进行验收。对已完成的项目于11月中旬完成第一次验收，剩余项目于12月中旬完成第二次验收。

（二）组织形式

根据本项目政府采购合同，履约验收工作由某第三方机构协助某省教育管理部门完成。具体安排建议如下。

（1）组建验收专家小组。邀请教育部及某省教师培训专家库、某省政府采购专家库中相关专业的专家组建专家小组。

（2）承训单位自查并提交材料。各承训单位在培训完成后，按要求对合同履约情况进行总结汇报，并附带证明材料，包括但不限于项目申报书、绩效自评报告、实施方案、主要管理制度、培训项目开班通知、参训学员信息统计表、学员考勤与考核记载汇总统计表、授课教师情况、学员培训代表性成果、培训工作简报、生成性课程资源等相关材料。某省招标股份有限公司协助项目办收集承办单位的汇报材料，并对资料的完整性、规范性进行检查。

（3）履约验收工作小组审查材料。履约验收工作小组查阅培训项目事前、事中、结项等资料，审核培训项目实施方案、培训项目验收资料是否齐全，查验培训项目在实施阶段中的经费使用、项目管理、培训方式、培训课时及培训人数等情况是否符合相关规定和要求。

（4）选择项目组织专家小组实地调研。随机抽取项目承训单位的培训项目，组织专家小组深入现场开展视导调研，采用现场观察、座谈、随访等方式，对项目实施情况、培训管理、培训方式、培训内容安排、专家团队、考核应用、培训效果等方面进行现场查验，并对项目实施规范性、培训实施专业度、预期效果实现度进行评估。

（5）履约验收工作小组审查匿名评估材料。履约验收工作小组根据项目实际需要，采用电话随访及网络问卷的方式，开展学员满意度调查，可通过相关软件获取参训学员总体满意率、授课教师测评优良率等资料进行比较。

（6）承训单位现场汇报答辩并进行评审。组织项目承训单位就项目实施总体情况、特色经验做法、培训成果展示等方面进行现场汇报。验收专家小组根据相关材料及承训单位现场答辩情况，对项目实施绩效进行评审打分。

（7）验收总结。根据以上验收材料与结果，对整体项目进行总结，形成验收总结报告。

第三节　政府采购履约验收的监督检查及责任追究

一、政府采购履约验收的监督检查

财政部门是采购人履约验收的监管部门，财政部门应当强化采购人的履约验收监管工作，将以下内容纳入监督检查：是否制定了政府采购项目履约验收内部控制管理制度，是否履行了项目验收义务，项目验收工作是否规范，验收方对于验收过程中发现的问题是否及时报告并妥善处理等。

对采购结果出现质疑、投诉、举报的采购项目，采购人根据工作需要，可以在项目验收前告知提出质疑、投诉、举报的供应商或者个人对履约验收情况进行监督。对于采购人和实际使用人或者受益者分离的采购项目，采购人应当通知实际使用人或者受益者对履约验收情况进行监督。

采购人、采购代理机构、供应商应当全面配合监管部门的监督检查和集中采购机构的履约评价，不得阻挠、欺骗或者消极应付。

采购人、采购代理机构、供应商应当签署保密协议，严格保守项目验收中获悉的国家和商业秘密。

参考当前财政部门开展合同履约验收检查工作的经验，采购人在进行履约验收工作时需明确的内容，包括但不限于下列方面：

（1）采购人与中标（成交）供应商签订合同的程序是否符合法律规定。

（2）采购人与中标（成交）供应商签订合同的内容是否与投标（响应）文件及中标（成交）通知书一致，应执行国家强制标准的项目，有关内容是否已在合同中明确。

（3）采购人与中标（成交）供应商在签订的合同中约定执行首付款制度的，采购人是否按项目进度及时支付首付款。

（4）中标（成交）供应商履约商品为货物和服务的，采购人是否违规收取质量保证金。

（5）采购人是否存在已满足验收条件不予验收的情形。

（6）采购人是否按照本单位内控制度要求开展验收工作，是否逐条按技术、服务、安全标准等指标进行验收。

（7）采购人验收时间是否符合合同约定，无约定的是否已在满足验收条件后及时完成验收工作。

（8）采购人结算支付资金时间是否符合合同约定，无约定的是否在验收合格后及时结算支付资金。

（9）采购人是否及时足额将履约保证金、工程质保金退还中标（成交）供应商。

（10）中标（成交）供应商的履约时间是否符合合同约定。

（11）中标（成交）供应商的履约商品是否与政府采购合同、投标（响应）文件内容保持一致。

（12）中标（成交）供应商的履约商品应执行国家相关强制标准要求的，采购人是否按国家强制标准进行验收。

（13）中标（成交）供应商的履约商品是否为假冒伪劣商品。

（14）其他根据项目特性等设定的抽检内容等。

（参考黑龙江省财政厅《关于印发〈省本级政府采购合同履约验收抽检工作规范（试行）〉的通知》（黑财采〔2022〕34号）、《省本级政府采购合同履约验收抽检工作规范（试行）》）。

二、政府采购履约验收的责任追究

项目验收中发现违约线索，采购人应当及时调查取证，确认后应当依法依规追究相关当事人的违约失信责任，并移交相关部门查处。

采购人、采购代理机构、验收小组、供应商在项目验收过程中，存在违法违规行为的，依据《政府采购法》及实施条例等有关法律法规的规定进行处理。给他人造成损失的，应当赔偿相应损失；构成犯罪的，依法移送司法机关处理。影响公共利益或者采购人权益，但法律法规及部门规章没有规定的，由财政部门予以约谈，责令改正，并根据信用管理规定予以记录、公告。

财政部门工作人员在履约验收监管工作中存在滥用职权、玩忽职守、徇私舞弊等违法违规违纪行为的，依照《中华人民共和国公务员法》《中华人民共和国行政监察法》《中华人民共和国政府采购法》《中华人民共和国政府采购法实施条例》等国家有关规定追究相应责任；涉嫌犯罪的，移送司法机关处理。

对于采购人的责任追究，主要在以下几个方面：

（1）不履行验收义务且拒不纠正的。

（2）未按规定要求组织项目验收的。

（3）与供应商串通，实施虚假履约验收的。

（4）履约验收机制不完善、责任不落实且造成较大经济损失或者影响的。

（5）发现问题不及时处理，造成较大经济损失或者严重影响政府公信力的。

（6）其他违反法律、法规、纪律行为。

做好政府采购项目的履约验收工作，不仅是提高项目完成质量的关键所在，也是落实采购人责任与义务的重要要求。

在线习题（第五章）

第六章
政府采购负面清单

为进一步规范政府采购各方当事人行为，营造公平竞争的政府采购市场环境，政府采购监管部门以清单列举形式，整理发布了政府采购活动中的违法违规行为或禁止事项，具体内容，法律、法规、政策依据等。

政府采购负面清单的具体内容会根据不同地区以及具体情况而有所不同。比如湖北省财政厅于2019年9月27日发布了《关于印发湖北省政府采购负面清单的通知》（鄂财采发〔2019〕6号），该通知根据适用主体分为四大部分：（1）适用采购人、政府采购代理机构的禁止事项共39项，其中资格条件5项，采购需求4项，评审因素、过程10项，签订合同及履约验收3项，信息公开及档案管理2项，其他禁止事项15项；（2）适用供应商的禁止事项共8项；（3）适用政府采购评审专家的禁止事项共7项；（4）适用政府采购监管部门的禁止事项共6项。

下面我们以武汉市政府采购负面清单（2022版）为例，详细解读政府采购活动中高频出现的适用于采购代理机构的应该禁止的事项。

第一节　资格条件

一、非法限定供应商的所有制形式、组织形式或者所在地

1. 具体内容

（1）限定供应商的所有制形式，如国有、独资、合资等。

（2）限定企业法人，将事业法人、其他组织和自然人排除的。

（3）限定注册地（总部）在某行政区域内，或者要求在某行政区域内有分公司等。

2.法律、法规及规章依据

(1)《中华人民共和国政府采购法》第二十一条规定,供应商是指向采购人提供货物、工程或者服务的法人、其他组织或者自然人。

(2)《中华人民共和国政府采购法实施条例》第二十条规定,采购人或者采购代理机构有下列情形之一的,属于以不合理的条件对供应商实行差别待遇或者歧视待遇:(七)非法限定供应商的所有制形式、组织形式或者所在地;(八)以其他不合理条件限制或者排斥潜在供应商。

二、将供应商规模条件设置为资格条件

1.具体内容

将供应商的注册资本、资产总额、营业收入、从业人员、利润、纳税额等规模条件作为资格要求。

2.法律、法规及规章依据

(1)《中华人民共和国政府采购法》第九条规定,政府采购应当有助于实现国家的经济和社会发展政策目标,包括保护环境,扶持不发达地区和少数民族地区,促进中小企业发展等。

(2)《政府采购货物和服务招标投标管理办法》第十七条规定,采购人、采购代理机构不得将投标人的注册资本、资产总额、营业收入、从业人员、利润、纳税额等规模条件作为资格要求或者评审因素,也不得通过将除进口货物以外的生产厂家授权、承诺、证明、背书等作为资格要求,对投标人实行差别待遇或者歧视待遇。

(3)《政府采购促进中小企业发展管理办法》(财库〔2020〕46号)第五条规定,采购人在政府采购活动中应当合理确定采购项目的采购需求,不得以企业注册资本、资产总额、营业收入、从业人员、利润、纳税额等规模条件和财务指标作为供应商的资格要求或者评审因素,不得在企业股权结构、经营年限等方面对中小企业实行差别待遇或者歧视待遇。

【小贴士】

【问】根据中华人民共和国住房和城乡建设部令第22号第三条的规定,企业应当按照其拥有的资产、主要人员、已完成的工程业绩和技术装备等条件申请建筑业企业资质,经审查合格,取得建筑业企业资质证书后,方可在资质许可的范围内从事建筑施工活动。按此要求,政府采购工程项目供应商需具备相应的资质,无论哪一种工程项目资质,都有其相应的注册资金及人员数量的要

求。针对这一情况，如果不要求资质，则不符合相应的规定；如果要求资质，则违反了政府采购中"不得以注册资金、人员等规模条件作为资格要求或者评审因素……"的规定。请问，对此情况如何处理。

【答】国家有关法律法规对资质有相关规定的，应作为资格条件。

（信息来自中国政府采购网）

三、限定特定行政区域或者特定行业的业绩、奖项

1. 具体内容

（1）限定某行政区域内或者特定行业的业绩、奖项作为资格条件。

（2）设定特定金额业绩的，构成对中小企业实行差别待遇或者歧视待遇。

（3）涉及政府采购政策支持的创新产品采购的，提出同类业务合同、生产台数、使用时长等业绩要求。

2. 法律、法规及规章依据

（1）《中华人民共和国政府采购法》第二十二条第二款规定，采购人可以根据采购项目的特殊要求，规定供应商的特定条件，但不得以不合理的条件对供应商实行差别待遇或者歧视待遇。

（2）《中华人民共和国政府采购法实施条例》第二十条规定，采购人或者采购代理机构有下列情形之一的，属于以不合理的条件对供应商实行差别待遇或者歧视待遇：（四）以特定行政区域或者特定行业的业绩、奖项作为加分条件或者中标、成交条件。

（3）《政府采购需求管理办法》（财库〔2021〕22号）第十八条规定，根据采购需求特点提出的供应商资格条件，要与采购标的的功能、质量和供应商履约能力直接相关，且属于履行合同必需的条件，包括特定的专业资格或者技术资格、设备设施、业绩情况、专业人才及其管理能力等。

业绩情况作为资格条件时，要求供应商提供的同类业务合同一般不超过2个，并明确同类业务的具体范围。涉及政府采购政策支持的创新产品采购的，不得提出同类业务合同、生产台数、使用时长等业绩要求。

四、设定与采购项目的具体特点和实际需要不相适应或与合同履行无关的资格条件

1. 具体内容

设置的资格条件与项目履行无关或过高、明显不合理的，如非涉密项目或无敏感信

息项目将《涉及国家秘密的计算机信息系统集成资质》作为资格条件的。

　　2. 法律、法规及规章依据

　　（1）《中华人民共和国政府采购法》第二十二条第二款规定，采购人可以根据采购项目的特殊要求，规定供应商的特定条件，但不得以不合理的条件对供应商实行差别待遇或者歧视待遇。

　　（2）《中华人民共和国政府采购法实施条例》第二十条规定，采购人或者采购代理机构有下列情形之一的，属于以不合理的条件对供应商实行差别待遇或者歧视待遇：（二）设定的资格、技术、商务条件与采购项目的具体特点和实际需要不相适应或者与合同履行无关。

五、未明确要求供应商提供信用记录或信用承诺

　　1. 具体内容

　　（1）未明确要求供应商信用信息查询渠道及截止时点、信用信息查询记录和证据留存的具体方式、信用信息的使用规则。

　　（2）未明确将列入失信被执行人、重大税收违法案件当事人名单、政府采购严重违法失信行为记录名单的供应商不得参与政府采购活动。

　　（3）未明确在经营活动中有重大违法记录的供应商三年内不得参与政府采购活动。

　　2. 法律、法规及规章依据

　　（1）《政府采购法》第二十二条规定，供应商参加政府采购活动应当具备下列条件：（五）参加政府采购活动前三年内，在经营活动中没有重大违法记录。

　　（2）《政府采购货物和服务招标投标管理办法》（财政部令第87号）第二十条规定，采购人或者采购代理机构应当根据采购项目的特点和采购需求编制招标文件。招标文件应当包括以下主要内容：（十五）投标人信用信息查询渠道及截止时点、信用信息查询记录和证据留存的具体方式、信用信息的使用规则等。

　　（3）《关于在政府采购活动中查询及使用信用记录有关问题的通知》（财库〔2016〕125号）规定，各级财政部门、采购人、采购代理机构应当通过"信用中国"网站（www.creditchina.gov.cn）、中国政府采购网（www.ccgp.gov.cn）等渠道查询相关主体信用记录，并采取必要方式做好信用信息查询记录和证据留存，信用信息查询记录及相关证据应当与其他采购文件一并保存。

六、以其他不合理条件对供应商实行差别待遇或者歧视待遇

1.具体内容

（1）将国务院已明令取消的或国家行政机关非强制的资质、资格、认证、目录等作为资格条件的。

（2）限定或指定特定的专利、商标、品牌或者供应商。

（3）将除进口货物以外的生产厂家授权、承诺、证明、背书等作为资格条件。

（4）非法限定营业执照经营范围内的具体名称或设置经营年限等限制条款的。

（5）没有法律法规依据，通过设置项目库、名录库等方式，排斥或限制潜在经营者提供商品或服务。

（6）将通过框架协议采购方式入围的供应商名单(名录)作为采购项目资格条件的。

（7）对供应商采取不同的资格审查。

（8）在没有刑事、行政处罚的情况下，以信用记录等形式限制供应商参与政府采购活动。

2.法律、法规及规章依据

（1）《政府采购法》第五条规定，任何单位和个人不得采用任何方式，阻挠和限制供应商自由进入本地区和本行业的政府采购市场。

（2）《政府采购法》第二十二条第二款规定，采购人可以根据采购项目的特殊要求，规定供应商的特定条件，但不得以不合理的条件对供应商实行差别待遇或者歧视待遇。

（3）《政府采购法实施条例》第十九条规定，政府采购法第二十二条第一款第五项所称重大违法记录，是指供应商因违法经营受到刑事处罚或者责令停产停业、吊销许可证或者执照、较大数额罚款等行政处罚。

供应商在参加政府采购活动前3年内因违法经营被禁止在一定期限内参加政府采购活动，期限届满的，可以参加政府采购活动。

（4）《政府采购法实施条例》第二十条规定，采购人或者采购代理机构有下列情形之一的，属于以不合理的条件对供应商实行差别待遇或者歧视待遇：

①就同一采购项目向供应商提供有差别的项目信息；

②设定的资格、技术、商务条件与采购项目的具体特点和实际需要不相适应或者与合同履行无关；

③采购需求中的技术、服务等要求指向特定供应商、特定产品；

④以特定行政区域或者特定行业的业绩、奖项作为加分条件或者中标、成交条件；

⑤对供应商采取不同的资格审查或者评审标准；

⑥限定或者指定特定的专利、商标、品牌或者供应商；

⑦非法限定供应商的所有制形式、组织形式或者所在地；

⑧以其他不合理条件限制或者排斥潜在供应商。

（5）《政府采购框架协议采购方式管理暂行办法》（财政部令第110号）。

（6）《关于在政府采购活动中查询及使用信用记录有关问题的通知》（财库〔2016〕125号）。

（7）市场监管总局 发展改革委 财政部 商务部 司法部《关于印发〈公平竞争审查制度实施细则〉的通知》（国市监反垄规〔2021〕2号）第十三条规定，不得设置不合理或者歧视性的准入和退出条件，未经公平竞争不得授予经营者特许经营权，不得限定经营、购买、使用特定经营者提供的商品和服务，不得设置没有法律、行政法规或者国务院规定依据的审批或者具有行政审批性质的事前备案程序，不得对市场准入负面清单以外的行业、领域、业务等设置审批程序，主要指没有法律、行政法规或者国务院规定依据，采取禁止进入、限制市场主体资质、限制股权比例、限制经营范围和商业模式等方式，限制或者变相限制市场准入。

第十四条规定，不得对外地和进口商品、服务实行歧视性价格和歧视性补贴政策，不得限制外地和进口商品、服务进入本地市场或者阻碍本地商品运出、服务输出，不得排斥或者限制外地经营者参加本地招标投标活动，不得排斥、限制或者强制外地经营者在本地投资或者设立分支机构，不得对外地经营者在本地的投资或者设立的分支机构实行歧视性待遇，侵害其合法权益。

（8）《政府采购货物和服务招标投标管理办法》（财政部令第87号）第十七条规定，采购人、采购代理机构不得将投标人的注册资本、资产总额、营业收入、从业人员、利润、纳税额等规模条件作为资格要求或者评审因素，也不得通过将除进口货物以外的生产厂家授权、承诺、证明、背书等作为资格要求，对投标人实行差别待遇或者歧视待遇。

第二节 采 购 需 求

一、未落实政府采购政策

1.具体内容

（1）采购人拟采购的产品属于环境标志产品、节能产品政府采购品目清单范围的，未依据品目清单和认证证书实施政府优先采购和强制采购以及未明确强制或优先采购节能产品和优先采购环保产品的。

（2）未落实支持创新、绿色发展等政府采购政策的。

（3）未落实促进中小企业发展政策(监狱企业、残疾人福利性单位视同小微企业)的。

（4）采购进口产品的，未经财政部门审核(高校、科研院所采购进口科研仪器设备进行备案的除外)；或已按规定经财政部门审核(备案)同意购买进口产品，但限制国内产品参与竞争的。

（5）未明确各级政府机关的计算机办公设备及系统必须使用正版软件的。

2. 法律、法规及规章依据

（1）《政府采购法》第九条规定，政府采购应当有助于实现国家的经济和社会发展政策目标，包括保护环境，扶持不发达地区和少数民族地区，促进中小企业发展等。

（2）《政府机关使用正版软件管理办法》(国办发〔2013〕88号)第三条规定，各级政府机关的计算机办公设备及系统必须使用正版软件，禁止使用未经授权和未经软件产业主管部门登记备案的软件。

（3）《关于调整优化节能产品、环境标志产品政府采购执行机制的通知》(财库〔2019〕9号)规定，对政府采购节能产品、环境标志产品实施品目清单管理。依据品目清单和认证证书实施政府优先采购和强制采购。

（4）《政府采购促进中小企业发展管理办法》(财库〔2020〕46号)第三条规定，采购人在政府采购活动中应当通过加强采购需求管理，落实预留采购份额、价格评审优惠、优先采购等措施，提高中小企业在政府采购中的份额，支持中小企业发展。

（5）《政府采购需求管理办法》(财库〔2021〕22号)第十四条规定，采购人应当通过确定供应商资格条件、设定评审规则等措施，落实支持创新、绿色发展、中小企业发展等政府采购政策功能。

（6）财政部 司法部《关于政府采购支持监狱企业发展有关问题的通知》(财库〔2014〕68号)规定，各地区、各部门要积极通过预留采购份额支持监狱企业。

（7）财政部 民政部 中国残疾人联合会《关于促进残疾人就业政府采购政策的通知》(财库〔2017〕141号)规定，在政府采购活动中，残疾人福利性单位视同小型、微型企业，享受预留份额、评审中价格扣除等促进中小企业发展的政府采购政策。

（8）《政府采购进口产品管理办法》(财库〔2007〕119号)第四条规定，政府采购应当采购本国产品，确需采购进口产品的，实行审核管理。

第十五条规定，采购人及其委托的采购代理机构在采购进口产品的采购文件中应当载明优先采购向我国企业转让技术、与我国企业签订消化吸收再创新方案的供应商的进口产品。

(9)《关于政府采购进口产品管理有关问题的通知》(财办库〔2008〕248号)第五条规定,财政部门审核同意购买进口产品的,应当在采购文件中明确规定可以采购进口产品,但如果因信息不对称等原因,仍有满足需求的国内产品要求参与采购竞争的,采购人及其委托的采购代理机构不得对其加以限制,应当按照公平竞争原则实施采购。

二、擅自提高配置标准

1. 具体内容

未按国家、省相关规定,擅自提高配置标准的。

2. 法律、法规及规章依据

(1)《政府采购法》第七十一条规定,采购人、采购代理机构有下列情形之一的,责令限期改正,给予警告,可以并处罚款,对直接负责的主管人员和其他直接责任人员,由其行政主管部门或者有关机关给予处分,并予通报:(二)擅自提高采购标准的。

(2)《湖北省行政事业单位通用办公设备及家具配置标准》(鄂财绩发〔2017〕4号)。

三、采购需求不完整、不明确

1. 具体内容

(1)未按照《政府采购需求管理办法》等规定实施采购需求管理及采购需求备案、审查工作。

(2)未明确采购标的需满足的质量、安全、技术规格、物理特性等要求。

(3)未明确采购标的的数量、采购项目交付或者实施的时间和地点。

(4)未明确采购标的需满足的服务标准、期限、效率等要求。

(5)非单一产品采购项目,需根据采购项目技术构成、产品价格比重等合理确定核心产品的,未在招标文件中载明。

(6)要求投标人提供样品的,未在招标文件中明确规定样品制作的标准和要求、是否需要随样品提交相关检测报告、样品的评审方法以及评审标准。需要随样品提交检测报告的,未规定检测机构的要求、检测内容等。

(7)未对不允许偏离的实质性要求和条件规定以醒目的方式标注。

2. 法律、法规及规章依据

(1)《政府采购法实施条例》第十五条规定,采购人、采购代理机构应当根据政府采购政策、采购预算、采购需求编制采购文件。

采购需求应当符合法律法规以及政府采购政策规定的技术、服务、安全等要求。政府向社会公众提供的公共服务项目，应当就确定采购需求征求社会公众的意见。除因技术复杂或者性质特殊，不能确定详细规格或者具体要求外，采购需求应当完整、明确。必要时，应当就确定采购需求征求相关供应商、专家的意见。

（2）《政府采购货物和服务招标投标管理办法》（财政部令第87号）第十一条规定，采购需求应当完整、明确，包括以下内容：

①采购标的需实现的功能或者目标，以及为落实政府采购政策需满足的要求；

②采购标的需执行的国家相关标准、行业标准、地方标准或者其他标准、规范；

③采购标的需满足的质量、安全、技术规格、物理特性等要求；

④采购标的的数量、采购项目交付或者实施的时间和地点；

⑤采购标的需满足的服务标准、期限、效率等要求；

⑥采购标的的验收标准；

⑦采购标的的其他技术、服务等要求。

第二十条规定，采购人或者采购代理机构应当根据采购项目的特点和采购需求编制招标文件。招标文件应当包括以下主要内容：（七）采购项目的技术规格、数量、服务标准、验收等要求，包括附件、图纸等。

第二十二条规定，采购人、采购代理机构一般不得要求投标人提供样品，仅凭书面方式不能准确描述采购需求或者需要对样品进行主观判断以确认是否满足采购需求等特殊情况除外。

要求投标人提供样品的，应当在招标文件中明确规定样品制作的标准和要求、是否需要随样品提交相关检测报告、样品的评审方法以及评审标准。需要随样品提交检测报告的，还应当规定检测机构的要求、检测内容等。

第三十一条规定，采用最低评标价法的采购项目，提供相同品牌产品的不同投标人参加同一合同项下投标的，以其中通过资格审查、符合性审查且报价最低的参加评标；报价相同的，由采购人或者采购人委托评标委员会按照招标文件规定的方式确定一个参加评标的投标人，招标文件未规定的采取随机抽取方式确定，其他投标无效。

（3）《关于进一步加强政府采购需求和履约验收管理的指导意见》（财库〔2016〕205号）。

（4）《政府采购需求管理办法》（财库〔2021〕22号）。

（5）《市财政局关于做好政府采购需求管理有关工作的通知》（〔2021〕1479号）。

四、以不合理的条件对供应商实行差别待遇或者歧视待遇

1. 具体内容

（1）将供应商的所在地作为实质性要求的，限定注册地（总部）在某行政区域内，或要求在某行政区域内有分公司等。

（2）限定或者指定特定的专利、商标、品牌或者供应商。

（3）采购需求中的技术、服务等要求指向特定供应商、特定产品。

（4）将特定行政区域或者特定行业的业绩、奖项，特定金额的业绩或代理商的业绩作为实质性要求的。

（5）售后服务要求与采购项目无关或超出服务范围的，售后服务要求明显不合理或指向特定对象的，要求供应商提供售后服务不符合（低于）国家强制标准或行业标准的。

（6）将非订制的采购标的关于重量、尺寸、体积等要求表述为固定数值，未作出大于、小于等表示幅度的表述。

2. 法律、法规及规章依据

（1）《政府采购法》第二十二条规定，采购人可以根据采购项目的特殊要求，规定供应商的特定条件，但不得以不合理的条件对供应商实行差别待遇或者歧视待遇。

（2）《政府采购法实施条例》第二十条规定，采购人或者采购代理机构有下列情形之一的，属于以不合理的条件对供应商实行差别待遇或者歧视待遇：

①就同一采购项目向供应商提供有差别的项目信息；

②设定的资格、技术、商务条件与采购项目的具体特点和实际需要不相适应或者与合同履行无关；

③采购需求中的技术、服务等要求指向特定供应商、特定产品；

④以特定行政区域或者特定行业的业绩、奖项作为加分条件或者中标、成交条件；

⑤对供应商采取不同的资格审查或者评审标准；

⑥限定或者指定特定的专利、商标、品牌或者供应商；

⑦非法限定供应商的所有制形式、组织形式或者所在地；

⑧以其他不合理条件限制或者排斥潜在供应商。

五、以其他不合理条件限制或者排斥潜在供应商

1. 具体内容

（1）设定最低限价的。

（2）要求提供赠品、回扣或者与采购无关的其他商品、服务的。

（3）将国务院已明令取消的或国家行政机关非强制的资质、资格、认证、目录等作为实质性要求的。

（4）将除进口货物以外生产厂家授权、承诺、证明、背书等作为实质性要求的。

2. 法律、法规及规章依据

（1）《政府采购法》第二十二条规定，采购人可以根据采购项目的特殊要求，规定供应商的特定条件，但不得以不合理的条件对供应商实行差别待遇或者歧视待遇。

（2）《政府采购法实施条例》第十一条规定，采购人在政府采购活动中应当维护国家利益和社会公共利益，公正廉洁，诚实守信，执行政府采购政策，建立政府采购内部管理制度，厉行节约，科学合理确定采购需求。

（3）《政府采购法实施条例》第二十条。

（4）《政府采购货物和服务招标投标管理办法》(财政部令第87号)第十二条规定，采购人根据价格测算情况，可以在采购预算额度内合理设定最高限价，但不得设定最低限价。

《政府采购货物和服务招标投标管理办法》(财政部令第87号)第十七条规定，采购人、采购代理机构不得将投标人的注册资本、资产总额、营业收入、从业人员、利润、纳税额等规模条件作为资格要求或者评审因素，也不得通过将除进口货物以外的生产厂家授权、承诺、证明、背书等作为资格要求，对投标人实行差别待遇或者歧视待遇。

【小贴士】

【问】 采购代理机构对采购人提交的采购需求及采购预算是否有审查的权利，如认为需求或预算有倾向性或明显高于市场价格是否有权修改，还是将相关情况报告财政部门，由财政部门进行处理。如采购需求及采购预算在招标过程中出现质疑及投诉，第一责任人是否能明确为采购人而不是采购代理机构。

【答】 《政府采购法实施条例》第六十一条第二款规定，采购代理机构发现采购人的采购需求存在以不合理条件对供应商实施差别待遇、歧视待遇或者其他不符合法律、法规和政府采购政策规定内容，或者发现采购人有其他违法行为的，应当建议其改正。采购人拒不改正的，采购代理机构应当向采购人的本级人民政府财政部门报告，财政部门应当依法处理。

（信息来自中国政府采购网）

六、违规收取投标保证金

1. 具体内容

（1）违规收取政府采购项目投标保证金。

（2）违规收取政府采购工程项目履约保证金。

2. 法律、法规及规章依据

（1）《湖北省财政厅 湖北省经济和信息化厅关于进一步加强政府采购促进中小企业发展的通知》（鄂财采发〔2021〕8号)规定，降低政府采购交易成本。在政府采购活动中，采购人、采购代理机构不得向供应商收取投标保证金、采购文件工本费。鼓励采购人根据项目特点、中小企业信用等情况免收履约保证金或降低收取比例。支持中小企业自主选择以保函、支票、汇票、本票等非现金形式提交履约保证金。

（2）《关于停止收取政府采购招标投标活动保证金有关事项的通知》（武公共资源办〔2018〕29号)。

（3）《关于免收政府采购工程投标保证金和履约保证金的通知》（武公管办〔2021〕1号)规定，政府采购工程建设项目（包括工程建设项目的勘察、设计、监理、施工以及与工程建设有关的重要材料设备等）招标投标活动中，免收投标保证金和履约保证金。

【小贴士】

【问】采购人签订合同时要求预交中标金额的10％作为质量保证金，质量保证金的比例是多少？有没有相关的政策法规，收取质量保证金是否合法？

【答】政府采购法律制度中没有收取质量保证金的规定，因此政府采购货物和服务采购项目不得收取质量保证金。

（信息来自中国政府采购网）

第三节　评审因素

一、将资格条件作为评审因素

1. 具体内容

（1）将供应商资格条件的内容作为评审因素。

（2）将《政府采购法实施条例》第十七条规定的条件作为评审因素。

2. 法律、法规及规章依据

《政府采购货物和服务招标投标管理办法》（财政部令第87号)第五十五条规定，评审因素的设定应当与投标人所提供货物服务的质量相关，包括投标报价、技术或者服务水平、履约能力、售后服务等。资格条件不得作为评审因素。评审因素应当在招标文件中规定。

二、未按照项目特点、采购方式确定评分方法

1. 具体内容

（1）技术、服务等标准统一的货物和服务项目，未采用最低评标价法。

（2）竞争性谈判、询价采购采用综合评分法。

2. 法律、法规及规章依据

（1）《政府采购法》第三十八条规定，（五）确定成交供应商。谈判结束后，谈判小组应当要求所有参加谈判的供应商在规定时间内进行最后报价，采购人从谈判小组提出的成交候选人中根据符合采购需求、质量和服务相等且报价最低的原则确定成交供应商，并将结果通知所有参加谈判的未成交的供应商。

《政府采购法》第四十条规定，（四）确定成交供应商。采购人根据符合采购需求、质量和服务相等且报价最低的原则确定成交供应商，并将结果通知所有被询价的未成交的供应商。

（2）《政府采购法实施条例》第三十四条规定，最低评标价法，是指投标文件满足招标文件全部实质性要求且投标报价最低的供应商为中标候选人的评标方法。

（3）《政府采购货物和服务招标投标管理办法》（财政部令第87号）第五十四条规定，最低评标价法，是指投标文件满足招标文件全部实质性要求，且投标报价最低的投标人为中标候选人的评标方法。技术、服务等标准统一的货物服务项目，应当采用最低评标价法。采用最低评标价法评标时，除了算术修正和落实政府采购政策需进行的价格扣除外，不能对投标人的投标价格进行任何调整。

（4）《政府采购非招标采购方式管理办法》（财政部令第74号）第三十六条规定，采购人应当在收到评审报告后5个工作日内，从评审报告提出的成交候选人中，根据质量和服务均能满足采购文件实质性响应要求且最后报价最低的原则确定成交供应商，也可以书面授权谈判小组直接确定成交供应商。采购人逾期未确定成交供应商且不提出异议的，视为确定评审报告提出的最后报价最低的供应商为成交供应商。

（5）《政府采购非招标采购方式管理办法》（财政部令第74号）第四十九条规定，采购人应当在收到评审报告后5个工作日内，从评审报告提出的成交候选人中，根据质量和服

务均能满足采购文件实质性响应要求且报价最低的原则确定成交供应商，也可以书面授权询价小组直接确定成交供应商。采购人逾期未确定成交供应商且不提出异议的，视为确定评审报告提出的最后报价最低的供应商为成交供应商。

三、采用综合评分法的，评审因素或者评审标准没有细化和量化，且与相应的商务条件和采购需求不相对应

1.具体内容

（1）采用综合评分法的，使用"优""良""中""一般"等容易引起歧义的表述时，未明确判断标准；或者评审因素的指标量化为区间的，评审标准的分值未量化到区间。

（2）提出"优于（或负偏离）"招标文件技术、服务要求的可加（减）分，但未量化具体加（减）分标准。

（3）以"知名""一线""同档次""国产品牌""国际品牌"等不明确的语言表述非量化指标或标准作为评审因素。

（4）采用综合评分法的，将未在采购需求中列明的技术参数、产品功能、商务条件等作为评审因素。

（5）评审方法规定将投标供应商的投标文件进行横向比较评分。

2.法律、法规及规章依据

（1）《政府采购法实施条例》第三十四条规定，采用综合评分法的，评审标准中的分值设置应当与评审因素的量化指标相对应。

（2）《政府采购法实施条例》第六十八条规定，采购人、采购代理机构有下列情形之一的，依照政府采购法第七十一条、第七十八条的规定追究法律责任：（七）采用综合评分法时评审标准中的分值设置未与评审因素的量化指标相对应。

（3）《政府采购货物和服务招标投标管理办法》（财政部令第87号）第五十五条规定，评审因素应当细化和量化，且与相应的商务条件和采购需求对应。商务条件和采购需求指标有区间规定的，评审因素应当量化到相应区间，并设置各区间对应的不同分值。

（4）《政府采购需求管理办法》（财库〔2021〕22号）规定，参与评分的指标应当是采购需求中的量化指标，评分项应当按照量化指标的等次，设置对应的不同分值。不能完全确定客观指标，需由供应商提供设计方案、解决方案或者组织方案的采购项目，可以结合需求调查的情况，尽可能明确不同技术路线、组织形式及相关指标的重要性和优先级，设定客观、量化的评审因素、分值和权重。

（5）财政部政府采购指导性案例27号。

请看以下案例。

M中心防吸附气体采样袋及附件采购项目投诉案

【关键词】

综合评分法/评审标准/横向比较/绩效评价/采购标的

【案例要点】

采用综合评分法的，评审标准中的分值设置应当与评审因素的量化指标相对应，不应采用横向比较等方式进行评审。

采购文件的编制应当有利于绩效评价。

更正公告对产品的材质、技术要求等进行变更，不属于变更采购标的的情形。

【相关依据】

《中华人民共和国政府采购法》第七十一条；

《中华人民共和国政府采购法实施条例》第三十四条、第六十八条；

《政府采购货物和服务招标投标管理办法》（财政部令第87号）第十七条、第二十二条、第二十七条、第五十五条；

《政府采购质疑和投诉办法》（财政部令第94号）第二十九条、第三十一条。

【基本案情】

采购人M中心委托代理机构Z公司就"M中心防吸附气体采样袋及附件采购项目"（以下称"本项目"）进行公开招标。2018年4月13日，代理机构Z公司发布招标公告。4月24日至6月20日，代理机构Z公司先后发布五次更正公告。6月26日，供应商B公司提出质疑。6月28日，代理机构Z公司答复质疑。6月29日，代理机构Z公司发布第六次更正公告。

7月12日，供应商B公司向财政部提起投诉，投诉事项为：（1）代理机构Z公司发布的第四次更正公告对产品的材质、结构、技术要求等进行了重大变更，改变了采购标的，违反了《政府采购货物和服务招标投标管理办法》（财政部令第87号）第二十七条的规定。（2）变更后的评标和检验环节取消了现场由采购人M中心委托的具有相应资质的实验室进行检验的程序，无法保证评审的公平性，违反了《政府采购货物和服务招标投标管理办法》（财政部令第87号）第二十二条的规定。（3）变更后的招标文件增加了"同类项目业绩"的评分项，且多次延后开标压缩生产时间，违反了《政府采购货物和服务招标投标管理办法》（财政部令第87号）第十七条的规定，歧视小微企业。（4）变更后的评分项"安全措施""样品"和"售后服务"均采用各供应商横向比较，但是没有给出比较的项目及可量化指标，评标委员会无法客观量化打分。（5）采样袋的样品进、出采样袋袋咀结构、材质和使用温度等关键指标发生了重大变更，严重偏离首次及二次招标文件，且严重背离了采购人M中心于2017年12月召开的技术需求交流会上发布的采购需求，损害了部分供应商的利益，排斥潜在供应商。（6）采样袋的材质、结构、技术要求、检验方法等倾向个别供应商。（7）采购人M中心和代理机构Z公司频繁变更招标文件，损害了部分供应商的利益。

财政部依法受理本案，并向相关当事人调取证据材料。

采购人M中心称：（1）本项目变更的是技术条款，不属于变更采购标的的情形。（2）产品质量由供应商负责，证明材料由加盖公章的单位负责，投标文件全部内容由供应商承担法律责任。（3）增加同类项目业绩是为了考察供应商的生产能力和履约能力。（4）评分设置应能发挥评标委员会的作用，依靠专家的专业经验，给专家评审自由裁量的空间。（5）2017年12月召开的技术需求交流会属于本项目前期调研工作，会上已经明示"交流内容不作为厂家研发和生产的依据，所有内容仅供参考，以最终的招标文件为准"。（6）此次变更增加了招标文件的发售时间，有4家单位补充购买了招标文件，实际参与本项目的6家供应商均满足招标文件关于适用温度、采样袋袋咀结构、生产能力等要求，不存在指向特定供应商的情况。（7）因有供应商质疑，代理机构Z公司于4月24日发布第一次更正公告。5月份，根据第二次全国污染源普查项目的性质和整体数据质量要求，需统一全国的采样方法，以确保监测数据的可比性，需组织专家评审会论证各子项目的实施方案和技术指南，因此推迟了开标时间。6月份，第二次全国污染源普查工业污染源挥发性有机物产排污核算方法建立技术指南专家论证会明确，VOCs的采样与监测全部执行现有国家标准。因此采购人M中心采购采样袋的材质、结构、技术要求均按照HJ732标准进行了相应变更。（8）本项目已签订采购合同，已完成部分材料验收。

代理机构Z公司称：（1）此次变更内容改变了招标文件的相关技术要求，未改变采购标的。（2）变更后原实验环节取消，不再安排现场实验，由供应商提供满足各项技术要求的全部有效证明材料。（3）招标文件已落实支持小微企业的政府采购政策，对小微企业的投标报价扣除6%后参与评审。（4）各供应商的综合得分由评标委员会根据投标文件应答情况进行横向比较，评审客观、公正。（5）招标文件不存在排斥潜在供应商的内容。（6）招标文件不存在指向特定供应商的内容。（7）本项目多次修改招标文件是为了更好地保护采购人M中心和所有供应商的利益。

经查，第四次更正公告中"三、更正事项、内容"显示，将原招标文件中"安全措施"的评分细则变更为"采样袋能确保在防爆环境中安全使用，配备相应消除静电等安全措施。各投标人横向比较，最高得10分，每降低一个排序降3分，最低得0分"，分值为10分。"样品"评分细则变更为"根据样品的外观、材质、焊缝的平整度、操作方便性等进行判断，各投标人横向比较，最高得5分，每降低一个排序降2分，最低得0分"，分值为5分。"售后服务"的评分细则变更为"审查供应商售后服务的技术能力，服务承诺响应情况，有完善的售后服务体系及保证措施，具有丰富的售后服务经验，出现不合格品时处理方案可操作性强，保障措施有力，响应迅速等。各投标人横向比较，最高得5分，每降低一个排序降2分，最低得0分"，分值为5分。评分项目"同类项目业绩"的评分标准为"投标人在2015年6月至今签署的类似业绩，可证明履约及生产能力的合同，每个合同得1分，最多得5分"，分值为5分。将原招标文件"货物需求一览表"中"货物名称为'3L防吸附气体采样袋及附件'，主要技术规格为'采样袋主材薄膜材质应为PTFE或等效材料，采样袋与样品直接接触的配件材质应为PTFE，采样袋可在−40℃到260℃之间正常使用'"，变更为"'3L防吸附气体采样袋及附件'，主要技术规格为'满足标准HJ732—2014要求，采样袋主材材质为氟聚合物薄膜气袋，VOCs在气袋中能稳定保存'；采样袋有一个PTFE接头，此接头是一个可开启和关闭的阀门装置，并与采样管及连接管等相配套，密闭连接"。将原招标文件"技术规格及要求"中的"耐温性"变更为"①耐温：采样袋可在150℃时正常使用，采样袋主材在150℃加热半小时不熔化、不粘连，质量无明显变化"。"样品进、出采样袋的结构"变更为"接头：采样袋接头外径5 mm，带螺纹，配套有中间开孔的密封帽，其密封垫内衬为PTFE材质"。将"技术规则及要求"变更为"（2）本项目需提供样品1套，随投标文件一起密封。样品数量：3L防吸附气体采样袋及附件共1套。原实验环节取消，不再安排现场实验。开标地点、样品递交地点变更为：代理机构Z公司二层会议室"。

代理机构Z公司于2018年6月29日发布的第六次更正公告中"三、更正事项、内容"显示，"5.原招标文件第九章　评标方法和标准、评分细则、产品的技术性能评分依据：提供满足各项技术要求的全部有效证明材料。现增加补充内容：产品的有效合理证明材料包括但不限于：第三方检测单位出具的检测报告，或自证产品质量符合要求的检测报告（盖单位公章、有相关的检测数据或照片等）等文件。产品质量由投标人负责、证明材料由加盖公章的单位负责。投标文件全部内容的法律责任由投标人承担"。

招标文件"第九章　评标方法和标准"中"3.评标方法"显示，"（1）按照下表所列的各项评标因素及权重，采用综合打分的方法进行。（2）小型和微型企业产品的价格给予6％的扣除，用扣除后的价格参与评审"。

《评委评分表》显示，有5家供应商同时满足招标文件关于采样袋袋咀结构、材质、使用温度的要求。

采购人M中心提供的第1、2、3、4、10期《M中心VOCs项目组会议纪要》显示，采购人根据本项目的整体进度要求、相关质疑情况以及专家论证结果，相应修改招标文件。

《中华人民共和国国家环境保护标准HJ732—2014（固定污染源废气挥发性有机物的采样气袋法）》中"4.1.4　采样气袋"规定，"低吸附性和低气体渗透率，不释放干扰物质，经实验验证所监测的目标VOCs在气袋中能稳定保存的氟聚合物薄膜气袋""具可接上采样管的聚四氟乙烯（Teflon）材质的接头，该接头同时也是一个可开启和关闭的阀门装置。采样气袋的容积至少为1L，根据分析方法所需的最少样品体积来选择采样气袋的容积规格。采样前应观察气袋外观，检查是否有破裂损坏等可能漏气的情况，若发现，则弃用"。

【处理理由】

关于投诉事项（1），本项目第四次更正公告显示，采购标的的材质、容积、接头、耐温性、耐压性、安全性能等技术要求以及检验方法均发生变更，但是并不构成对采购标的的改变。

关于投诉事项（2），现场实验程序并非《政府采购货物和服务招标投标管理办法》（财政部令第87号）第二十二条的强制性要求。本项目由评标委员会根据供应商提供的检测报告等进行评审，未违反相关规定。

关于投诉事项（3），本项目招标文件已按相关规定对小微企业产品的价格给予了6％的扣除，招标文件变更部分不属于《政府采购货物和服务招标投标管理办法》（财政部令第87号）第十七条规定的歧视小微企业的情形。

关于投诉事项（4），采用综合评分法时，除价格以外的评审因素均应按照投标文件对招标文件的响应情况打分，而非通过投标文件之间的比较进行打分。本项目评审因素"安全措施""样品"和"售后服务"采用横向比较各投标文件的方式进行打分，属于《中华人民共和国政府采购法实施条例》第六十八条第（七）项规定的"采用综合评分法时评审标准中的分值设置未与评审因素的量化指标相对应"的情形。

关于投诉事项（5）、（6），代理机构Z公司于2018年6月19日发布第四次更正公告，对采样袋袋咀结构、主材薄膜材质和使用温度进行变更。本项目评标报告显示，有5家供应商同时满足修改后招标文件的要求。现有证据不足以证明招标文件指向特定供应商或排斥潜在供应商。

关于投诉事项（7），采购人M中心提供的5期《M中心VOCs项目组会议纪要》显示，采购人M中心根据本项目的整体进度要求、相关质疑情况以及专家论证结果修改招标文件，同时，代理机构Z公司按照法律规定相应顺延开标时间，没有减损供应商的利益。

【处理结果】

根据《政府采购质疑和投诉办法》（财政部令第94号）第二十九条第（二）项的规定，投诉事项（1）、（2）、（3）、（5）、（6）、（7）缺乏事实依据；根据第三十一条的规定，投诉事项（4）成立。

鉴于本项目政府采购合同已经履行，根据《中华人民共和国政府采购法》第七十一条、《中华人民共和国政府采购法实施条例》第六十八条第（七）项的规定，责令代理机构Z公司就招标文件评审标准中的分值设置未与评审因素的量化指标相对应的问题限期整改。

相关当事人在法定期限内未就处理决定申请行政复议、提起行政诉讼。

（选自财政部指导性案例27）

【小贴士】

【问】请问主观分的设定应该在多少分值的范围内合适，超出多少分算违规？

【答】政府采购相关法律法规规定，政府采购评审因素应当细化和量化，且与相应的商务条件和采购需求对应。除特殊采购项目确需进行主观评价外，采购项目应当尽可能不设定主观分。确需设置主观分的，应当根据项目实际情况合理设定。

（信息来自中国政府采购网）

【小贴士】

【问】政府采购采用综合评分法，评审因素应当量化，请问以下评审因素（工作定期分析方案）的评审细则是否满足量化的要求？工作定期分析方案内容包括但不限于：巡查网点、信息收集、管理员服务质量、投注站反馈等。评审标准如下：（1）方案全面；（2）方案科学；（3）方案合理；（4）方案可行。以上评审标准每满足一项得1分，最高得4分。

【答】所提供案例的评审标准是"全面、科学、合理、可行"四个等级，评审标准没有量化。这四个等级都没有具体量化的标准。什么样的方案属于全面，应有具体的描述和量化指标。

（信息来自中国政府采购网）

【小贴士】

【问】请问《政府采购法实施条例》第三十四条规定，采用综合评分法的，评审标准中的分值设置应当与评审因素的量化指标相对应。这句话应该怎么理解，采用设置优（10~15分）、良（5~10分）、合格（1~5分）区间赋分合法吗？

【答】《政府采购法实施条例》第三十四条规定，采用综合评分法的，评审标准中的分值设置应当与评审因素的量化指标相对应。采用设置优（10~15分）、良（5~10分）、合格（1~5分）区间赋分不合法，每个具体的评审因素只能对应唯一分值。

（信息来自中国政府采购网）

四、评审因素的设定对供应商实行差别待遇或歧视待遇

1.具体内容

（1）将注册资本、资产总额、营业收入、从业人员、利润、纳税额等规模条件作为评审因素。

（2）将第三方调查统计的产品市场占有率及排名、企业排名、用户评价排名等作为评审因素。

（3）提出进口产品或配件加分。

（4）以特定行政区域或者特定行业的业绩、奖项作为加分条件或者中标、成交条件。

（5）以限定或者指定的专利、商标、品牌或者供应商作为加分条件。

（6）将供应商提供赠品、给予回扣或者与采购无关的其他商品、服务作为加分条件。

（7）对本地区或本行业之外的供应商、对合作过的供应商和新参与竞争的供应商、对协议(定点)和非协议(定点)供应商等采用不同的资格审查或评审标准。

2.法律、法规及规章依据

（1）《政府采购法实施条例》第十一条规定，采购人在政府采购活动中应当维护国家利益和社会公共利益，公正廉洁，诚实守信，执行政府采购政策，建立政府采购内部管理制度，厉行节约，科学合理确定采购需求。

（2）《政府采购法实施条例》第二十条规定，采购人或者采购代理机构有下列情形之

一的，属于以不合理的条件对供应商实行差别待遇或者歧视待遇：

①就同一采购项目向供应商提供有差别的项目信息；

②设定的资格、技术、商务条件与采购项目的具体特点和实际需要不相适应或者与合同履行无关；

③采购需求中的技术、服务等要求指向特定供应商、特定产品；

④以特定行政区域或者特定行业的业绩、奖项作为加分条件或者中标、成交条件；

⑤对供应商采取不同的资格审查或者评审标准；

⑥限定或者指定特定的专利、商标、品牌或者供应商；

⑦非法限定供应商的所有制形式、组织形式或者所在地；

⑧以其他不合理条件限制或者排斥潜在供应商。

（3）《政府采购货物和服务招标投标管理办法》（财政部令第87号）第十一条规定，采购需求应当完整、明确，包括以下内容：

①采购标的需实现的功能或者目标，以及为落实政府采购政策需满足的要求；

②采购标的需执行的国家相关标准、行业标准、地方标准或者其他标准、规范；

③采购标的需满足的质量、安全、技术规格、物理特性等要求；

④采购标的的数量、采购项目交付或者实施的时间和地点；

⑤采购标的需满足的服务标准、期限、效率等要求；

⑥采购标的的验收标准；

⑦采购标的的其他技术、服务等要求。

【小贴士】

【问】政府采购物业管理、装修及修缮项目，需求部门提出在开评标之前进行现场踏勘，部分项目确实有这个必要，请问现场踏勘：一是潜在供应商不参加现场踏勘是否可以禁止其参加后续开评标活动；二是现场踏勘如果不能作为实质性废标条款的话，是否可以作为评分项。

【答】（1）不能以供应商不参加现场踏勘为由禁止其参与后续采购活动。（2）评审因素的设定应当与投标人所提供的货物服务质量相关。供应商是否参加现场踏勘与产品质量、服务无关，不宜作为评审因素。

（信息来自中国政府采购网）

【小贴士】

【问】尊敬的国库司领导：您好！CMM/CMMI认证是由卡内基梅隆大学的软件工程研究所提出的一个评估的依据和过程改进的框架，经查询，这个外国认证未经认监委认证机构认证。请问，政府采购中CMM/CMMI认证可否作为评分项？

【答】 留言所述CMM/CMMI认证等未经国家认监委认定的境外机构所出具的认证或资质不宜作为评审因素。

（信息来自中国政府采购网）

五、未按规定采用综合评分法评审

1.具体内容

（1）公开招标项目采用综合评分法的，货物项目的价格分值占总分值的比重低于30％，服务项目的价格分值占总分值的比重低于10％。

（2）竞争性磋商项目采用综合评分法的，货物项目的价格分值占总分值的比重不在30％至60％区间，服务项目的价格分值占总分值的比重不在10％至30％区间。

（3）采用综合评分法的，价格分未采用低价优先法计算。

（4）评分汇总时未保留所有评委得分的。

2.法律、法规及规章依据

（1）《政府采购货物和服务招标投标管理办法》（财政部令第87号）第五十五条规定，货物项目的价格分值占总分值的比重不得低于30％；服务项目的价格分值占总分值的比重不得低于10％。执行国家统一定价标准和采用固定价格采购的项目，其价格不列为评审因素。

价格分应当采用低价优先法计算，即满足招标文件要求且投标价格最低的投标报价为评标基准价，其价格分为满分。其他投标人的价格分统一按照下列公式计算：

投标报价得分＝（评标基准价／投标报价）×100

评标总得分＝$F_1 \times A_1 + F_2 \times A_2 + \cdots + F_n \times A_n$

其中：F_1、F_2、……、F_n分别为各项评审因素的得分；A_1、A_2、……、A_n分别为各项评审因素所占的权重（$A_1 + A_2 + \cdots + A_n = 1$）。

评标过程中，不得去掉报价中的最高报价和最低报价。

因落实政府采购政策进行价格调整的，以调整后的价格计算评标基准价和投标报价。

（2）《政府采购货物和服务招标投标管理办法》（财库〔2014〕214号）第六十条规定，评标委员会认为投标人的报价明显低于其他通过符合性审查投标人的报价，有可能影响产品质量或者不能诚信履约的，应当要求其在评标现场合理的时间内提供书面说明，必要时提交相关证明材料；投标人不能证明其报价合理性的，评标委员会应当将其作为无效投标处理。

（3）《政府采购竞争性磋商采购方式管理暂行办法》（财库〔2014〕214号）第二十四条规定，综合评分法货物项目的价格分值占总分值的比重（即权值）为30%至60%，服务项目的价格分值占总分值的比重（即权值）为10%至30%。采购项目中含不同采购对象的，以占项目资金比例最高的采购对象确定其项目属性。符合本办法第三条第三项的规定和执行统一价格标准的项目，其价格不列为评分因素。有特殊情况需要在上述规定范围外设定价格分权重的，应当经本级人民政府财政部门审核同意。

综合评分法中的价格分统一采用低价优先法计算，即满足磋商文件要求且最后报价最低的供应商的价格为磋商基准价，其价格分为满分。其他供应商的价格分统一按照下列公式计算：磋商报价得分＝（磋商基准价/最后磋商报价）×价格权值×100。

项目评审过程中，不得去掉最后报价中的最高报价和最低报价。

六、样品评审未规定评审方法及评审标准

1. 具体内容

（1）要求提供样品的，未在招标文件中明确规定样品制作的标准和要求、是否需要提供检测报告、样品的评审方法及评审标准。

（2）需要随样品提交检测报告的，未规定检测机构的要求、检测内容等。

2. 法律、法规及规章依据

《政府采购货物和服务招标投标管理办法》（财政部令第87号）第二十二条规定，采购人、采购代理机构一般不得要求投标人提供样品，仅凭书面方式不能准确描述采购需求或者需要对样品进行主观判断以确认是否满足采购需求等特殊情况除外。

要求投标人提供样品的，应当在招标文件中明确规定样品制作的标准和要求、是否需要随样品提交相关检测报告、样品的评审方法以及评审标准。需要随样品提交检测报告的，还应当规定检测机构的要求、检测内容等。

七、未按规定确定同品牌投标人的计算方法

1. 具体内容

（1）采用最低评标价法的采购项目，提供相同品牌产品的不同投标人参加同一合同项下投标的，未按法律规定的方法确定一个参加评标的投标人。

（2）采用综合评分法的采购项目，提供相同品牌产品的不同投标人参加同一合同项下投标的，未按一家投标人计算，未按法律规定的方法确定一个投标人获得中标人推荐资格。

2. 法律、法规及规章依据

《政府采购货物和服务招标投标管理办法》（财政部令第87号）第三十一条规定，采用最低评标价法的采购项目，提供相同品牌产品的不同投标人参加同一合同项下投标的，以其中通过资格审查、符合性审查且报价最低的参加评标；报价相同的，由采购人或者采购人委托评标委员会按照招标文件规定的方式确定一个参加评标的投标人，招标文件未规定的采取随机抽取方式确定，其他投标无效。

使用综合评分法的采购项目，提供相同品牌产品且通过资格审查、符合性审查的不同投标人参加同一合同项下投标的，按一家投标人计算，评审后得分最高的同品牌投标人获得中标人推荐资格；评审得分相同的，由采购人或者采购人委托评标委员会按照招标文件规定的方式确定一个投标人获得中标人推荐资格，招标文件未规定的采取随机抽取方式确定，其他同品牌投标人不作为中标候选人。

八、对于非专门面向中小企业的项目，未落实价格扣除政策

1. 具体内容

（1）未落实对小型、微型企业(监狱企业、残疾人福利性单位视同小微企业)的价格扣除政策。

（2）未落实小型、微型企业(监狱企业、残疾人福利性单位视同小微企业)参与联合体投标的价格扣除政策。

（3）对于小微企业中的残疾人企业或监狱企业、纳入创新产品应用示范推荐目录内的企业、政府采购项目的品目属于政府优先采购《节能产品政府采购品目清单》《环境标志产品政府采购品目》范围内获得相关证书的企业，未落实加大评审优惠力度的相关规定。

2. 法律、法规及规章依据

（1）《政府采购促进中小企业发展管理办法》（财库〔2020〕46号)第九条规定，对于经主管预算单位统筹后未预留份额专门面向中小企业采购的采购项目，以及预留份额项目中的非预留部分采购包，采购人、采购代理机构应当对符合本办法规定的小微企业报价给予6%～10%（工程项目为3%～5%）的扣除，用扣除后的价格参加评审。适用招标投标法的政府采购工程建设项目，采用综合评估法但未采用低价优先法计算价格分的，评标时应当在采用原报价进行评分的基础上增加其价格得分的3%～5%作为其价格分。

接受大中型企业与小微企业组成联合体或者允许大中型企业向一家或者多家小微企业分包的采购项目，对于联合协议或者分包意向协议约定小微企业的合同份额占到合同总金额30%以上的，采购人、采购代理机构应当对联合体或者大中型企业的报价给予

2%~3%（工程项目为1%~2%）的扣除，用扣除后的价格参加评审。适用招标投标法的政府采购工程建设项目，采用综合评分法但未采用低价优先法计算价格分的，评标时应当在采用原报价进行评分的基础上增加其价格得分的1%~2%作为其价格分。组成联合体或者接受分包的小微企业与联合体内其他企业、分包企业之间存在直接控股、管理关系的，不享受价格扣除优惠政策。

价格扣除比例或者价格分加分比例对小型企业和微型企业同等对待，不作区分。具体采购项目的价格扣除比例或者价格分加分比例，由采购人根据采购标的相关行业平均利润率、市场竞争状况等，在本办法规定的幅度内确定。

（2）《财政部 司法部关于政府采购支持监狱企业发展有关问题的通知》（财库〔2014〕68号)规定，在政府采购活动中，监狱企业视同小型、微型企业，享受预留份额、评审中价格扣除等政府采购促进中小企业发展的政府采购政策。

（3）《财政部 民政部 中国残疾人联合会关于促进残疾人就业政府采购政策的通知》（财库〔2017〕141号)规定，在政府采购活动中，残疾人福利性单位视同小型、微型企业，享受预留份额、评审中价格扣除等促进中小企业发展的政府采购政策。

（4）《湖北省财政厅 湖北省经济和信息化厅关于进一步加强政府采购促进中小企业发展的通知》（鄂财采发〔2021〕8号)规定，加大评审优惠力度，对于非专门面向中小企业的项目或采购包，要严格按照《政府采购促进中小企业发展管理办法》第九条规定，对符合条件的供应商给予价格评审优惠。其中，对符合以下情形之一的小微企业，以价格优惠幅度的上限享受评审优惠：残疾人企业或监狱企业；纳入创新产品应用示范推荐目录内的企业；政府采购项目的品目属于政府优先采购《节能产品政府采购品目清单》《环境标志产品政府采购品目》范围内，获得相关证书的企业。

第四节　其　　他

一、破坏政府采购公平竞争优化营商环境

1. 具体内容

（1）以供应商的所有制形式、组织形式或者股权结构，对供应商实施差别待遇或者歧视待遇，对民营企业设置不平等条款，对内资企业和外资企业在中国境内生产的产品、提供的服务区别对待。

（2）除国家、省市另有规定的情形外，通过入围方式设置备选库、名录库、资格库

作为参与政府采购活动的资格条件，妨碍供应商进入政府采购市场。

（3）要求供应商在政府采购活动前进行不必要的登记、注册，或者要求设立分支机构，设置或者变相设置进入政府采购市场的障碍。

（4）设置或者变相设置供应商规模、成立年限等门槛，限制供应商参与政府采购活动。

（5）要求供应商购买指定软件，作为参加电子化政府采购活动的条件。

（6）不依法及时、有效、完整发布或者提供采购项目信息，妨碍供应商参与政府采购活动。

（7）强制要求采购人采用抓阄、摇号等随机方式或者比选方式选择采购代理机构，干预采购人自主选择采购代理机构。

（8）设置没有法律法规依据的审批、备案、监管、处罚、收费等事项。

（9）除《政府采购货物和服务招标投标管理办法》第六十八条规定的情形外，要求采购人采用随机方式确定中标、成交供应商。

（10）对于供应商法人代表已经出具委托书的，仍要求供应商法人代表亲自领购采购文件或者到场参加开标、谈判等。

（11）对于采购人、采购代理机构可以通过互联网或者相关信息系统查询的信息，仍要求供应商提供。

（12）除必要的原件核对外，对于供应商能够在线提供的材料，仍要求供应商同时提供纸质材料。

（13）对于供应商依照规定提交各类声明函、承诺函的，仍要求其再提供有关部门出具的相关证明文件。

（14）可以通过互联网或者相关信息系统查询的信息，要求供应商提供财务状况、缴纳税收和社会保障资金等证明材料。

（15）采购人、采购代理机构违规向供应商收取采购文件费用。

（16）对于满足合同约定支付条件的，采购人未在规定时限内完成资金支付。

2. 法律、法规及规章依据

（1）《国务院关于开展营商环境创新试点工作的意见》（国发〔2021〕24号）。

（2）《关于促进政府采购公平竞争优化营商环境的通知》（财库〔2019〕38号）。

（3）《湖北省财政厅 湖北省经济和信息化厅关于进一步加强政府采购促进中小企业发展的通知》（鄂财采发〔2021〕8号）。

（4）《省财政厅关于进一步做好优化营商环境相关工作的通知》（鄂财产发〔2022〕8号）。

（5）《市财政局关于进一步优化政府采购营商环境有关工作的通知》（武财采〔2021〕344号）。

二、未公开政府采购相关信息

1. 具体内容

（1）除国家、省市有关文件规定可不公开采购意向的情形和由集中采购机构统一组织的批量集中采购外，按项目实施的集中采购目录以内或者采购限额标准以上的货物、工程、服务采购，未公开采购意向。

（2）未按照国家、省市相关规定，随部门预算公开同步在规定网站上集中公开本年度政府采购意向信息。

（3）主管预算单位未按照国家、省市相关规定，公开本部门上一年度面向中小企业预留份额和采购的具体情况。

2. 法律、法规及规章依据

（1）《关于开展政府采购意向公开工作的通知》（财库〔2020〕10号）。

（2）《政府采购促进中小企业发展管理办法》（财库〔2020〕46号）。

（3）《湖北省财政厅湖北省经济和信息化厅关于进一步加强政府采购促进中小企业发展的通知》（鄂财采发〔2021〕8号）。

（4）《市财政局关于开展政府采购意向公开工作的通知》（武财采函〔2020〕161号）。

三、委托代理机构不当

1. 具体内容

除国家、省市另有规定的情形外，采购人采购纳入集中采购目录的政府采购项目，委托非集中代理机构采购。

2. 法律、法规及规章依据

（1）《政府采购法》第七条第三款规定，纳入集中采购目录的政府采购项目，应当实行集中采购。

（2）《政府采购法》第十八条第一款规定，采购人采购纳入集中采购目录的政府采购项目，必须委托集中采购机构代理采购；采购未纳入集中采购目录的政府采购项目，可以自行采购，也可以委托集中采购机构在委托的范围内代理采购。

（3）财政部指导性案例5号。

×××网络建设工程项目投诉案

【关键词】

资格审查/获取招标文件/集采目录

【案例要点】

在公开招标的政府采购项目中,对供应商提供货物和服务能力的评判,是评审活动的重要内容,应当在评审环节进行。招标公告将本应在评审阶段由评审专家审查的因素作为供应商获取招标文件的条件,将应当在评审阶段审查的因素前置到招标文件购买阶段进行,违反了法定招标程序,构成《政府采购法》第七十一条第(三)项规定的"以不合理的条件对供应商实行差别待遇或者歧视待遇"的情形。

【相关法条】

《政府采购法》第七条、第十八条、第三十五条、第三十六条第一款第(二)项、第七十一条第(三)项、第七十四条。

【基本案情】

采购人A委托代理机构B公司就该单位"×××网络建设工程项目"(以下简称本项目)进行公开招标。2017年6月30日,代理机构B公司发布招标公告。2017年7月6日,T公司提出质疑。

2017年7月27日,T公司向财政部提起投诉。T公司称,招标公告要求供应商需具有CMMI4级证书,该证书是对生产研发软件厂商的要求,与本项目硬件采购无关。

财政部依法受理本案,审查中发现,招标公告"投标人的资格要求"规定:"投标商具有软件能力成熟度集成模型4级(CMMI level 4)及以上证书"。对此,代理机构B公司称,本项目并非单一硬件采购,项目有关批复以及采购人提交的采购需求均涉及软件方面的能力要求。采购人A称,该要求是根据对本项目的基本要求和业务目标而设定的,招标公告"简要要求"和招标文件"货物清单"中均有关于本项目软件需求的体现,如"包含软件定制开发需求功能"的描述,说明本项目并非单纯的硬件采购。

此外,在本案处理过程中,财政部发现本项目存在以下情况:一是招标公告要求供应商在购买招标文件时需具有"软件能力成熟度集成模型4级(CMMI level 4)及以上证书"等条件。二是本项目自招标文件开始发出之日2017年7月3日09:00起,至投标人提交投标文件截止之日2017年7月21日09:30止。三是本项目采购的产品涉及网络交换机、网络存储设备、网络安全产品等，在集采目录范围内，而本项目代理机构B公司是非集中采购代理机构。对此，财政部依法启动了监督检查程序。

【处理结果】

财政部作出投诉及监督检查处理决定：根据《政府采购供应商投诉处理办法》（财政部令第20号）第十七条第（二）项的规定，投诉事项缺乏事实依据，驳回投诉。

根据《政府采购法》第三十六条第一款第（二）项的规定，责令采购人A废标。

根据《政府采购法》第七十一条的规定，对代理机构B公司作出警告的行政处罚。

针对本项目中对购买招标文件设置审核条件、自招标文件发出至投标文件提交截止不足二十日和未按规定委托集中采购机构代理采购的问题，根据《政府采购法》第三十五条、第七十一条和第七十四条的规定，责令采购人A和代理机构B公司限期改正。

【处理理由】

财政部认为：关于投诉事项，本项目的申报材料及有关部门审查意见显示，本项目的网络建设内容涉及软件方面的能力要求。同时，招标公告提出了对供应商的软硬件能力要求，即中标供应商应有智慧校园网络顶层设计的能力，并能为后续开展的学校应用开发和部署提供必要的技术咨询和建议方案。因此，本项目并非单一硬件采购。投诉事项缺乏事实依据。

此外，关于另外发现的本项目采购过程中存在的三种情况，财政部认为：一是招标公告要求供应商在购买招标文件时需具备的条件，属于应当在评审阶段审查的因素，不应前置到招标文件购买阶段。这种做法属于《政府采购法》第七十一条第（三）项规定的"以不合理的条件对供应商实行差别待遇或者歧视待遇"的情形。

二是本项目自招标文件开始发出之日至投标人提交投标文件截止之日止不足二十日，违反了《政府采购法》第三十五条"货物和服务项目实行招标方式采购的，自招标文件开始发出之日起至投标人提交投标文件截止之日止，不得少于二十日"的规定。

三是本项目采购的产品涉及集采目录范围内的项目，《政府采购法》第七条第三款规定："纳入集中采购目录的政府采购项目，应当实行集中采购。"第十八条第一款规定："采购人采购纳入集中采购目录的政府采购项目，必须委托集中采购机构代理采购"。而本项目委托非集中采购代理机构采购，违反了上述两条的规定。

（选自财政部指导性案例 5）

四、未按要求进行质疑答复

1.具体内容

（1）采购文件未载明接收质疑函的方式、联系部门、联系电话和通信地址等信息。

（2）采购人、采购代理机构拒收质疑供应商在法定质疑期内发出的质疑函。

（3）质疑答复的内容涉及商业秘密。

（4）未在规定时间内对质疑进行答复，以及未以书面通知质疑供应商和其他相关供应商。

（5）质疑答复内容未告知质疑供应商依法投诉的权利。

2.法律、法规及规章依据

《政府采购质疑和投诉办法》（财政部令第94号）。

【小贴士】

【问】质疑单位质疑中标结果，若从质疑资料、被质疑单位的回复、招标文件、投标文件等资料无法判定质疑事项是否成立时：（1）采购代理机构是否可以向第三方机构（如质疑中标单位业绩造假的，向中标人投标文件中提交的业绩合同的甲方）获取证明资料。（2）若质疑回复因调查核实不能在法定时间七个工作日内针对质疑事项进行逐项回复，采购代理机构是否可以在收到质疑后的第七个工日时，回复质疑单位质疑事项正在调查中，待调查核实结束后会再对质疑事项进行回复。（3）问题（2）中采购代理机构的质疑回复是否违反《政府采购质疑和投诉办法》（财政部令第94号）第十五条第三款"质疑事项、质疑答复的具体内容、事实依据和法律依据"的规定。

【答】政府采购代理机构应根据现有材料在法定期限内答复质疑。如需依法调取证据，由财政部门在投诉环节依职权处理。

（信息来自中国政府采购网）

五、采购文件编制不规范

1.具体内容

（1）获取采购文件环节设置审查条件。

· 153 ·

（2）采购文件未明示代理费用收取方式及标准。

2. 法律、法规及规章依据

（1）《政府采购法》第七十一条第三项 采购人、采购代理机构有下列情形之一的，责令限期改正，给予警告，可以并处罚款，对直接负责的主管人员和其他直接责任人员，由其行政主管部门或者有关机关给予处分，并予通报：（三）以不合理的条件对供应商实行差别待遇或者歧视待遇的。

《政府采购货物和服务招标投标管理办法》（财政部令第87号)第二十条规定，采购人或者采购代理机构应当根据采购项目的特点和采购需求编制招标文件。招标文件应当包括以下主要内容：（十四）采购代理机构代理费用的收取标准和方式。

（2）财政部指导性案例5号。

（3）财政部指导性案例25号。

L研究所研究仪器设备购置项目投诉案

【关键词】

获取招标文件/采购需求管理/供应商组织形式/差别待遇或歧视待遇

【案例要点】

采购人、代理机构在供应商获取招标文件环节设置审查条件，构成以不合理的条件对供应商实行差别待遇或歧视待遇。

采购人、代理机构根据采购项目实际需求和特点在招标文件中规定投标供应商需为采购产品的制造商或者代理商的，不属于《政府采购法实施条例》第二十条规定的"非法限定供应商的组织形式"的情形。

【相关依据】

《政府采购法》第二十二条；

《政府采购法实施条例》第二十条；

《政府采购货物和服务招标投标管理办法》（财政部令第87号）第十七条、第四十四条；

《政府采购质疑和投诉办法》（财政部令第94号）第二十九条、第三十一条。

【基本案情】

采购人L研究所委托代理机构S公司就"L研究所研究仪器设备购置项目"（以下简称"本项目"）进行公开招标。2019年6月4日，代理机构S公司发布招标公告。6月20日，供应商C公司提出质疑。6月26日，本项目开标、评标，代理机构 S 公司答复质疑并发布第一包废标公告。6月28日，代理机构 S 公司发布第一包第二次招标公告。7月1日，代理机构 S 公司发布第二包、第三包中标公告。7月19日，本项目第一包开标、评标。7月23日，代理机构 S 公司发布第一包中标公告。

7月23日，供应商 C 公司向财政部提起投诉，投诉事项为：（1）招标公告规定"投标人必须是所投产品的制造商或代理商"，剥夺了经销商参加政府采购的合法权利，属于《政府采购法实施条例》第二十条第（七）项规定的"非法限定供应商的组织形式"的情形。（2）招标公告规定供应商在购买招标文件时需提供营业执照副本等文件，违反了《政府采购货物和服务招标投标管理办法》（财政部令第87号）第四十四条有关开标后进行资格审查的规定，代理机构 S 公司重复进行资格评审。

财政部依法受理本案，并向相关当事人调取证据材料。

采购人 L 研究所、代理机构 S 公司称：（1）招标公告的资格要求规定"投标人必须是所投产品的制造商或代理商，代理商投标必须提供制造商的专项授权（如所投产品为进口产品）"，该条规定是在所投产品为进口产品的前提下提出的要求，且需提供的内容为进口产品授权，并未对供应商的组织形式作出任何限定。（2）招标公告规定供应商在购买招标文件时需提供"投标人营业执照副本（复印件加盖公章）""法人代表的授权委托书（原件）及被授权人身份证（复印件加盖公章）或单位介绍信（原件）"，以上内容是为了确认报名事项为供应商真实的意思表示，不涉及资格审查。（3）本项目已签订政府采购合同并支付采购资金。

经查，招标公告中"二、投标人的资格要求"显示，"3）投标人必须是所投产品的制造商或代理商，代理商投标必须提供制造商的专项授权（如所投产品为进口产品）""9）本次采购接受进口产品投标"。"七、其他补充事宜"显示，"1.购买招标文件时需提供以下文件：1.1 投标人营业执照副本（复印件加盖公章）；1.2 法人代表的授权委托书（原件）及被授权人身份证（复印件加盖公章）或单位介绍信（原件）"。

【处理理由】

关于投诉事项（1），采购人可以根据采购项目的特殊要求规定供应商的特定条件。本项目要求投标人是投标产品的制造商或代理商，不构成以不合理的条件对供应商实行差别待遇或歧视待遇。此外，《政府采购法实施条例》第二十条第（七）项规定的"组织形式"包括法人、其他组织和自然人，限定制造商或代理商不属于该条规定的"非法限定供应商的组织形式"的情形。

关于投诉事项（2），本项目属于公开招标项目，政府采购相关法律法规未对供应商获取招标文件进行限制性规定，未赋予采购人、代理机构在获取招标文件环节对供应商进行审查的权利和义务，即所有潜在供应商均可以获取招标文件。本项目要求供应商获取招标文件时提供营业执照副本等文件没有法律依据，且相关做法与优化营商环境的改革方向不符。

【处理结果】

根据《政府采购质疑和投诉办法》（财政部令第94号）第二十九条第（二）项的规定，投诉事项（1）缺乏事实依据；根据第三十一条的规定，投诉事项（2）成立。

根据《政府采购质疑和投诉办法》（财政部令第94号）第三十一条第（四）项的规定，政府采购合同已经履行，给他人造成损失的，相关当事人可依法提起诉讼，由责任人承担赔偿责任。

责令代理机构S公司就供应商获取招标文件环节设置审查条件的问题限期改正。

相关当事人在法定期限内未就处理决定申请行政复议、提起行政诉讼。

（选自财政部指导性案例25号）

六、开标程序不规范

1.具体内容

拒收有轻微瑕疵但不实质影响封闭性的投标文件。

2.法律、法规及规章依据

财政部指导性案例11号。

H医院超声影像管理系统采购项目投诉案

【关键词】

投标文件密封/封装瑕疵/拒收

【案例要点】

对投标文件密封完好的要求应当在合理范围内。投标文件封装存在轻微瑕疵但不实质影响封闭性的，不应拒收。

【相关依据】

《政府采购货物和服务招标投标管理办法》（财政部令第87号）第三十三

条、第六十九条；

《政府采购供应商投诉处理办法》（财政部令第20号）第十七条。

【基本案情】

采购人H医院委托代理机构G公司就"H医院超声影像管理系统采购项目"（以下称本项目）进行公开招标。2017年11月6日，代理机构G公司发布招标公告，后组织了开标、评标工作。12月7日，代理机构G公司发布中标公告，S公司为中标供应商。12月11日，供应商J公司提出质疑，认为中标公告未公布未中标供应商的评审得分及排序。同日，代理机构G公司答复质疑并发布更正公告。12月14日，J公司提出二次质疑。12月25日，代理机构G公司答复二次质疑。

2018年1月8日，J公司向财政部提起投诉，投诉事项为：评标委员会以J公司投标文件未密封完好而认定其投标无效，代理机构G公司开标程序不合法、不合规。

财政部依法受理本案，并向相关当事人调取证据材料。

代理机构G公司称：（1）开标现场，S公司投标代表提出J公司投标文件的外包装存在开口现象，J公司投标代表表示"里面还有三层完整包装"。因开口较小，代理机构G公司工作人员无充分依据判断是否按照招标文件要求密封，故在开标现场未拒收J公司的投标文件。（2）评标开始前，代理机构G公司工作人员向评标委员会反映J公司投标文件内部无其他密封包装。评标委员会认为J公司投标文件未按招标文件要求密封，不能通过符合性审查。

经查，本项目招标文件"第二章　投标人须知"中"20.投标文件的密封和标注"要求，"20.4　投标文件、唱标的开标一览表以及电子文档未密封完好的，采购代理机构应当拒收"。"第七章　评标办法"中"3.2　符合性检查"要求，"3.2.1　依据87号令第五十条的规定，符合性检查由评标委员会进行审查，评标委员会依据本招标文件的实质性要求，对符合资格的投标文件进行审查，以确定其是否满足本招标文件的实质性要求。投标人投标文件属于下列情况之一的，在符合性检查时按照无效投标处理：（1）投标文件正副本及电子文档数量不足的；（2）未按照招标文件规定要求签署、盖章的；（3）投标报价不符合招标文件规定的报价要求的；（4）技术、服务应答内容没有完全响应招标文件的实质性要求的；（5）投标文件含有采购人不能接受的附加条件的；（6）招标文件规定的其他无效情形"。

《投标文件密封情况检查表》显示，J公司与其他供应商投标代表互相检查投标文件是否密封，S公司投标代表认为J公司投标文件"有开口"。《开标过程记录表》显示，J公司与其他供应商投标代表对开标过程和开标记录无异议，并签字确认。《评标报告》显示，评标委员会认为J公司投标文件未按照招标文件要求密封完整，不能通过符合性审查。

开标现场录音录像显示，S公司投标代表提出J公司投标文件有开口，代理机构G公司工作人员表示有两厘米左右的开口，后代理机构G公司工作人员组织唱标，并拆封J公司投标文件，J公司投标文件用三层纸张封装。评标现场录音录像显示，代理机构G公司工作人员向评标委员会陈述："它有一个大概两厘米的开口，但是我们轻轻地拉开来看，看不到里面的文字。"

【处理理由】

经调阅现场录音录像，J公司提交的密封的投标文件外包装处有一道约两厘米的开口，代理机构G公司工作人员表示通过此开口不能看到投标文件内容，并未当场拒收。对投标文件密封完好的要求应当在合理范围内，不能过于机械地追求形式合规，增加供应商政府采购交易成本。本案中，虽然J公司投标文件外封装存在轻微瑕疵，但不实质影响封闭性，不能仅以此认定J公司投标无效。

【处理结果】

根据《政府采购供应商投诉处理办法》（财政部令第20号）第十七条第（三）项的规定，投诉事项成立。

相关当事人在法定期限内未就处理决定申请行政复议、提起行政诉讼。

【其他应注意事项】

对投标文件的密封检查应由采购人、采购代理机构完成。

（选自财政部指导性案例11号）

在线习题（第六章）

第七章
政府采购政策

第一节　政府采购政策目标

《政府采购法实施条例》第六条规定，国务院财政部门应当根据国家的经济和社会发展政策，会同国务院有关部门制定政府采购政策，通过制定采购需求标准、预留采购份额、价格评审优惠、优先采购等措施，实现节约能源、保护环境、扶持不发达地区和少数民族地区、促进中小企业发展等目标。

一、支持创新、绿色发展

1. 支持创新

1）进口产品管理

为了贯彻落实《国务院关于实施〈国家中长期科学和技术发展规划纲要（2006—2020年）〉若干配套政策的通知》（国发〔2006〕6号），推动和促进自主创新政府采购政策的实施，规范进口产品政府采购行为，根据《中华人民共和国政府采购法》和有关法律法规，财政部制定了《政府采购进口产品管理办法》。该办法于2007年12月27日印发施行。

《政府采购进口产品管理办法》规定，政府采购应当采购本国产品，确需采购进口产品的，实行审核管理。采购人采购进口产品时，应当坚持有利于本国企业自主创新或消化吸收核心技术的原则，优先购买向我方转让技术、提供培训服务及其他补偿贸易措施的产品。采购人及其委托的采购代理机构在采购进口产品的采购文件中应当载明优先采购向我国企业转让技术、与我国企业签订消化吸收再创新方案的供应商的进口产品。

2）合作创新采购方式

为贯彻落实《深化政府采购制度改革方案》有关要求，完善政府采购支持科技创新的制度，2024年4月24日，财政部以财库〔2024〕13号印发《政府采购合作创新采购方式管理暂行办法》的通知，新增合作创新采购方式。

办法提出了合作创新采购的概念、合作创新采购方式的两个阶段以及合作创新采购方式的适用范围等内容。

2.绿色采购

2020年10月13日，为发挥政府采购政策作用，加快推广绿色建筑和绿色建材应用，促进建筑品质提升和新型建筑工业化发展，根据《政府采购法》和《政府采购法实施条例》，财政部、住房和城乡建设部发布了《关于政府采购支持绿色建材促进建筑品质提升试点工作的通知》（财库〔2020〕31号）。该通知提出了以南京市、杭州市、绍兴市、湖州市、青岛市、佛山市为试点城市，以医院、学校、办公楼、综合体、展览馆、会展中心、体育馆、保障性住房等新建政府采购工程为试点项目，积极推广绿色建筑和绿色建材应用。试点内容包括形成绿色建筑和绿色建材政府采购需求标准、加强工程设计管理、落实绿色建材采购要求、探索开展绿色建材批量集中采购、严格工程施工和验收管理与加强对绿色采购政策执行的监督检查等6个方面。通知中，财政部、住房和城乡建设部会同相关部门根据建材产品在政府采购工程中的应用情况、市场供给情况和相关产业升级发展方向等，结合有关国家标准、行业标准等绿色建材产品标准，制定发布了《绿色建筑和绿色建材政府采购基本要求》。

为落实《中共中央 国务院关于完整准确全面贯彻新发展理念做好碳达峰碳中和工作的意见》，加大绿色低碳产品采购力度，全面推广绿色建筑和绿色建材，在南京、杭州、绍兴、湖州、青岛、佛山等6个城市试点的基础上，财政部、住房和城乡建设部、工业和信息化部决定进一步扩大政府采购支持绿色建材促进建筑品质提升政策实施范围，于2022年10月12日出台了《关于扩大政府采购支持绿色建材促进建筑品质提升政策实施范围的通知》（财库〔2022〕35号）。

通知规定，自2022年11月起，在北京市朝阳区等48个市（市辖区）实施政府采购支持绿色建材促进建筑品质提升政策（含此前6个试点城市）。纳入政策实施范围的项目包括医院、学校、办公楼、综合体、展览馆、会展中心、体育馆、保障房等政府采购工程项目，含适用招标投标法的政府采购工程项目。各有关城市可选择部分项目先行实施，在总结经验的基础上逐步扩大范围，到2025年实现政府采购工程项目政策实施的全覆盖。鼓励将其他政府投资项目纳入实施范围。

该通知的主要内容包括：（1）落实政府采购政策要求，各有关城市要严格执行财政部、住房和城乡建设部、工业和信息化部制定的《绿色建筑和绿色建材政府采购需求标准》（以下简称《需求标准》）；（2）加强绿色建材采购管理，纳入政策实施范围的政府采购工程涉及使用《需求标准》中的绿色建材的，应当全部采购和使用符合相关标准的建材；（3）完善绿色建筑和绿色建材政府采购需求标准，各有关城市可结合本地区特点和实际需求，提出优化完善《需求标准》有关内容的建议，包括调整《需求标准》中已包含的建材产品指标要求，增加未包含的建材产品需求标准，或者细化不同建筑类型如学校、医院等的需求标准等，报财政部、住房和城乡建设部、工业和信息化部；（4）优先开展工程价款结算，纳入政策实施范围的工程，要提高工程价款结算比例，工程进度款支付比例不低于已完工程价款的80％。

二、节约能源、保护环境

为贯彻落实《国务院办公厅关于开展资源节约活动的通知》（国办发〔2004〕30号），发挥政府机构节能（含节水）的表率作用，根据《中华人民共和国节约能源法》和《中华人民共和国政府采购法》，财政部、国家发展和改革委员会（以下简称"发展改革委"）印发了《节能产品政府采购实施意见》（财库〔2004〕185号）。实施意见规定，各级国家机关、事业单位和团体组织（以下统称"采购人"）用财政性资金进行采购的，应当优先采购节能产品。在政府采购活动中，采购人应当在政府采购招标文件（含谈判文件、询价文件）中载明对产品的节能要求、合格产品的条件和节能产品优先采购的评审标准。

为贯彻落实《国务院关于加快发展循环经济的若干意见》（国发〔2005〕22号），积极推进环境友好型社会建设，发挥政府采购的环境保护政策功能，根据《中华人民共和国政府采购法》和《中华人民共和国环境保护法》，财政部、国家环保总局联合印发了《关于环境标志产品政府采购实施的意见》（财库〔2006〕90号）。实施意见规定，各级国家机关、事业单位和团体组织（以下统称"采购人"）用财政性资金进行采购的，要优先采购环境标志产品，不得采购危害环境及人体健康的产品。在政府采购活动中，采购人或其委托的采购代理机构应当在政府采购招标文件（含谈判文件、询价文件）中载明对产品（含建材）的环保要求、合格供应商和产品的条件，以及优先采购的评审标准。

财政部 发展改革委 生态环境部 市场监管总局《关于调整优化节能产品、环境标志产品政府采购执行机制的通知》（财库〔2019〕9号）规定，政府采购节能产品、环境标志产品实施品目清单管理。财政部、发展改革委、生态环境部等部门根据产品节能环保性能、技术水平和市场成熟程度等因素，确定实施政府优先采购和强制采购的产品类别及所依据的相关标准规范，以品目清单的形式发布并适时调整。依据品目清单和认证证书实施政府优先采购和强制采购。

根据以上通知，财政部、发展改革委研究制定了节能产品政府采购品目清单，于2019年4月2日正式发布；财政部、生态环境部研究制定了环境标志产品政府采购品目清单，于2019年3月29日正式发布。

三、扶持不发达地区和少数民族地区

2021年4月24日，财政部、农业农村部、国家乡村振兴局、中华全国供销合作总社《关于印发〈关于深入开展政府采购脱贫地区农副产品工作推进乡村产业振兴的实施意见〉的通知》（财库〔2021〕20号），将政策支持范围聚焦在832个脱贫县，通过预留份额、搭建平台等方式促进脱贫地区农副产品销售，实现预算单位食堂食材采购与脱贫地区农副产品供给有效对接，带动脱贫人口稳定增收。

实施意见明确：自2021年起，各级预算单位要按照不低于10％的预留比例在"832平台"填报预留份额，并遵循质优价廉、竞争择优的原则，通过"832平台"在全国832个脱贫县范围内采购农副产品，及时在线支付货款，不得拖欠。鼓励各级预算单位工会组织通过"832平台"采购工会福利、慰问品等，有关采购金额计入本单位年度采购总额。

2023年12月29日，财政部印发《关于组织地方预算单位做好2024年政府采购脱贫地区农副产品工作的通知》（财办库〔2023〕252号），对2024年地方预算单位预留份额填报和脱贫地区农副产品采购工作提出要求："各省级财政部门要统筹指导本地区所属预算单位在2024年2月20日前，通过"832平台"采购人管理系统（cg.fupin832.com）填报2024年政府采购脱贫地区农副产品预留份额，预留比例不低于年度食堂食材采购总额的10％。具备条件的预算单位，可适当提高预留比例，鼓励按照15％的比例预留采购份额"。

四、促进中小企业发展

中小企业是国民经济和社会发展的生力军，是扩大就业、改善民生、促进创业创新的重要力量，在稳增长、促改革、调结构、惠民生、防风险中发挥着重要作用。随着国际国内市场环境的变化，中小企业面临的生产成本上升、融资难融资贵、创新发展能力不足等问题日益突出，必须引起高度重视。

支持监狱和戒毒企业（简称监狱企业）发展，可以稳定监狱企业生产，提高财政资金使用效益，为罪犯和戒毒人员提供长期可靠的劳动岗位，提高罪犯和戒毒人员的教育改造质量，减少重新违法犯罪，确保监狱、戒毒场所的安全稳定。在促进社会和谐稳定方面具有十分重要的意义。

政府采购促进残疾人就业政策的实行，对支持多元就业、发挥残疾人的人力资源潜力、促进自立生活、进一步保障残疾人权益，具有极大的积极作用，突出了对就业困难重点对象的支持。

在政府采购活动中，监狱企业、残疾人福利性单位按采购文件要求提供了有效材料

的，视同小微企业。

目前，财政部颁发了多项文件，通过采取预算预留、消除门槛、评审优惠等手段，落实政府采购促进中小企业、监狱和戒毒企业、残疾人福利性单位发展政策。

1. 中小企业

中小企业是指在中华人民共和国境内依法设立，依据国务院批准的中小企业划分标准确定的中型企业、小型企业和微型企业，但与大企业的负责人为同一人，或者与大企业存在直接控股、管理关系的除外。符合中小企业划分标准的个体工商户，在政府采购活动中视同中小企业。关于中小企业的相关规定依据《中华人民共和国中小企业促进法》《关于进一步加大政府采购支持中小企业力度的通知》（财库〔2022〕19号）、《政府采购促进中小企业发展管理办法》（财库〔2020〕46号）、《关于印发中小企业划型标准规定的通知》（工信部联企业〔2011〕300号）。

供应商提供的货物、工程或者服务符合下列情形的，享受中小企业扶持政策：

（1）在货物采购项目中，货物由中小企业制造，即货物由中小企业生产且使用该中小企业商号或者注册商标。

（2）在工程采购项目中，工程由中小企业承建，即工程施工单位为中小企业。

（3）在服务采购项目中，服务由中小企业承接，即提供服务的人员为中小企业依照《中华人民共和国劳动合同法》订立劳动合同的从业人员。

在货物采购项目中，供应商提供的货物既有中小企业制造货物，也有大型企业制造货物的，不享受中小企业扶持政策。

以联合体形式参加政府采购活动，联合体各方均为中小企业的，联合体视同中小企业。其中，联合体各方均为小微企业的，联合体视同小微企业。

中小企业参加政府采购活动，应当按照采购文件给定的格式出具《中小企业声明函》，否则不得享受相关中小企业扶持政策。政府采购活动中，任何单位和个人不得要求供应商提供《中小企业声明函》之外的中小企业身份证明文件。

2. 监狱企业

在政府采购活动中，监狱企业视同小型、微型企业，享受预留份额、评审中价格扣除等政府采购促进中小企业发展的政府采购政策。监狱企业，是指由司法部认定的为罪犯、戒毒人员提供生产项目和劳动对象，且全部产权属于司法部监狱管理局、戒毒管理局、直属煤矿管理局，各省、自治区、直辖市监狱管理局、戒毒管理局，各地（设区的市）监狱、强制隔离戒毒所、戒毒康复所，以及新疆生产建设兵团监狱管理局、戒毒管理局的企业。

监狱企业参加政府采购活动，应提供由省级以上监狱管理局、戒毒管理局（含新疆生产建设兵团）出具的属于监狱企业的证明文件，否则不得享受相关扶持政策。

3.残疾人福利性单位

在政府采购活动中，残疾人福利性单位视同小型、微型企业，享受预留份额、评审中价格扣除等促进中小企业发展的政府采购政策。享受政府采购支持政策的残疾人福利性单位应当同时满足以下条件：

（1）安置的残疾人占本单位在职职工人数的比例不低于25％（含25％），并且安置的残疾人人数不少于10人（含10人）。

（2）依法与安置的每位残疾人签订了一年以上（含一年）的劳动合同或服务协议。

（3）为安置的每位残疾人按月足额缴纳了基本养老保险、基本医疗保险、失业保险、工伤保险和生育保险等社会保险费。

（4）通过银行等金融机构向安置的每位残疾人，按月支付了不低于单位所在区县适用的经省级人民政府批准的月最低工资标准的工资。

（5）提供本单位制造的货物、承担的工程或者服务，或者提供其他残疾人福利性单位制造的货物（不包括使用非残疾人福利性单位注册商标的货物）。

前款所称残疾人是指法定劳动年龄内，持有《中华人民共和国残疾人证》或者《中华人民共和国残疾军人证（1至8级）》的自然人，包括具有劳动条件和劳动意愿的精神残疾人。在职职工人数是指与残疾人福利性单位建立劳动关系并依法签订劳动合同或服务协议的雇员人数。

残疾人福利性单位参加政府采购活动，应按采购文件要求提供《残疾人福利性单位声明函》，否则不得享受相关扶持政策。

五、其他政府采购政策

1.正版软件

依据财政部、国家发展改革委、信息产业部《关于印发无线局域网产品政府采购实施意见的通知》（财库〔2005〕366号），采购无线局域网产品和含有无线局域网功能的计算机、通信设备、打印机、复印机、投影仪等产品的，应当优先采购符合国家无线局域网安全标准（GB 15629.11/1102）并通过国家产品认证的产品。其中，国家有特殊信息安全要求的项目必须采购认证产品，否则投标无效。财政部、国家发展改革委、信息产业部根据政府采购改革进展和无线局域网产品技术及市场成熟等情况，从国家指定的认证机构认证的生产厂商和产品型号中确定优先采购的产品，并以"无线局域网认证产品政府采购清单"的形式公布。清单中新增认证产品厂商和型号，由财政部、国家发改委、信息产业部以文件形式确定、公布并适时调整。

各级政府部门在购置计算机办公设备时，必须采购预装正版操作系统软件的计算机产品，相关规定依据国家版权局、信息产业部、财政部、国务院机关事务管理局《关于政府部门购置计算机办公设备必须采购已预装正版操作系统软件产品的通知》（国权联〔2006〕1号）、《国务院办公厅关于进一步做好政府机关使用正版软件工作的通知》（国办发〔2010〕47号）、《财政部关于进一步做好政府机关使用正版软件工作的通知》（财预〔2010〕536号）。

2. 网络安全专用产品

为了加强网络安全专用产品安全管理，推动安全认证和安全检测结果互认，避免重复认证、检测，国家互联网信息办公室、工业和信息化部、公安部、财政部、国家认证认可监督管理委员会联合发布《关于调整网络安全专用产品安全管理有关事项的公告》（以下简称《公告》）。《公告》明确，供应商所投产品属于列入《网络关键设备和网络安全专用产品目录》的网络安全专用产品，应当在国家互联网信息办公室会同工业和信息化部、公安部、国家认证认可监督管理委员会统一公布和更新的符合要求的网络关键设备和网络安全专用产品清单中。

3. 地方政策

随着优化营商环境、节约能源、保护环境、扶持不发达地区和少数民族地区政策的不断深入，部分地区也制定了针对本地区的政府采购政策。

如北京市为全面推进本市挥发性有机物（VOCs）治理，贯彻落实挥发性有机物污染治理专项行动有关要求，发布了《北京市财政局 北京市生态环境局关于政府采购推广使用低挥发性有机化合物（VOCs）有关事项的通知》（京财采购〔2020〕2381号），要求项目中涉及涂料、胶黏剂、油墨、清洗剂等挥发性有机物产品的，属于强制性标准的，供应商应执行符合本市和国家的VOCs含量限制标准；湖北省推出的政府采购合同融资（简称"政采贷"），是指参与政府采购活动的中小微企业，在获得政府采购中标（成交）通知书后，即可向开展"政采贷"业务的金融机构提出申请，金融机构依据政府采购中标（成交）通知书和政府采购合同，为中小微企业提供融资服务；甘肃省财政厅印发《关于进一步加大政府采购支持中小企业力度的通知》（甘财采〔2022〕16号），为降低供应商交易成本，全省政府采购项目不再收取投标保证金等。

采购人或采购代理机构在不同地区组织政府采购活动时，要额外注意，避免违规。

第二节 落实政府采购政策的措施

一、制定采购需求标准

采购需求标准是采购政策实施中最常见、也是最直接的措施，就是通过对采购产品或服务的技术标准或质量标准的规定，实现支持节能环保、鼓励技术创新、支持本国产品等政府采购政策目标。《国务院关于进一步深化预算管理制度改革的意见》（国发〔2021〕5号）提出："建立政府采购需求标准体系，鼓励相关部门结合部门和行业特点提出政府采购相关政策需求，推动在政府采购需求标准中嵌入支持创新、绿色发展等政策要求"。

目前，财政部已联合生态环境部、国家邮政局、工业和信息化部等部门制定了多项采购需求标准，如《关于印发〈商品包装政府采购需求标准（试行）〉、〈快递包装政府采购需求标准（试行）〉的通知》（财办库〔2020〕123号）、《关于扩大政府采购支持绿色建材促进建筑品质提升政策实施范围的通知》（财库〔2022〕35号）、《关于印发〈绿色数据中心政府采购需求标准（试行）〉的通知》（财库〔2023〕7号）等，旨在提高政府采购需求管理的科学化、规范化水平，进一步落实政府采购公平竞争原则，优化营商环境，营造良好的产业生态。

1.商品包装、快递包装政府采购需求标准（试行）

为助力打好污染防治攻坚战，推广使用绿色包装，财政部、生态环境部、国家邮政局联合印发了《商品包装政府采购需求标准（试行）》、《快递包装政府采购需求标准（试行）》的通知（财办库〔2020〕123号），要求如下。

（1）政府采购货物、工程和服务项目中涉及商品包装和快递包装的，要参考包装需求标准，在采购文件中明确政府采购供应商提供产品及相关快递服务的具体包装要求。

（2）采购文件对商品包装和快递包装提出具体要求的，政府采购合同应当载明对政府采购供应商提供产品及相关快递服务的具体包装要求和履约验收相关条款，必要时要求中标、成交供应商在履约验收环节出具检测报告。

（3）政府采购协议供货、定点采购项目和电子卖场也要积极推广应用包装需求标准，对商品包装和快递包装符合包装需求标准的产品加挂标识，引导采购人优先选择。

2.绿色数据中心政府采购需求标准（试行）

数字产业绿色低碳发展是落实党中央、国务院碳达峰、碳中和重大战略决策的重要内容。为加快数据中心绿色转型，财政部、生态环境部、工业和信息化部制定了《绿色数据中心政府采购需求标准（试行）》（以下简称《需求标准》），要求如下。

（1）采购人采购数据中心相关设备、运维服务，应当有利于节约能源、环境保护和资源循环利用，按照《需求标准》实施相关采购活动。

（2）采购人应当加强采购需求管理，根据《需求标准》提出的指标编制数据中心相关设备、运维服务政府采购项目的采购文件，并在合同中明确对相关指标的验收方式和违约责任。

（3）采购人在项目的投标、响应环节，原则上不对数据中心相关设备、服务进行检测、认证，也不要求供应商提供检测报告、认证报告，供应商出具符合相关要求的承诺函可视为符合规定。

（4）采购人应当在履约验收中对供应商提供的产品或服务进行抽查检测，必要时可委托取得相关资质的第三方机构对其进行检测、认证。因检测、认证涉及生产过程或检测时间长等原因，不能在验收过程中开展检测、认证的，可要求供应商在验收阶段提供相关检测报告、认证报告。

（5）对于供应商未按合同约定提供设备或服务的，采购人应当依法追究其违约责任。对于供应商提供虚假材料谋取中标、成交的，依法予以处理。

3. 台式计算机政府采购需求标准

为提高台式计算机政府采购需求管理的科学化、规范化水平，进一步落实政府采购公平竞争原则，优化营商环境，营造良好的产业生态，财政部、工业和信息化部制定了《台式计算机政府采购需求标准（2023年版）》（以下简称《需求标准》），要求如下。

（1）采购人采购台式计算机应当按照《需求标准》实施相关采购活动。

（2）对于既包含台式计算机、数据库等软硬件产品也包含集成服务的采购项目，采购人应当合理划分采购包，尽可能将台式计算机、数据库等软硬件产品与集成服务分包采购。采购的台式计算机、数据库等软硬件产品总额达到分散采购限额标准的，应当单独分包采购。

（3）采购人应当加强采购需求管理，按照《政府采购需求管理办法》（财库〔2021〕22号）要求，结合具体应用场景，根据《需求标准》确定采购需求，明确所需台式计算机的功能、质量等指标要求，并据此编制采购文件。

采购人应当将《需求标准》中加"*"的指标纳入采购需求，并作为采购文件中的实质性要求。其中，乡镇以上党政机关，以及乡镇以上党委和政府直属事业单位及部门所属为机关提供支持保障的事业单位在采购台式计算机时，应当将CPU、操作系统符合安全可靠测评要求纳入采购需求，其他单位可不在采购需求中提出此项要求。对于未加

"*"的指标,采购人可以根据实际需要自行确定是否纳入采购需求。

采购人在采购需求中,可以对《需求标准》中的指标提出更高要求,也可以根据实际需要增加《需求标准》以外的指标,但不得超出实际需要。

(4)供应商在投标、响应环节出具关于所提供台式计算机满足采购文件要求承诺函的,即视为相关产品符合要求。采购人在供应商投标、响应环节不得对台式计算机进行检测、认证,也不得要求供应商提供检测报告、认证报告。

(5)采购人应加强履约验收管理,按照采购合同约定对供应商提供的台式计算机进行验收,必要时委托依法取得检测、认证资质的机构进行检测、认证。对于供应商未按合同约定提供台式计算机的,采购人应当依法追究其违约责任。

4.便携式计算机政府采购需求标准

为提高便携式计算机政府采购需求管理的科学化、规范化水平,进一步落实政府采购公平竞争原则,优化营商环境,营造良好的产业生态,财政部、工业和信息化部制定了《便携式计算机政府采购需求标准(2023年版)》(以下简称《需求标准》),要求如下。

(1)采购人采购便携式计算机应当按照《需求标准》实施相关采购活动。

(2)对于既包含便携式计算机、数据库等软硬件产品也包含集成服务的采购项目,采购人应当合理划分采购包,尽可能将便携式计算机、数据库等软硬件产品与集成服务分包采购。采购的便携式计算机、数据库等软硬件产品总额达到分散采购限额标准的,应当单独分包采购。

(3)采购人应当加强采购需求管理,按照《政府采购需求管理办法》(财库〔2021〕22号)要求,结合具体应用场景,根据《需求标准》确定采购需求,明确所需便携式计算机的功能、质量等指标要求,并据此编制采购文件。

采购人应当将《需求标准》中加"*"的指标纳入采购需求,并作为采购文件中的实质性要求。其中,乡镇以上党政机关,以及乡镇以上党委和政府直属事业单位及部门所属为机关提供支持保障的事业单位在采购便携式计算机时,应当将CPU、操作系统符合安全可靠测评要求纳入采购需求,其他单位可不在采购需求中提出此项要求。对于未加"*"的指标,采购人可以根据实际需要自行确定是否纳入采购需求。

采购人在采购需求中,可以对《需求标准》中的指标提出更高要求,也可以根据实际需要增加《需求标准》以外的指标,但不得超出实际需要。

(4)供应商在投标、响应环节出具关于所提供便携式计算机满足采购文件要求承诺函的,即视为相关产品符合要求。采购人在供应商投标、响应环节不得对便携式计算机进行检测、认证,也不得要求供应商提供检测报告、认证报告。

（5）采购人应加强履约验收管理，按照采购合同约定对供应商提供的便携式计算机进行验收，必要时委托依法取得检测、认证资质的机构进行检测、认证。对于供应商未按合同约定提供便携式计算机的，采购人应当依法追究其违约责任。

5. 一体式计算机政府采购需求标准

为提高一体式计算机政府采购需求管理的科学化、规范化水平，进一步落实政府采购公平竞争原则，优化营商环境，营造良好的产业生态，财政部、工业和信息化部制定了《一体式计算机政府采购需求标准（2023年版）》（以下简称《需求标准》），要求如下。

（1）采购人采购一体式计算机应当按照《需求标准》实施相关采购活动。

（2）对于既包含一体式计算机、数据库等软硬件产品也包含集成服务的采购项目，采购人应当合理划分采购包，尽可能将一体式计算机、数据库等软硬件产品与集成服务分包采购。采购的一体式计算机、数据库等软硬件产品总额达到分散采购限额标准的，应当单独分包采购。

（3）采购人应当加强采购需求管理，按照《政府采购需求管理办法》（财库〔2021〕22号）要求，结合具体应用场景，根据《需求标准》确定采购需求，明确所需一体式计算机的功能、质量等指标要求，并据此编制采购文件。

采购人应当将《需求标准》中加"*"的指标纳入采购需求，并作为采购文件中的实质性要求。其中，乡镇以上党政机关，以及乡镇以上党委和政府直属事业单位及部门所属为机关提供支持保障的事业单位在采购一体式计算机时，应当将CPU、操作系统符合安全可靠测评要求纳入采购需求，其他单位可不在采购需求中提出此项要求。对于未加"*"的指标，采购人可以根据实际需要自行确定是否纳入采购需求。

采购人在采购需求中，可以对《需求标准》中的指标提出更高要求，也可以根据实际需要增加《需求标准》以外的指标，但不得超出实际需要。

（4）供应商在投标、响应环节出具关于所提供一体式计算机满足采购文件要求承诺函的，即视为相关产品符合要求。采购人在供应商投标、响应环节不得对一体式计算机进行检测、认证，也不得要求供应商提供检测报告、认证报告。

（5）采购人应加强履约验收管理，按照采购合同约定对供应商提供的一体式计算机进行验收，必要时委托依法取得检测、认证资质的机构进行检测、认证。对于供应商未按合同约定提供一体式计算机的，采购人应当依法追究其违约责任。

6. 工作站政府采购需求标准

为提高工作站政府采购需求管理的科学化、规范化水平，进一步落实政府采购公平竞争原则，优化营商环境，营造良好的产业生态，财政部、工业和信息化部制定了《工作站政府采购需求标准（2023年版）》（以下简称《需求标准》），要求如下。

（1）采购人采购工作站应当按照《需求标准》实施相关采购活动。

（2）对于既包含工作站、数据库等软硬件产品也包含集成服务的采购项目，采购人应当合理划分采购包，尽可能将工作站、数据库等软硬件产品与集成服务分包采购。采购的工作站、数据库等软硬件产品总额达到分散采购限额标准的，应当单独分包采购。

（3）采购人应当加强采购需求管理，按照《政府采购需求管理办法》（财库〔2021〕22号）要求，结合具体应用场景，根据《需求标准》确定采购需求，明确所需工作站的功能、质量等指标要求，并据此编制采购文件。

采购人应当将《需求标准》中加"*"的指标纳入采购需求，并作为采购文件中的实质性要求。其中，乡镇以上党政机关，以及乡镇以上党委和政府直属事业单位及部门所属为机关提供支持保障的事业单位在采购工作站时，应当将CPU、操作系统符合安全可靠测评要求纳入采购需求，其他单位可不在采购需求中提出此项要求。对于未加"*"的指标，采购人可以根据实际需要自行确定是否纳入采购需求。

采购人在采购需求中，可以对《需求标准》中的指标提出更高要求，也可以根据实际需要增加《需求标准》以外的指标，但不得超出实际需要。

（4）供应商在投标、响应环节出具关于所提供工作站满足采购文件要求承诺函的，即视为相关产品符合要求。采购人在供应商投标、响应环节不得对工作站进行检测、认证，也不得要求供应商提供检测报告、认证报告。

（5）采购人应加强履约验收管理，按照采购合同约定对供应商提供的工作站进行验收，必要时委托依法取得检测、认证资质的机构进行检测、认证。对于供应商未按合同约定提供工作站的，采购人应当依法追究其违约责任。

7. 通用服务器政府采购需求标准

为提高通用服务器政府采购需求管理的科学化、规范化水平，进一步落实政府采购公平竞争原则，优化营商环境，营造良好的产业生态，财政部、工业和信息化部制定了《通用服务器政府采购需求标准（2023年版）》（以下简称《需求标准》），要求如下。

（1）采购人采购通用服务器应当按照《需求标准》实施相关采购活动。

（2）对于既包含通用服务器、数据库等软硬件产品也包含集成服务的采购项目，采购人应当合理划分采购包，尽可能将通用服务器、数据库等软硬件产品与集成服务分包采购。采购的通用服务器、数据库等软硬件产品总额达到分散采购限额标准的，应当单独分包采购。

（3）采购人应当加强采购需求管理，按照《政府采购需求管理办法》（财库〔2021〕22号）要求，结合具体应用场景，根据《需求标准》确定采购需求，明确所需通用服务器的功能、质量等指标要求，并据此编制采购文件。

采购人应当将《需求标准》中加"*"的指标纳入采购需求，并作为采购文件中的实质性要求。其中，乡镇以上党政机关，以及乡镇以上党委和政府直属事业单位及部门所属为机关提供支持保障的事业单位在采购通用服务器时，应当将CPU、操作系统符合安全可靠测评要求纳入采购需求，其他单位可不在采购需求中提出此项要求。对于未加"*"的指标，采购人可以根据实际需要自行确定是否纳入采购需求。

采购人在采购需求中，可以对《需求标准》中的指标提出更高要求，也可以根据实际需要增加《需求标准》以外的指标，但不得超出实际需要。

（4）供应商在投标、响应环节出具关于所提供通用服务器满足采购文件要求承诺函的，即视为相关产品符合要求。采购人在供应商投标、响应环节不得对通用服务器进行检测、认证，也不得要求供应商提供检测报告、认证报告。

（5）采购人应加强履约验收管理，按照采购合同约定对供应商提供的通用服务器进行验收，必要时委托依法取得检测、认证资质的机构进行检测、认证。对于供应商未按合同约定提供通用服务器的，采购人应当依法追究其违约责任。

8. 操作系统政府采购需求标准

为提高操作系统政府采购需求管理的科学化、规范化水平，进一步落实政府采购公平竞争原则，优化营商环境，营造良好的产业生态，财政部、工业和信息化部制定了《操作系统政府采购需求标准（2023年版）》（以下简称《需求标准》），要求如下。

（1）采购人采购操作系统应当按照《需求标准》实施相关采购活动。

（2）对于既包含操作系统、服务器等软硬件产品也包含集成服务的采购项目，采购人应当合理划分采购包，尽可能将操作系统、服务器等软硬件产品与集成服务分包采购。采购的操作系统、服务器等软硬件产品总额达到分散采购限额标准的，应当单独分包采购。

（3）采购人应当加强采购需求管理，按照《政府采购需求管理办法》（财库〔2021〕22号）要求，结合具体应用场景，根据《需求标准》确定采购需求，明确所需操作系统的功能、质量等指标要求，并据此编制采购文件。

采购人应当将《需求标准》中加"*"的指标纳入采购需求，并作为采购文件中的实质性要求。其中，乡镇以上党政机关，以及乡镇以上党委和政府直属事业单位及部门所属为机关提供支持保障的事业单位在采购操作系统时，应当将操作系统符合安全可靠测评要求纳入采购需求，其他单位可不在采购需求中提出此项要求。对于未加"*"的指标，采购人可以根据实际需要自行确定是否纳入采购需求。

采购人在采购需求中，可以对《需求标准》中的指标提出更高要求，也可以根据实际需要增加《需求标准》以外的指标，但不得超出实际需要。

（4）供应商在投标、响应环节出具关于所提供操作系统满足采购文件要求承诺函的，即视为相关产品符合要求。采购人在供应商投标、响应环节不得对操作系统进行检测、认证，也不得要求供应商提供检测报告、认证报告。

（5）采购人应加强履约验收管理，按照采购合同约定对供应商提供的操作系统进行验收，必要时委托依法取得检测、认证资质的机构进行检测、认证。对于供应商未按合同约定提供操作系统的，采购人应当依法追究其违约责任。

9.数据库政府采购需求标准

为提高数据库政府采购需求管理的科学化、规范化水平，进一步落实政府采购公平竞争原则，优化营商环境，营造良好的产业生态，财政部、工业和信息化部制定了《数据库政府采购需求标准（2023年版）》（以下简称《需求标准》），要求如下。

（1）采购人采购数据库应当按照《需求标准》实施相关采购活动。

（2）对于既包含数据库、服务器等软硬件产品也包含集成服务的采购项目，采购人应当合理划分采购包，尽可能将数据库、服务器等软硬件产品与集成服务分包采购。采购的数据库、服务器等软硬件产品总额达到分散采购限额标准的，应当单独分包采购。

（3）采购人应当加强采购需求管理，按照《政府采购需求管理办法》（财库〔2021〕22号）要求，结合具体应用场景，根据《需求标准》确定采购需求，明确所需数据库的功能、质量等指标要求，并据此编制采购文件。

采购人应当将《需求标准》中加"*"的指标纳入采购需求，并作为采购文件中的实质性要求。其中，乡镇以上党政机关，以及乡镇以上党委和政府直属事业单位及部门所属为机关提供支持保障的事业单位在采购数据库时，应当将数据库符合安全可靠测评要求纳入采购需求，其他单位可不在采购需求中提出此项要求。对于未加"*"的指标，采购人可以根据实际需要自行确定是否纳入采购需求。

采购人在采购需求中，可以对《需求标准》中的指标提出更高要求，也可以根据实际需要增加《需求标准》以外的指标，但不得超出实际需要。

（4）供应商在投标、响应环节出具关于所提供数据库满足采购文件要求承诺函的，即视为相关产品符合要求。采购人在供应商投标、响应环节不得对数据库进行检测、认证，也不得要求供应商提供检测报告、认证报告。

（5）采购人应加强履约验收管理，按照采购合同约定对供应商提供的数据库进行验收，必要时委托依法取得检测、认证资质的机构进行检测、认证。对于供应商未按合同约定提供数据库的，采购人应当依法追究其违约责任。

10. 绿色建筑和绿色建材政府采购需求标准

2022年10月12日，财政部、住房和城乡建设部、工业和信息化部联合印发了《关于扩大政府采购支持绿色建材促进建筑品质提升政策实施范围的通知》（财库〔2022〕35号），通知中要求，自2022年11月起，在北京市朝阳区等48个市（市辖区）实施政府采购支持绿色建材促进建筑品质提升政策，在政府采购工程中优先采购可循环可利用建材、高强度高耐久建材、绿色产品部件、绿色装饰装修材料、节水节能建材等绿色建材产品。

纳入政策实施范围的项目包括医院、学校、办公楼、综合体、展览馆、会展中心、体育馆、保障房等政府采购工程项目，含适用招标投标法的政府采购工程项目。各有关城市可选择部分项目先行实施，在总结经验的基础上逐步扩大范围，到2025年实现政府采购工程项目政策实施的全覆盖。鼓励将其他政府投资项目纳入实施范围。

（1）落实政府采购政策要求。严格执行财政部、住房城乡建设部、工业和信息化部制定的《绿色建筑和绿色建材政府采购需求标准》（以下简称《需求标准》）。项目立项阶段，要将《需求标准》有关要求嵌入项目建议书和可行性研究报告中；招标采购阶段，要将《需求标准》有关要求作为工程招标文件或采购文件以及合同文本的实质性要求，要求承包单位按合同约定进行设计、施工，并采购或使用符合要求的绿色建材；施工阶段，要强化施工现场监管，确保施工单位落实绿色建筑要求，使用符合《需求标准》的绿色建材；履约验收阶段，要根据《需求标准》制定相应的履约验收标准，并与现行验收程序有效融合。鼓励通过验收的项目申报绿色建筑标识，充分发挥政府采购工程项目的示范作用。

（2）加强绿色建材采购管理。纳入政策实施范围的政府采购工程涉及使用《需求标准》中的绿色建材的，应当全部采购和使用符合相关标准的建材。各有关城市要探索实施对通用类绿色建材的批量集中采购，由政府集中采购机构或部门集中采购机构定期归集采购人的绿色建材采购计划，开展集中带量采购。要积极推进绿色建材电子化采购交易，所有符合条件的绿色建材产品均可进入电子平台交易，提高绿色建材采购效率和透明度。绿色建材供应商在供货时应当出具所提供建材产品符合需求标准的证明性文件，包括国家统一推行的绿色建材产品认证证书，或符合需求标准的有效检测报告等。

（3）完善绿色建筑和绿色建材政府采购需求标准。各有关城市可结合本地区特点和实际需求，提出优化完善《需求标准》有关内容的建议，包括调整《需求标准》中已包含的建材产品指标要求，增加未包含的建材产品需求标准，或者细化不同建筑类型如学校、医院等的需求标准等，报财政部、住房城乡建设部、工业和信息化部。财政部、住房城乡建设部、工业和信息化部将根据有关城市建议和政策执行情况，动态调整《需求标准》。

（4）优先开展工程价款结算。纳入政策实施范围的工程，要提高工程价款结算比例，工程进度款支付比例不低于已完工程价款的80%。推行施工过程结算，发承包双方通过合同约定，将施工过程按时间或进度节点划分施工周期，对周期内已完成且无争议的工程进行价款计算、确认和支付。经双方确认的过程结算文件作为竣工结算文件的组成部分，竣工后原则上不再重复审核。

财政部、住房和城乡建设部、工业和信息化部于2023年3月22日印发的《政府采购支持绿色建材促进建筑品质提升政策项目实施指南》中明确要求编制采购文件（含工程招投标文件）和拟定合同文本应满足下列要求。

（1）根据不同的采购类型，如设计、施工或工程总承包（EPC）等，在采购文件和拟定合同中应按照《需求标准》明确相应的绿色建筑评价等级、建设要求及绿色建材采购（招标）要求。

（2）"建设工程要求和材料性能符合《需求标准》的相关要求"应作为采购文件的实质性要求并以醒目方式进行标识，且在投标无效条件或否决投标条件中作相应载明。

（3）在拟定合同范本中应按采购文件的要求明确项目的绿色建筑等级、绿色建材应用比例和装配率，并将符合《需求标准》相关要求作为实质性条款。

（4）拟定施工合同中，须明确工程承包单位对涉及使用《需求标准》中的绿色建材的，应当全部采购和使用符合《需求标准》的绿色建材。

采购文件和拟定合同中，应要求绿色建材供应商在参与采购活动时提供下列证明性文件的其中一种作为核实依据。

（1）提供符合《需求标准》相关指标要求的绿色建材检测报告。

（2）提供符合《需求标准》相关指标的绿色建材产品认证证书。

（3）《需求标准》中明确由企业承诺的指标，供应商可仅提供企业承诺书。

二、预留采购份额

1. 中小企业预留份额

为促进中小企业健康发展，财政部陆续出台了《政府采购促进中小企业发展管理办法》（财库〔2020〕46号）、《关于进一步加大政府采购支持中小企业力度的通知》（财库〔2022〕19号）、《关于加强财税支持政策落实 促进中小企业高质量发展的通知》（财预〔2023〕76号）等多项相关文件，落实中小企业预留采购份额。

2020年12月，财政部、工业和信息化部联合印发了《政府采购促进中小企业发展管理办法》（财库〔2020〕46号），该办法明确："采购限额标准以上，200万元以下的货物和服务采购项目、400万元以下的工程采购项目，适宜由中小企业提供的，采购人应当专门面向中小企业采购……超过200万元的货物和服务采购项目、超过400万元的工程采购项目中适宜由中小企业提供的，预留该部分采购项目预算总额的30％以上专门面向中小企业采购，其中预留给小微企业的比例不低于60％"。

2023年8月，财政部在印发的《关于加强财税支持政策落实 促进中小企业高质量发展的通知》（财预〔2023〕76号）中提出："超过400万元的工程采购项目中适宜由中小企业提供的，预留份额由30％以上阶段性提高至40％以上的政策延续至2025年底。"

部分地区按照财政部的要求进行了落实，如湖北省要求200万元以下的货物和服务项目、400万元以下的工程项目，适宜由中小企业提供的，应当专门面向中小企业采购；200万元以上的货物和服务项目、400万元以上的工程项目，适宜由中小企业提供的，预留该部分采购项目预算总额的40％以上专门面向中小企业采购，其中预留给小微企业的比例不低于60％。但也有部分地区在落实财政部要求的预留份额的基础上，进行了调整，如烟台市明确要求对超过限额要求的采购项目中适宜由中小企业提供的，面向中小企业的预留份额为45％，其中预留给小微企业的比例不低于70％。采购人和采购代理机构在组织政府采购活动时，要注意研究项目所在地的政策，正确使用，避免违规。

值得注意的是，并非所有"采购限额标准以上，200万元以下的货物和服务采购项目、400万元以下的工程采购项目"，都要专门面向中小企业采购，而是适宜专门面向的，应当专门面向。如包含多种标的货物综合性项目，其中包含电脑、摄影机、空调等生产厂家多为大型企业的标的，则不适宜专门面向中小企业采购，否则无法确保充分供应、充分竞争，可能会影响政府采购目标的实现。

《政府采购促进中小企业发展管理办法》（财库〔2020〕46号）对可不专门面向中小企业预留采购份额的情形进行了明确。

（1）法律法规和国家有关政策明确规定优先或者应当面向事业单位、社会组织等非企业主体采购的。

（2）因确需使用不可替代的专利、专有技术，基础设施限制，或者提供特定公共服务等原因，只能从中小企业之外的供应商处采购的。

（3）按照本办法规定预留采购份额无法确保充分供应、充分竞争，或者存在可能影响政府采购目标实现的情形。

（4）框架协议采购项目。

（5）省级以上人民政府财政部门规定的其他情形。

除上述情形外，其他均为适宜由中小企业提供的情形。

预留份额主要通过下列措施进行：

（1）将采购项目整体或者设置采购包专门面向中小企业采购。

（2）要求供应商以联合体形式参加采购活动，且联合体中中小企业承担的部分达到一定比例（组成联合体或者接受分包合同的中小企业与联合体内其他企业、分包企业之间不得存在直接控股、管理关系）。

（3）要求获得采购合同的供应商将采购项目中的一定比例分包给一家或者多家中小企业。

2. 脱贫地区农副产品预留份额

财政部、农业农村部、国家乡村振兴局《关于运用政府采购政策支持乡村产业振兴的通知》（财库〔2021〕19号）、财政部《关于深入开展政府采购脱贫地区农副产品工作推进乡村产业振兴的实施意见》的通知（财库〔2021〕20号）以及财政部《关于组织地方预算单位做好2024年政府采购脱贫地区农副产品工作的通知》（财办库〔2023〕252号）等，对地方预算单位预留份额填报和脱贫地区农副产品采购工作提出了相关要求，具体见下表。采购人在工作中应注意按照相关要求落实预留采购份额措施。

发布日期	标题	文号	要求
2021年4月24日	关于深入开展政府采购脱贫地区农副产品工作推进乡村产业振兴的实施意见	财库〔2021〕20号	（1）各级预算单位要按照不低于10%的预留比例在"832平台"填报预留份额 （2）遵循质优价廉、竞争择优的原则，通过"832平台"在全国832个脱贫县范围内采购农副产品，及时在线支付货款，不得拖欠 （3）鼓励各级预算单位工会组织通过"832平台"采购工会福利、慰问品等，有关采购金额计入本单位年度采购总额
2023年12月29日	关于组织地方预算单位做好2024年政府采购脱贫地区农副产品工作的通知	财办库〔2023〕252号	2024年2月20日前，通过"832平台"采购人管理系统(cg.fupin832.com)填报2024年政府采购脱贫地区农副产品预留份额，预留比例不低于年度食堂食材采购总额的10%。具备条件的预算单位，可适当提高预留比例，鼓励按照15%的比例预留采购份额"

注意：部分地区在落实财政部要求的预留份额的基础上进行了调整，如湖北省财政厅《关于做好2023年政府采购脱贫地区农副产品工作推进乡村产业振兴的通知》(鄂财采发〔2023〕4号)要求，自有食堂的预算单位，预留金额不低于年度采购农副产品总额的15%；有独立工会经费的预算单位，应明确通过"832平台"采购金额不低于工会年度采购农副产品总额的15%。

采购人和采购代理机构在组织政府采购活动时，要注意项目所在地的政策，正确使用。

三、价格评审优惠

《政府采购促进中小企业发展管理办法》（财库〔2020〕46号）对中小企业的报价优惠进行了明确："对于经主管预算单位统筹后未预留份额专门面向中小企业采购的采购项目，以及预留份额项目中的非预留部分采购包，采购人、采购代理机构应当对符合本办法规定的小微企业报价给予6%~10%（工程项目为3%~5%）的扣除，用扣除后的价格参加评审。适用招标投标法的政府采购工程建设项目，采用综合评估法但未采用低价优先法计算价格分的，评标时应当在采用原报价进行评分的基础上增加其价格得分的3％～5％作为其价格分。接受大中型企业与小微企业组成联合体或者允许大中型企业向一家或者多家小微企业分包的采购项目，对于联合协议或者分包意向协议约定小微企业的合同份额占到合同总金额30％以上的，采购人、采购代理机构应当对联合体或者大中型企业的报价给予2％～3％（工程项目为1％～2％）的扣除，用扣除后的价格参加评审。适用招标投标法的政府采购工程建设项目，采用综合评估法但未采用低价优先法计算价格分的，评标时应当在采用原报价进行评分的基础上增加其价格得分的1％～2％作为其价格分。组成联合体或者接受分包的小微企业与联合体内其他企业、分包企业之间存在直接控股、管理关系的，不享受价格扣除优惠政策"。

2022年5月30日，财政部印发的《关于进一步加大政府采购支持中小企业力度的通知》（财库〔2022〕19号）一文，对小微企业的优惠比例进行了调整，将货物服务采购项目给予小微企业的价格扣除优惠，由财库〔2020〕46号文件规定的6％～10％提高至10％～20％；大中型企业与小微企业组成联合体或者大中型企业向小微企业分包的，评审优惠幅度由2％～3％提高至4％～6％。政府采购工程的价格评审优惠仍按照财库〔2020〕46号文件的规定执行。

值得注意的是，部分地区在落实财政部要求的基础上，加大了对小微企业价格扣除优惠。如《恩施州财政局 恩施州政务服务和大数据管理局关于落实稳住经济一揽子政策进一步加大政府采购支持中小企业力度的通知》（恩施州财采发〔2022〕298号）明确，"对参与货物类、服务类采购项目活动的小微企业报价扣除比例由10％提高至20％，用扣除后的价格参加评审，工程项目的价格扣除比例仍为5％"。采购人和采购代理机构在组织政府采购活动时，要注意研究项目所在地的政策，正确使用，避免违规。

价格扣除比例或者价格分加分比例应对小型企业和微型企业同等对待，不作区分。具体采购项目的价格扣除比例或者价格分加分比例，由采购人根据采购标的相关行业平均利润率、市场竞争状况等，在规定的幅度内确定。

若供应商同时属于小型或微型企业、监狱企业、残疾人福利性单位中的两种及以上，将不重复享受小微企业价格扣减的优惠政策。但是有些地区也针对此种情况设置了特殊的要求：湖北省财政厅、湖北省交易管理局《关于落实稳住经济一揽子政策进一步加大政府采购支持中小企业力度的通知》（鄂财采发〔2022〕5号）明确，对小微企业中的残疾人企业、监狱企业、采购产品纳入创新产品应用示范推荐目录内企业、采购产品获得节能产品或环境标志产品认证证书的企业，应以价格评审优惠幅度的上限（20％）给予评审优惠。

【小贴士】

【问】在政府采购活动中，中小企业是否需要提供身份证明材料？

【答】中小企业参与政府采购活动、享受扶持政策，只需要出具《中小企业声明函》作为中小企业身份证明文件。中小企业应当按照《政府采购促进中小企业发展管理办法》规定和《中小企业划型标准规定》（工信部联企业〔2011〕300号），如实填写并提交《中小企业声明函》，任何单位和个人不得要求中小企业供应商提交《中小企业声明函》之外的证明文件，或事先获得认定及进入名录库等。中小企业对其声明内容的真实性负责，声明函内容不实的，属于提供虚假材料谋取中标、成交，依照《中华人民共和国政府采购法》等国家有关规定追究相应责任。

对中小企业的规模类型有争议时，《政府采购促进中小企业发展管理办法》（财库〔2020〕46号）规定，政府采购监督检查、投诉处理及政府采购行政处罚中对中小企业的认定，由货物制造商或者工程、服务供应商注册登记所在地的县级以上人民政府中小企业主管部门负责，有关部门应当在收到关于协助开展中小企业认定函后10个工作日内做出书面答复。

【法律依据】

《政府采购促进中小企业发展管理办法》（财库〔2020〕46号）

第十一条 中小企业参加政府采购活动，应当出具本办法规定的《中小企业声明函》（附1），否则不得享受相关中小企业扶持政策。任何单位和个人不得要求供应商提供《中小企业声明函》之外的中小企业身份证明文件。

【小贴士】

【问】对于未预留份额专门面向中小企业采购的货物采购项目，以及预留份额项目中的非预留部分货物采购包，大中型企业提供的货物全部为小微企业制造，是否可以享受报价扣除？是否还有"双小"（即直接参与采购活动的企业是中小企业，且货物由中小企业制造）的要求？

【答】按照《政府采购促进中小企业发展管理办法》（财库〔2020〕46号，以下称《办法》）规定，在货物采购项目中，货物由中小企业制造（货物由中小企业生产且使用该中小企业商号或者注册商标）的，可享受中小企业扶持政策。如果一个采购项目或采购包含有多个采购标的的，则每个采购标的均应由中小企业制造。在问题所述的采购项目或者采购包中，大型企业提供的所有采购标的均为小微企业制造的，可享受价格评审优惠政策。

【法律依据】

《政府采购促进中小企业发展管理办法》(财库〔2020〕46号)

第四条 在政府采购活动中,供应商提供的货物、工程或者服务符合下列情形的,享受本办法规定的中小企业扶持政策:

(1)在货物采购项目中,货物由中小企业制造,即货物由中小企业生产且使用该中小企业商号或者注册商标;

(2)在工程采购项目中,工程由中小企业承建,即工程施工单位为中小企业;

(3)在服务采购项目中,服务由中小企业承接,即提供服务的人员为中小企业依照《中华人民共和国劳动合同法》订立劳动合同的从业人员。

在货物采购项目中,供应商提供的货物既有中小企业制造货物,也有大型企业制造货物的,不享受《办法》规定的中小企业扶持政策。

以联合体形式参加政府采购活动,联合体各方均为中小企业的,联合体视同中小企业。其中,联合体各方均为小微企业的,联合体视同小微企业。

【小贴士】

【问】专门面向中小企业采购的采购项目或者采购包,是否还需执行价格评审优惠的扶持政策?如需的话,中型企业是否享受价格扣除?

【答】专门面向中小企业采购的项目或者采购包,不再执行价格评审优惠的扶持政策。

【小贴士】

【问】《政府采购促进中小企业发展管理办法》(财库〔2020〕46号)第十二条规定,采购文件应当明确采购标的对应的中小企业划分标准所属行业。若一个采购项目中包含多个不同品种的产品,采购人或者采购代理机构要明确每种产品的行业吗?

【答】采购人、采购代理机构应当依据国务院批准的中小企业划分标准,根据采购项目的具体情况,在采购文件中明确采购标的对应的中小企业划分标准所属行业。如果一个采购项目涉及多个采购标的的,应当在采购文件中逐一明确所有采购标的对应的中小企业划分标准所属行业。供应商根据采购文件中明确的行业所对应的划分标准,判断是否属于中小企业。现行中小企业划分标准行业包括农、林、牧、渔业,工业,建筑业,批发业,零售业,交通运输业,仓储业，邮政业，住宿业，餐饮业，信息传输业，软件和信息技术服务业，房地产开发经营，物业管理，租赁和商业服务业及其他未列明行业等十六类。

四、优先采购

1. 节能产品、环境标志产品

政府采购节能产品、环境标志产品实施品目清单管理。依据品目清单和认证证书实施政府优先采购和强制采购。财政部、发展改革委、生态环境部等部门根据产品节能环保性能、技术水平和市场成熟程度等因素，确定实施政府优先采购和强制采购的产品类别及所依据的相关标准规范，以品目清单的形式发布并适时调整。

《节能产品政府采购品目清单》中将品目分为强制采购和优先采购，《环境标志产品政府采购品目清单》则只有优先采购。采购人拟采购的产品属于品目清单范围的，采购人或采购代理机构在编制采购文件时，必须在采购文件显著处中标示以下内容。

（1）标示哪些为强制采购节能产品，哪些为优先采购节能或环境标志产品。并说明为强制采购节能产品的，供应商应在其响应文件中提供国家确定的认证机构出具的、处于有效期之内的节能产品、环境标志产品认证证书，否则视为无效投标。

（2）属于优先采购节能或环境标志产品的，采购人或采购代理机构应在文件中约定优先采购的落实措施，具体措施根据采购人及项目的需求确定，以下为示例。

采购文件中采购节能产品、环境标志产品政策落实示例

（以某学校实训室建设项目为例）

采购节能产品政策	依据财库〔2019〕19号文的规定，所投产品为《节能产品政府采购品目清单》强制性采购内容（本项目中空调机、液晶显示器为《节能产品政府采购品目清单》中强制采购品类）的，须提供国家确定的认证机构出具的、处于有效期之内的节能产品认证证书，未提供的视为无效响应（认证证书的产品型号与所投产品不一致的，视为未提供）； 所投产品为《节能产品政府采购品目清单》非强制性采购内容（本项目中投影仪、电冰箱为《节能产品政府采购品目清单》中非强制性采购品类）的，提供国家确定的认证机构出具的、处于有效期之内的节能产品认证证书，给予该项产品价格1%的扣除，用扣除后的价格参与评审（认证证书的产品型号与所投产品不一致的，视为未提供）
采购环境标志产品政策	依据财库〔2019〕18号文的规定，所投产品为《环境标志产品政府采购品目清单》内容（本项目中空调机、液晶显示器、投影仪为《环境标志产品政府采购品目清单》中内容）的，须提供国家确定的认证机构出具的、处于有效期之内的环境标志产品认证证书，给予该项产品价格1%的扣除，用扣除后的价格参与评审（认证证书的产品型号与所投产品不一致的，视为未提供）

对于已列入品目清单的产品类别，采购人可在采购需求中提出更高的节约资源和保护环境要求，对符合条件的获证产品给予优先待遇。对于未列入品目清单的产品类别，

鼓励采购人综合考虑节能、节水、环保、循环、低碳、再生、有机等因素，参考相关国家标准、行业标准或团体标准，在采购需求中提出相关绿色采购要求，促进绿色产品推广应用。

2. 正版软件

依据财政部、国家发展改革委、信息产业部《关于印发无线局域网产品政府采购实施意见的通知》（财库〔2005〕366号），国家版权局、信息产业部、财政部、国务院机关事务管理局《关于政府部门购置计算机办公设备必须采购已预装正版操作系统软件产品的通知》（国权联〔2006〕1号）、《国务院办公厅关于进一步做好政府机关使用正版软件工作的通知》（国办发〔2010〕47号）、《财政部关于进一步做好政府机关使用正版软件工作的通知》（财预〔2010〕536号）等相关文件的规定，采购人或采购代理机构应当在采购文件中明确以下内容。

采购无线局域网产品和含有无线局域网功能的计算机、通信设备、打印机、复印机、投影仪等产品的，优先采购符合国家无线局域网安全标准（GB 15629.11/1102）并通过国家产品认证的产品。其中，国家有特殊信息安全要求的项目必须采购认证产品，否则投标无效。财政部、国家发展改革委、信息产业部根据政府采购改革进展和无线局域网产品技术及市场成熟等情况，从国家指定的认证机构认证的生产厂商和产品型号中确定优先采购的产品，并以无线局域网认证产品政府采购清单的形式公布。清单中新增认证产品厂商和型号，由财政部、国家发展改革委、信息产业部以文件形式确定、公布并适时调整。

各级政府部门在购置计算机办公设备时，必须采购预装正版操作系统软件的计算机产品。

3. 网络安全专用产品

依据国家互联网信息办公室、工业和信息化部、公安部、财政部、国家认证认可监督管理委员会联合发布的《关于调整网络安全专用产品安全管理有关事项的公告》，采购人或采购代理机构应当在采购文件中明确以下内容。

所投产品属于列入《网络关键设备和网络安全专用产品目录》的网络安全专用产品，应当在国家互联网信息办公室会同工业和信息化部、公安部、国家认证认可监督管理委员会统一公布和更新的符合要求的网络关键设备和网络安全专用产品清单中。供应商应当按照《信息安全技术网络安全专用产品安全技术要求》等相关国家标准的强制性要求，由具备资格的机构安全认证合格或者安全检测符合要求（如该产品已经获得公安部颁发的计算机信息系统安全专用产品销售许可证，且在有效期内，亦视为符合要求）。

五、其他优惠措施

允许采购进口产品的政府采购项目，还应优先采购向我国企业转让技术、与我国企业签订消化吸收再创新方案的供应商的进口产品。

除预留采购份额、价格优惠外，财政部还要求各地区、各部门通过提高预付款比例、引入信用担保、支持中小企业开展合同融资、免费提供电子采购文件等方式，为中小企业参与采购活动提供便利。

以湖北省为例，武汉市财政局发文，应建立预付款保函制度，鼓励采购人结合项目实际、供应商信用等情况，在采购合同签订后支付一定比例的预付款，政府采购合同设定首付款支付方式的，首付款支付比例原则上不低于合同金额的30%；对于中小企业，首付款支付比例还可适当提高。同时加快合同资金支付进度，对于满足合同约定支付条件的，采购人应当自收到发票后10日内将资金支付到合同约定的供应商账户。

在线习题(第七章)

第八章
优化营商环境

第一节　营商环境基本知识

一、营商环境基本概念

营商环境，是指企业等市场主体在市场经济活动中所涉及的体制机制性因素和条件。营商环境包括影响企业活动的社会要素、经济要素、政治要素和法律要素等方面，是一项涉及经济社会改革和对外开放众多领域的系统工程。

从性质上看，营商环境属于一种制度性环境。从领域上看，营商环境涉及市场主体准入、生产经营和退出等企业生命周期全过程和各个领域。从作用上看，营商环境事关企业兴衰、生产要素聚散、发展动力强弱。

营商环境的公平性是指对各类企业一视同仁、平等对待，企业无论大小、属于何种类型，在市场经济活动中都能获得平等待遇，公平竞争。公平性强的营商环境，可保证市场公平竞争，优胜劣汰，激发各类市场主体的活力和创造力，提高资源配置效率。

营商环境的透明度是指有关政策法规制度信息的公开透明程度，包括市场环境、政务服务、监管执法和法律法规等方面信息的公开知晓。透明度高的营商环境，可使各类市场主体都能获得相关信息，及时把握政策走向和市场机会，平等参与市场竞争。

营商环境的法治化是指营商法律制度的完备程度，包括法律法规健全，法律面前各类市场主体一律平等，政府依法行政、市场监管统一，依法保护企业权益，司法保护公正等。法治是最好的营商环境，可为各类市场主体投资兴业提供法治保障，体现公平正义。

二、我国营商环境现状

当前，百年变局加速演进，世界形势复杂严峻，全球政治经济治理体系和合作竞争格局处于深刻变化调整期，不稳定性、不确定性愈发凸显，风险挑战明显增多。同时，中国特色社会主义进入新时代，我国经济已从高速增长阶段转向高质量发展阶段，正处于转变发展方式、优化经济结构、转换增长动力的爬坡过坎关键期。在这样的背景下，优化营商环境更加显示出其特殊意义。一方面，优化营商环境是坚持和完善中国特色社会主义制度，健全市场经济体制，完善治理体系和提高治理效能，促进市场主体良性竞争和集聚发展，激发市场主体活力和社会创造力的内在需要；另一方面，优化营商环境也是保护产业链、供应链安全稳定，维护国家产业和经济安全，提升国际竞争力的必然要求。

2018年以来，国务院成立了推进政府职能转变和"放管服"改革协调小组，并下设优化营商环境专题组，先后出台了《关于部分地方优化营商环境典型做法的通报》《关于聚焦企业关切进一步推动优化营商环境政策落实的通知》等一系列文件，对优化营商环境作出了具体部署。

这些部署重点表现在四个方面。一是持续放宽市场准入，投资贸易更加宽松便利。民航、铁路等重点领域开放力度持续加大，部分垄断行业通过混改积极引入民间投资。二是加大监管执法力度，市场竞争更加公平有序。一年来，在强化产权保护方面，甄别纠正了一批涉及产权冤错案件。三是深化"互联网＋政务服务"，办事创业更加便捷高效。目前，基本建成全国一体化的数据共享交换平台体系，面向全国各级政府部门开通1000余个数据共享服务接口，数据共享交换量达360亿条次。四是建立健全评价机制，营商环境评价更加激励有效。

现阶段，我国高度重视并持续推进营商环境优化，取得了显著的成效，得到了广大市场主体的高度认可，不断改进和优化的营商环境日益成为激发市场主体活力，增强经济发展内生动力，释放内需潜力，提升治理水平的强心剂和推进器。但囿于各种历史和现实因素，我国营商环境建设和优化仍未达到理想目标，在一些关键领域和环节仍有较大提升空间，也面临许多不可忽视的困难和挑战。

一是区域发展不平衡、不充分。目前，我国不同区域、不同省市、不同类型企业、不同营商环境要素之间存在明显差异，呈现较为突出的不平衡、不充分的特点。

二是存在诸多短板和不足。在构成营商环境的多项相关指标中，市场竞争公平性和法治化建设等是我国营商环境优化存在的短板。

三是制度建设亟待完善。营商环境由各种法律法规、制度规范、标准流程等构成，要优化营商环境，一方面要求这些制度要素不断建立和完善，另一方面也要它们之间协调匹配，避免冲突。

四是国际形势不容乐观。受国际形势的影响，我国营商制度安排与国际规则的相通对接程度，包括与国际衡量标准相近、与国际通行规则或国际惯例对接、涉外投资贸易开放程度等，都受到显著制约，营商环境国际化层次和水平受到抑制。

三、优化营商环境重要举措

2019年10月22日，国务院总理李克强签署第722号国务院令，公布《优化营商环境条例》（以下简称《条例》），并于2020年1月1日起施行。其主要内容如下。

一是明确优化营商环境的原则和方向。《条例》将营商环境界定为市场主体在市场经济活动中所涉及的体制机制性因素和条件，明确优化营商环境工作应当坚持市场化、法治化、国际化原则，以市场主体需求为导向，以深刻转变政府职能为核心，创新体制机制、强化协同联动、完善法治保障，为各类市场主体投资兴业营造稳定、公平、透明、可预期的良好环境。

二是加强市场主体保护。《条例》明确规定国家平等保护各类市场主体，保障各类市场主体依法平等使用各类生产要素和依法平等享受支持政策，保护市场主体经营自主权、财产权和其他合法权益，推动建立全国统一的市场主体维权服务平台等。

三是优化市场环境。《条例》对压减企业开办时间、保障平等市场准入、维护公平竞争市场秩序、落实减税降费政策、规范涉企收费、解决融资难融资贵、简化企业注销流程等作了规定。

四是提升政务服务能力和水平。《条例》对推进全国一体化在线政务服务平台建设、精简行政许可和优化审批服务、优化工程建设项目审批流程、规范行政审批中介服务、减证便民、促进跨境贸易便利化、建立政企沟通机制等作了规定。

五是规范和创新监管执法。《条例》对健全监管规则和标准，推行信用监管、"双随机、一公开"监管、包容审慎监管、"互联网＋监管"，落实行政执法公示、行政执法全过程记录和重大行政执法决定法制审核制度等作了规定。

六是加强法治保障。《条例》对法律法规的立改废和调整实施，制定法规政策听取市场主体意见，为市场主体设置政策适应调整期，完善多元化纠纷解决机制、加强法治宣传教育、推进公共法律服务体系建设等作了规定。

四、优化政府采购营商环境

政府采购营商环境是营商环境的重要内容。根据《优化营商环境条例》的规定，政府采购应当公开透明、公平公正，依法平等对待各类所有制和不同地区的市场主体，不得以不合理条件或者产品产地来源等进行限制或者排斥。所以，各省、市为深入贯彻党的二十大精神，认真落实《中共中央 国务院关于加快建设全国统一大市场的意见》《优化营商环境条例》等有关要求，进一步深化政府采购制度改革，努力打造市场化、法治化、国际化政府采购营商环境。

以湖北省为例，湖北省于2024年2月出台《湖北省财政厅关于持续优化政府采购营商环境的通知》，具体措施如下。

1. 促进政府采购公平竞争

主要措施包括：保障市场主体自由参与政府采购活动；保障各类企业公平竞争；落实公平竞争审查机制和保障代理机构依法从业等。

2. 提升政府采购透明度

主要措施包括：落实政府采购意向公开；加强政府采购需求管理；及时完整公开政府采购信息和加快政府采购数字化转型等。

3. 降低政府采购交易成本

主要措施包括：合理收取采购代理服务费；规范政府采购保证金管理；加快政府采购合同签订和资金支付与推进政府采购合同融资等。

4. 优化政府采购法治环境

主要措施包括：加强信用监管；规范公正执法和优化质疑投诉处理机制等。

第二节　优化政府采购营商环境重点工作

2023年11月22日，财政部发布《财政部 公安部 市场监管总局关于开展2023年政府采购领域"四类"违法违规行为专项整治工作的通知》（财库〔2023〕28号），为贯彻落实建设全国统一大市场部署及政府采购领域"整顿市场秩序、建设法规体系、促进产业发展"行动方案有关要求，进一步规范政府采购市场秩序，持续优化营商环境，决定开展政府采购领域"四类"违法违规行为专项整治工作。

工作聚焦当前政府采购领域反映突出的采购人设置差别歧视条款、代理机构乱收费、供应商提供虚假材料、供应商围标串标等"四类"违法违规行为开展专项整治。重点整治以下内容：采购人倾斜照顾本地企业，以注册地、所有制形式、组织形式、股权结构、投资者国别、经营年限、经营规模、财务指标、产品或服务品牌等不合理条件对供应商实行差别歧视待遇；代理机构违规收费、逾期不退还保证金；供应商提供虚假的检测报告、认证证书、合同业绩、中小企业声明函、制造商授权函等材料谋取中标；供应商成立多家公司围标串标，投标文件相互混装、异常一致，投标报价呈规律性差异，投标保证金从同一账户转出等恶意串通行为。

一、采购人设置差别歧视条款

1. 审查对象

以采购文件、采购公告的具体要求为主，审查重点包括采购需求、资格要求、实质性条款以及评分标准等。

2. 审查标准

一是审查是否存在倾斜照顾本地企业直接或变相对外地企业进入本地市场设置阻碍的问题。例如，采购文件将供应商注册地、所在地距离采购人处的距离或在某行政区域内设立分支机构等不合理条件作为资格条件、实质性条款或评分项；以特定行政区域或者特定主体的业绩、奖项作为加分条件或者中标、成交条件等。

二是审查是否存在对企业规模的不合理要求，直接或变相限制或排斥中小企业的问题。例如，采购文件的资格条件、实质性条款或评分标准中设置经营年限、注册资本、资产总额、营业收入、从业人员、利润、纳税额等条件；或变相设置特定金额合同业绩、与上述规模条件存在直接关联的第三方信用评价、认证等不合理条件。

三是审查是否存在对企业所有制形式、组织形式、股权结构、投资者国别的不合理要求，设置不同评分标准的问题。例如，采购文件的资格条件、实质性条款或评分标准中设置股权结构、投资者国别等要求，对内资和外资企业、国有和民营企业区别对待。

四是审查是否存在对产品或者服务品牌的不合理要求，限定或指定特定供应商、特定产品的问题。例如，采购需求中限定或指定特定的品牌、专利、商标、零部件、原产地等，以重点注意"知名""一线""暂定""指定""参考品牌"等表述。

五是审查是否存在非法限定供应商所在行业，限制新的供应商进入本行业的政府采购市场参与竞争的问题。例如，采购文件以特定行业的业绩、奖项作为加分条件或者中标、成交条件；除国家限制经营、特许经营及法律法规禁止经营的采购产品外，以供应商营业执照经营范围作为资格条件、实质性条款或评分项。

六是审查是否存在设置与采购项目的具体特点和实际需要不相适应或者与合同履行无关的评审标准的问题。例如，采购文件将认证范围超出采购需求的证书、未在采购需求中列明的技术参数或产品功能等作为资格条件、实质性条款或评分项。

七是审查是否存在要求供应商在政府采购活动前进行不必要的登记、注册等问题。例如，直接或变相违规设置将供应商备选库、名录库、资格库等作为资格条件；要求供应商提供营业执照、审计报告、资质证书等资格条件证明材料作为获取采购文件的前置条件。

八是是否存在以其他不合理的审查条件限制或排斥潜在供应商的问题。例如，除采购进口货物外，以生产厂家授权、承诺、证明、背书等限制供应商投标；除特别规定外，是否存在无正当理由要求提供特定的认证机构、检测机构出具的认证证书、检测报告作为技术证明材料。

3. 处理方式

财政部门审查后发现采购人设置差别歧视条款，存在以不合理的条件对供应商实行差别待遇或者歧视待遇的情形的，责令采购人、代理机构限期改正，并依法作出行政处罚。

4. 法律依据

1)《中华人民共和国政府采购法》

第五条　任何单位和个人不得采用任何方式，阻挠和限制供应商自由进入本地区和本行业的政府采购市场。

第二十二条　供应商参加政府采购活动应当具备下列条件：

（一）具有独立承担民事责任的能力；

（二）具有良好的商业信誉和健全的财务会计制度；

（三）具有履行合同所必需的设备和专业技术能力；

（四）有依法缴纳税收和社会保障资金的良好记录；

（五）参加政府采购活动前三年内，在经营活动中没有重大违法记录；

（六）法律、行政法规规定的其他条件。

采购人可以根据采购项目的特殊要求，规定供应商的特定条件，但不得以不合理的条件对供应商实行差别待遇或者歧视待遇。

第七十一条　采购人、采购代理机构有下列情形之一的，责令限期改正，给予警告，可以并处罚款，对直接负责的主管人员和其他直接责任人员，由其行政主管部门或者有关机关给予处分，并予通报：

（三）以不合理的条件对供应商实行差别待遇或者歧视待遇的。

第八十三条　任何单位或者个人阻挠和限制供应商进入本地区或者本行业政府采购市场的，责令限期改正；拒不改正的，由该单位、个人的上级行政主管部门或者有关机关给予单位责任人或者个人处分。

2)《中华人民共和国中小企业促进法》

第四十条第三款　政府采购不得在企业股权结构、经营年限、经营规模和财务指标等方面对中小企业实行差别待遇或者歧视待遇。

3)《中华人民共和国外商投资法》

第十六条 国家保障外商投资企业依法通过公平竞争参与政府采购活动。政府采购依法对外商投资企业在中国境内生产的产品、提供的服务平等对待。

4)《中华人民共和国外商投资法实施条例》

第十五条 政府及其有关部门不得阻挠和限制外商投资企业自由进入本地区和本行业的政府采购市场。

政府采购的采购人、采购代理机构不得在政府采购信息发布、供应商条件确定和资格审查、评标标准等方面，对外商投资企业实行差别待遇或者歧视待遇，不得以所有制形式、组织形式、股权结构、投资者国别、产品或者服务品牌以及其他不合理的条件对供应商予以限定，不得对外商投资企业在中国境内生产的产品、提供的服务和内资企业区别对待。

5)《中华人民共和国政府采购法实施条例》

第二十条 采购人或者采购代理机构有下列情形之一的，属于以不合理的条件对供应商实行差别待遇或者歧视待遇：

（一）就同一采购项目向供应商提供有差别的项目信息；

（二）设定的资格、技术、商务条件与采购项目的具体特点和实际需要不相适应或者与合同履行无关；

（三）采购需求中的技术、服务等要求指向特定供应商、特定产品；

（四）以特定行政区域或者特定行业的业绩、奖项作为加分条件或者中标、成交条件；

（五）对供应商采取不同的资格审查或者评审标准；

（六）限定或者指定特定的专利、商标、品牌或者供应商；

（七）非法限定供应商的所有制形式、组织形式或者所在地；

（八）以其他不合理条件限制或者排斥潜在供应商。

6)《政府采购货物和服务招标投标管理办法》（财政部令第87号）

第十七条 采购人、采购代理机构不得将投标人的注册资本、资产总额、营业收入、从业人员、利润、纳税额等规模条件作为资格要求或者评审因素，也不得通过将除进口货物以外的生产厂家授权、承诺、证明、背书等作为资格要求，对投标人实行差别待遇或者歧视待遇。

7)《政府采购促进中小企业发展管理办法》（财库〔2020〕46号）

第五条 采购人在政府采购活动中应当合理确定采购项目的采购需求，不得以企业注册资本、资产总额、营业收入、从业人员、利润、纳税额等规模条件和财务指标作为供应商的资格要求或者评审因素，不得在企业股权结构、经营年限等方面对中小企业实行差别待遇或者歧视待遇。

8)《财政部关于促进政府采购公平竞争优化营商环境的通知》（财库〔2019〕38号）

一、全面清理政府采购领域妨碍公平竞争的规定和做法

重点清理和纠正以下问题：

（一）以供应商的所有制形式、组织形式或者股权结构，对供应商实施差别待遇或者歧视待遇，对民营企业设置不平等条款，对内资企业和外资企业在中国境内生产的产品、提供的服务区别对待；

（二）除小额零星采购适用的协议供货、定点采购以及财政部另有规定的情形外，通过入围方式设置备选库、名录库、资格库作为参与政府采购活动的资格条件，妨碍供应商进入政府采购市场；

（三）要求供应商在政府采购活动前进行不必要的登记、注册，或者要求设立分支机构，设置或者变相设置进入政府采购市场的障碍；

（四）设置或者变相设置供应商规模、成立年限等门槛，限制供应商参与政府采购活动；

（五）要求供应商购买指定软件，作为参加电子化政府采购活动的条件；

（六）不依法及时、有效、完整发布或者提供采购项目信息，妨碍供应商参与政府采购活动；

（七）强制要求采购人采用抓阄、摇号等随机方式或者比选方式选择采购代理机构，干预采购人自主选择采购代理机构；

（八）设置没有法律法规依据的审批、备案、监管、处罚、收费等事项；

（九）除《政府采购货物和服务招标投标管理办法》第六十八条规定的情形外，要求采购人采用随机方式确定中标、成交供应商；

（十）违反法律法规相关规定的其他妨碍公平竞争的情形。

9)《关于在政府采购活动中落实平等对待内外资企业有关政策的通知》（财库〔2021〕35号）

一、保障内外资企业平等参与政府采购

政府采购依法对内外资企业在中国境内生产的产品（包括提供的服务，下同）平等对待。各级预算单位应当严格执行《中华人民共和国政府采购法》和《中华人民共和国外商投资法》等相关法律法规，在政府采购活动中，除涉及国家安全和国家秘密的采购项目外，不得区别对待内外资企业在中国境内生产的产品。在中国境内生产的产品，不论其供应商是内资还是外资企业，均应依法保障其平等参与政府采购活动的权利。

二、在政府采购活动中落实平等对待内外资企业的要求

各级预算单位在政府采购活动中，不得在政府采购信息发布、供应商资格条件确定和资格审查、评审标准等方面，对内资企业或外商投资企业实行差别待遇或者歧视待遇，不得以所有制形式、组织形式、股权结构、投资者国别、产品品牌以及其他不合理的条件对供应商予以限定，切实保障内外资企业公平竞争。

二、代理机构乱收费

1. 审查对象

书面审查采购文件、采购公告的规定，现场审查代理机构财务凭证，包括但不限于发票、收款凭证、汇款凭证、转账记录、台账等资料。

2. 审查标准

一是审查是否存在违规收取保证金的问题。例如：

（1）采购文件中规定投标保证金超过采购项目预算金额的2%，或履约保证金的数额超过政府采购合同金额的10%。

（2）采购文件中限制投标保证金的形式，如规定不允许供应商自主选择以支票、汇票、本票、保函等非现金形式缴纳或提交。

（3）采购文件中规定的投标保证金到账（保函提交）截止时间与投标截止时间不一致。

（4）采购文件中规定以供应商事先提交履约保证金作为签订合同的条件。

二是审查是否存在逾期不退还保证金的问题。例如：

（1）投标人在投标截止时间前撤回已提交的投标文件的，未在收到投标人书面撤回通知之日起5个工作日内退还已收取的投标保证金（因投标人自身原因导致无法及时退还的除外）。

（2）查看退还保证金的支付凭证，发现未在中标通知书发出之日起5个工作日内退还未中标供应商的投标保证金。

（3）查看退还保证金的支付凭证，发现未在采购合同签订之日起5个工作日内退还中标供应商的投标保证金或者转为中标人的履约保证金。

（4）查看项目资料、退还保证金的支付凭证等，收取投标保证金后终止采购活动的，发现未在终止采购活动后5个工作日内退还所收取的投标保证金及其在银行产生的孳息。

三是审查是否存在违规收取采购文件费用的问题。例如：

（1）以营利为目的，收取超出采购文件制作、邮寄成本以外的"包装费""服务费"等。

（2）采购文件费用设置过高，重点注意千元以上的"天价标书"。

（3）实现电子化采购的，未免费向供应商提供电子采购文件。

（4）收取招标文件费用后终止采购活动的，未在终止采购活动后5个工作日内退还所收取的招标文件费用及其在银行产生的孳息。

四是审查是否存在未明示并公开费用收取方式及标准的问题。例如：

（1）未在采购文件中明示投标保证金交纳、退还方式以及不予退还投标保证金的情形。

（2）未在采购文件中明示代理费用收取方式及标准，未随中标、成交结果一并公开收费情况，包括具体收费标准及收费金额等。

五是审查是否存在违规增收没有法律依据的投标费用的问题。例如：

（1）要求供应商购买特定软件方可参与电子化采购活动，或强制要求供应商接受有偿服务，代理机构、第三方收取"技术服务费"等。

（2）要求供应商缴纳法律法规规定之外的押金、保证金等作为供应商参加政府采购项目的条件。

（3）要求供应商提出质疑时，缴纳处理质疑事项的费用。

六是审查是否存在以个人账户收取上述投标费用的问题。

3. 处理方式

财政部门审查后发现代理机构违法乱收费的，责令代理机构限期改正，并依法作出行政处罚。

4. 法律依据

1)《中华人民共和国政府采购法实施条例》

第三十三条 招标文件要求投标人提交投标保证金的，投标保证金不得超过采购项目预算金额的2%。投标保证金应当以支票、汇票、本票或者金融机构、担保机构出具的保函等非现金形式提交。投标人未按照招标文件要求提交投标保证金的，投标无效。

采购人或者采购代理机构应当自中标通知书发出之日起5个工作日内退还未中标供应商的投标保证金，自政府采购合同签订之日起5个工作日内退还中标供应商的投标保证金。

竞争性谈判或者询价采购中要求参加谈判或者询价的供应商提交保证金的，参照前两款的规定执行。

第四十八条 采购文件要求中标或者成交供应商提交履约保证金的，供应商应当以支票、汇票、本票或者金融机构、担保机构出具的保函等非现金形式提交。履约保证金的数额不得超过政府采购合同金额的10%。

2）《政府采购货物和服务招标投标管理办法》（财政部令第 87 号）

第二十条　采购人或者采购代理机构应当根据采购项目的特点和采购需求编制招标文件。招标文件应当包括以下主要内容：

（五）投标文件编制要求、投标报价要求和投标保证金交纳、退还方式以及不予退还投标保证金的情形；

……

对于不允许偏离的实质性要求和条件，采购人或者采购代理机构应当在招标文件中规定，并以醒目的方式标明。

第二十四条　招标文件售价应当按照弥补制作、邮寄成本的原则确定，不得以营利为目的，不得以招标采购金额作为确定招标文件售价的依据。

第二十九条　采购人、采购代理机构在发布招标公告、资格预审公告或者发出投标邀请书后，除因重大变故采购任务取消情况外，不得擅自终止招标活动。

终止招标的，采购人或者采购代理机构应当及时在原公告发布媒体上发布终止公告，以书面形式通知已经获取招标文件、资格预审文件或者被邀请的潜在投标人，并将项目实施情况和采购任务取消原因报告本级财政部门。已经收取招标文件费用或者投标保证金的，采购人或者采购代理机构应当在终止采购活动后 5 个工作日内，退还所收取的招标文件费用和所收取的投标保证金及其在银行产生的孳息。

第三十八条　投标人在投标截止时间前撤回已提交的投标文件的，采购人或者采购代理机构应当自收到投标人书面撤回通知之日起 5 个工作日内，退还已收取的投标保证金，但因投标人自身原因导致无法及时退还的除外。

采购人或者采购代理机构应当自中标通知书发出之日起 5 个工作日内退还未中标人的投标保证金，自采购合同签订之日起 5 个工作日内退还中标人的投标保证金或者转为中标人的履约保证金。

采购人或者采购代理机构逾期退还投标保证金的，除应当退还投标保证金本金外，还应当按中国人民银行同期贷款基准利率上浮 20％后的利率支付超期资金占用费，但因投标人自身原因导致无法及时退还的除外。

3）《政府采购非招标采购方式管理办法》（财政部令第 74 号）

第十四条　采购人、采购代理机构可以要求供应商在提交响应文件截止时间之前交纳保证金。保证金应当采用支票、汇票、本票、网上银行支付或者金融机构、担保机构出具的保函等非现金形式交纳。保证金数额应当不超过采购项目预算的 2％。

供应商为联合体的，可以由联合体中的一方或者多方共同交纳保证金，其交纳的保证金对联合体各方均具有约束力。

第二十条　采购人或者采购代理机构应当在采购活动结束后及时退还供应商的保证

金，但因供应商自身原因导致无法及时退还的除外。未成交供应商的保证金应当在成交通知书发出后 5 个工作日内退还，成交供应商的保证金应当在采购合同签订后 5 个工作日内退还。

第三十四条　已提交响应文件的供应商，在提交最后报价之前，可以根据谈判情况退出谈判。采购人、采购代理机构应当退还退出谈判的供应商的保证金。

4)《政府采购框架协议采购方式管理暂行办法》(财政部令第 110 号)

第二十三条　征集人应当编制征集文件。征集文件应当包括以下主要内容：

(十七) 采购代理机构代理费用的收取标准和方式。

5)《政府采购竞争性磋商采购方式管理暂行办法》(财库〔2014〕214 号)

第九条　磋商文件应当包括供应商资格条件、采购邀请、采购方式、采购预算、采购需求、政府采购政策要求、评审程序、评审方法、评审标准、价格构成或者报价要求、响应文件编制要求、保证金交纳数额和形式以及不予退还保证金的情形、磋商过程中可能实质性变动的内容、响应文件提交的截止时间、开启时间及地点以及合同草案条款等。

第十条　从磋商文件发出之日起至供应商提交首次响应文件截止之日止不得少于 10 日。磋商文件售价应当按照弥补磋商文件制作成本费用的原则确定，不得以营利为目的，不得以项目预算金额作为确定磋商文件售价依据。磋商文件的发售期限自开始之日起不得少于 5 个工作日。

第十二条　采购人、采购代理机构可以要求供应商在提交响应文件截止时间之前交纳磋商保证金。磋商保证金应当采用支票、汇票、本票或者金融机构、担保机构出具的保函 等非现金形式交纳。磋商保证金数额应当不超过采购项目预算的 2%。供应商未按照磋商文件要求提交磋商保证金的，响应无效。

供应商为联合体的，可以由联合体中的一方或者多方共同交纳磋商保证金，其交纳的保证金对联合体各方均具有约束力。

第二十二条　已提交响应文件的供应商，在提交最后报价之前，可以根据磋商情况退出磋商。采购人、采购代理机构应当退还退出磋商的供应商的磋商保证金。

第三十一条　采购人或者采购代理机构应当在采购活动结束后及时退还供应商的磋商保证金，但因供应商自身原因导致无法及时退还的除外。未成交供应商的磋商保证金应当在成交通知书发出后 5 个工作日内退还，成交供应商的磋商保证金应当在采购合同签订后 5 个工作日内退还。

6)《财政部关于促进政府采购公平竞争优化营商环境的通知》(财库〔2019〕38 号)

三、加强政府采购执行管理

优化采购活动办事程序。对于供应商法人代表已经出具委托书的，不得要求供应商法人代表亲自领购采购文件或者到场参加开标、谈判等。对于采购人、采购代理机构可以通过互联网或者相关信息系统查询的信息，不得要求供应商提供。除必要的原件核对外，对于供应商能够在线提供的材料，不得要求供应商同时提供纸质材料。对于供应商依照规定提交各类声明函、承诺函的，不得要求其再提供有关部门出具的相关证明文件。

细化采购活动执行要求。采购人允许采用分包方式履行合同的，应当在采购文件中明确可以分包履行的具体内容、金额或者比例。采购人、采购代理机构对投标（响应）文件的格式、形式要求应当简化明确，不得因装订、纸张、文件排序等非实质性的格式、形式问题限制和影响供应商投标（响应）。实现电子化采购的，采购人、采购代理机构应当向供应商免费提供电子采购文件；暂未实现电子化采购的，鼓励采购人、采购代理机构向供应商免费提供纸质采购文件。

规范保证金收取和退还。采购人、采购代理机构应当允许供应商自主选择以支票、汇票、本票、保函等非现金形式缴纳或提交保证金。收取投标（响应）保证金的，采购人、采购代理机构约定的到账（保函提交）截止时间应当与投标（响应）截止时间一致，并按照规定及时退还供应商。收取履约保证金的，应当在采购合同中约定履约保证金退还的方式、时间、条件和不予退还的情形，明确逾期退还履约保证金的违约责任。采购人、采购代理机构不得收取没有法律法规依据的保证金。

三、供应商提供虚假材料

1. 审查对象

审查供应商投标（响应）文件的真实性，重点审查中标、成交供应商，财政部门认为有必要的，可以对其他参加采购活动的供应商一并审查。

2. 审查标准

一是审查是否存在提供虚假的认证证书、检验检测报告的问题。例如：

（1）通过查看供应商投标（响应）文件中的认证证书、检验检测报告复印件，确定材料出具单位。

（2）对于节能产品认证证书、强制性产品认证证书等能够通过中国政府采购网、全国认证认可信息公共服务平台、出具单位官方网站等渠道查询的，在线核查投标（响应）文件中相关材料的真实性。

（3）对于无法在线核查的，可通过向材料出具单位发函的方式，请其协助调查，以确认投标（响应）文件中的相关材料的真实性，必要时可协同市场监管部门共同核实上述问题。

（4）经查证虚假材料属实的，则构成"提供虚假材料谋取中标、成交"的情形。认证证书重点审查认证范围、有效期等内容；检验检测报告重点审查检验标准、检验项目、检验结果等内容。

二是审查是否存在提供虚假的合同业绩及学历证书等证明材料的问题。例如：

（1）通过查看供应商投标（响应）文件中的证书、合同业绩等内容，确定相关材料的出具单位或合同相对方。

（2）对于政府采购合同、学历证书等能够通过中国政府采购网、中国高等教育学生信息网（学信网）、信用中国、全国认证认可信息公共服务平台、国家企业信用信息公示系统以及出具单位官方网站等渠道查询的，在线核查投标（响应）文件中的相关材料的真实性。

（3）对于无法在线核查的，可通过向材料出具单位、合同相对方发函的方式，请其协助调查，以确认投标（响应）文件中相关材料的真实性。

（4）经查证虚假材料属实的，则构成"提供虚假材料谋取中标、成交"的情形。业绩合同重点审查项目名称、项目单位、项目规模、采购产品细则等内容；证书重点审查证书内容、证书有效期、认证范围等内容。

三是审查是否存在提供虚假的《中小企业声明函》的问题。例如：

（1）向《中小企业声明函》中所涉企业所在地的中小企业的主管部门（工信部门）发函，核实相关的企业所属行业及类型。

（2）调查情况可以证明声明函内容不实的，则构成"提供虚假材料谋取中标、成交"的情形。

四是审查是否存在其他提供虚假材料的问题。例如纳税及社保缴费记录、审计报告、项目人员技术资格证书、职称证书、制造商授权函、售后服务承诺函。

3.处理方式

经查证虚假材料情况属实，且供应商无法提供相反证据证明其提供的相关材料并非虚假，由财政部门依法予以行政处罚。

4.法律依据

1）《中华人民共和国政府采购法》

第七十七条 供应商有下列情形之一的，处以采购金额千分之五以上千分之十以下的罚款，列入不良行为记录名单，在一至三年内禁止参加政府采购活动，有违法所得的，并处没收违法所得，情节严重的，由工商行政管理机关吊销营业执照；构成犯罪的，依法追究刑事责任：

（一）提供虚假材料谋取中标、成交的；

供应商有前款第（一）至（五）项情形之一的，中标、成交无效。

2)《政府采购促进中小企业发展管理办法》（财库〔2020〕46号）

第十六条 政府采购监督检查、投诉处理及政府采购行政处罚中对中小企业的认定，由货物制造商或者工程、服务供应商注册登记所在地的县级以上人民政府中小企业主管部门负责。

中小企业主管部门应当在收到财政部门或者有关招标 投标行政监督部门关于协助开展中小企业认定函后10个工作日内做出书面答复。

第二十条 供应商按照本办法规定提供声明函内容不实的，属于提供虚假材料谋取中标、成交，依照《中华人民共 和国政府采购法》等国家有关规定追究相应责任。

适用招标投标法的政府采购工程建设项目，投标人按照本办法规定提供声明函内容不实的，属于弄虚作假骗取中标，依照《中华人民共和国招标投标法》等国家有关规定追究相应责任。

四、供应商围标串标

1. 审查对象

重点审查供应商投标（响应）文件，结合评审资料、录音录像以及供应商的股东、法定代表人、高级管理人员、授权代表等人员身份信息，发现供应商围标串标的线索。

2. 审查标准

一是审查是否存在不同投标人的投标文件相互混装、异常一致或者投标报价呈规律性差异的问题。例如：

（1）查看投标文件是否密封、胶装，查看投票文件用纸、封皮设计、文字格式、排版顺序及设计是否相同或异常一致。

（2）查看投标文件中的投标人名称、落款、盖章及表述中是否为同一家投标人，是否存在混盖公章、错放营业执照等文件的情况，如A公司投标文件中是否出现B公司名称、营业执照或其他相关信息。

（3）审查不同投标人的资格审查文件、业绩证明材料，技术、服务响应方案等内容在格式、内容、体例上异常一致。例如，"勘察方案"封面落款单位名称、"拟投入本工程的主要人员表"等。

（4）查看不同投标人的投标文件的错误情况、虚假材料是否相同或高度相同。

（5）如采用电子评标方式，审查不同投标人的投标文件的电子文档摘要信息中，文件夹路径是否均显示为同一投标人的文件夹下，以及审查投标文件电子文档的创建日期、所有者和计算机名是否异常一致。

二是审查是否存在不同投标人的投标保证金从同一单位或者个人的账户转出的问题。

（1）通过查看代理机构留存的投标保证金收取记录，审查不同投标人的投标保证金是否从同一单位或者个人的账户转出。

（2）通过查看代理机构留存的投标保证金付款账户，审查投标人投标保证金的付款账户与投标人名称是否能够一一对应。

三是审查是否存在不同投标人的投标文件由同一单位、个人编制，或委托同一单位、个人办理投标事宜的问题。

（1）查看采购档案中的文件购买登记材料，审查是否存在一家单位或某个人为两家及两家以上投标人购买文件的情形。

（2）查看采购档案中的投标登记材料，审查是否存在一家单位或某个人为两家及两家以上投标人提交投标材料的情形。

（3）查看评标录音录像，审查是否存在一家单位或某个人为两家及两家以上投标人现场述标的情形。

（4）如采购项目涉及由投标人自行下载电子招标文件或提交电子版投标文件，通过电子平台审查不同投标人的软件加密锁号、IP 地址、MAC 地址、CPU 码和硬盘序列号等硬件信息是否相同，以及不同投标人的投标资料制作是否出自同一份 U 盘文件等。

四是审查是否存在不同投标人的投标文件载明的项目管理成员或者联系人员为同一个人的问题。例如：

（1）通过查看投标文件中载明的项目管理成员或联系人姓名，审查是否为同一个人。

（2）通过查看投标文件中载明的项目管理成员或联系人的联系方式，审查联系电话是否相同或连号，联系地址是否相同或高度接近，如属于同一栋办公楼或同一条街。

五是审查是否存在事先约定由某一特定供应商中标、成交的问题。例如：

（1）通过查看各供应商投标（响应）文件中的报价表、评审报告，审查是否存在故意报高价以保证特定供应商的报价具有竞争优势，以使特定供应商中标、成交的情形。

（2）通过查看各供应商投标（响应）文件中的报价表、评审报告，审查是否存在故意报明显不合理低价，影响其他供应商合理报价之间的分差，以使特定供应商中标、成交的情形。

（3）通过查看未中标、成交供应商的技术、商务条件响应情况，审查是否存在同时对大量技术参数响应负偏离、不提供证明材料或不积极响应采购文件要求的情形，以促成合格供应商符合法定数量，使特定供应商中标、成交。

（4）在涉及投诉、举报案件时，审查当事人提供的聊天记录、录音录像、证人证言等其他相关证据，例如是否存在不同供应商的授权代表、项目负责人均为中标、成交供应商员工的情况。

六是审查是否存在成立多家公司围标串标的问题。例如：

（1）通过国家企业信用信息公示系统，审查投标人的法定代表人、负责人、股东、高管是否存在重合。

（2）通过国家企业信用信息公示系统，审查投标人注册地址是否相同或高度相同。

（3）通过国家企业信用信息公示系统，审查投标人是否存在直接控股、管理关系、交叉持股的情形。

（4）通过查看投标文件，审查投标人实际办公地址、文件接收地址是否相同或高度相同。

3.处理方式

（1）如发现财政部令第87号文件第三十七条等规定的串通投标情形或违法行为能够查实的，由财政部门依法对供应商作出行政处罚。

（2）如发现涉嫌犯罪的，由财政部门移送同级公安机关；构成刑事犯罪的，由司法机关追究相关单位及个人的刑事责任；对依法不需要追究刑事责任或者免予刑事处罚，但应当给予行政处罚的，由财政部门依法作出处罚。

4.法律依据

1）《中华人民共和国刑法》

第二百二十三条 【串通投标罪】投标人相互串通投标报价，损害招标人或者其他投标人利益，情节严重的，处三年以下有期徒刑或者拘役，并处或者单处罚金。

投标人与招标人串通投标，损害国家、集体、公民的合法利益的，依照前款的规定处罚。

2）《最高人民检察院、公安部关于公安机关管辖的刑事案件立案追诉标准的规定（二）》

第六十八条 〔串通投标案（刑法第二百二十三条）〕投标人相互串通投标报价，或者投标人与招标人串通投标，涉嫌下列情形之一的，应予立案追诉：

（一）损害招标人、投标人或者国家、集体、公民的合法利益，造成直接经济损失数额在五十万元以上的；

（二）违法所得数额在二十万元以上的；

（三）中标项目金额在四百万元以上的；

（四）采取威胁、欺骗或者贿赂等非法手段的；

（五）虽未达到上述数额标准，但两年内因串通投标受过两次以上行政处罚，又串通投标的；

（六）其他情节严重的情形。

3)《中华人民共和国政府采购法》

第七十七条　供应商有下列情形之一的，处以采购金额千分之五以上千分之十以下的罚款，列入不良行为记录名单，在一至三年内禁止参加政府采购活动，有违法所得的，并处没收违法所得，情节严重的，由工商行政管理机关吊销营业执照；构成犯罪的，依法追究刑事责任：

（三）与采购人、其他供应商或者采购代理机构恶意串通的。

4)《中华人民共和国政府采购法实施条例》

第七十四条　有下列情形之一的，属于恶意串通，对投标人依照政府采购法第七十七条第一款的规定追究法律责任，对采购人、采购代理机构及其工作人员依照政府采购法第七十二条的规定追究法律责任：

（一）投标人直接或者间接从采购人或者采购代理机构处获得其他投标人的相关情况并修改其投标文件或者响应文件；

（二）投标人按照采购人或者采购代理机构的授意撤换、修改投标文件或者响应文件；

（三）投标人之间协商报价、技术方案等投标文件或者响应文件的实质性内容；

（四）属于同一集团、协会、商会等组织成员的投标人按照该组织要求协同参加政府采购活动；

（五）投标人之间事先约定由某一特定投标人中标、成交；

（六）投标人之间商定部分投标人放弃参加政府采购活动或者放弃中标、成交；

（七）投标人与采购人或者采购代理机构之间、投标人相互之间，为谋求特定投标人中标、成交或者排斥其他投标人的其他串通行为。

5)《政府采购货物和服务招标投标管理办法》（财政部令第87号）

第三十七条　有下列情形之一的，视为投标人串通投标，其投标无效：

（一）不同投标人的投标文件由同一单位或者个人编制；

（二）不同投标人委托同一单位或者个人办理投标事宜；

（三）不同投标人的投标文件载明的项目管理成员或者联系人员为同一人；

（四）不同投标人的投标文件异常一致或者投标报价呈规律性差异；

（五）不同投标人的投标文件相互混装；

（六）不同投标人的投标保证金从同一单位或者个人的账户转出。

在线习题（第八章）

第九章

政府采购代理机构的内控管理

内部控制管理在政府采购代理行业中占据至关重要的地位。首先，政府采购代理机构的专业技术能力和业务水平是决定整个招标流程的合法合规性的一个重要因素，完善的内控体系能够有效预防舞弊行为，保证整个招标过程的透明度和合法性。其次，内控管理通过对招标业务流程进行规范，可以提高工作效率，降低运营风险，确保项目顺利推进。最后，健全的内控机制有助于提升企业信誉和市场竞争力，促进企业的可持续发展。

内控管理在采购代理机构中的重要性主要体现在以下几个方面：一是合规性保障，二是效率提升与成本控制，三是服务质量与信誉建设，四是内部监督与持续改进。内控管理对于政府采购代理机构而言，不仅是满足外部监管要求的基础，更是实现自我保护、风险防控、高效运营和服务质量提升的关键手段，对行业的健康发展具有深远的影响。

第一节　政府采购代理机构内控体系构建

根据《企业内部控制基本规范》要求，企业内部控制应包含内部环境、风险评估、控制活动、信息与沟通和内部监督等要素。下面我们从内部控制要素来分析政府采购代理机构内控体系的构建。

一、内部控制环境建设

构建有效的内控环境是政府采购代理机构内控体系的基础。首先，需要建立完善的组织结构和权责分配制度，确保决策、执行与监督职能的相互独立和制衡。其次，强化企业文化建设和职业道德教育，营造诚信守法的工作氛围，使员工充分理解和接受内部控制的重要性。此外，应建立健全人力资源政策，包括招聘、培训、考核、激励等机制，以确保员工具备足够的胜任能力和内控意识。

二、风险评估机制设计

风险，是指未来的不确定性对企业实现其既定目标的影响。所有企业，无论规模多大、结构多复杂和行业性质如何特殊，都面临着诸多来自内部和外部的风险，影响企业既定目标的实现。

针对企业制定的目标，根据对不同目标实现产生影响的因素，可以将企业风险分为战略风险、运营风险、市场风险、财务风险、法律风险、廉政风险等。根据对风险影响目标所处的层级不同，可以将风险分为企业层面风险和业务流程层面风险。以是否采取了控制措施为标准，可以将风险分为固有风险和剩余风险。

在政府采购代理业务流程中，应系统性地识别并评估各类风险。设立专门的风险管理部门或小组，采用定性和定量相结合的方法对各业务环节进行风险分析，如法律合规风险、市场波动风险、操作失误风险等。同时，要定期更新风险清单，并依据风险等级制定相应的应对策略和控制措施，实现风险管理的动态化和精细化。

1. 风险评估

风险评估是指企业及时识别、系统分析经营活动中与实现内部控制目标相关的风险，合理确定风险应对策略的过程，是实施内部控制的重要环节。风险评估包括风险识别、风险分析、风险评价。

1）风险识别

风险识别是指识别企业各项经营管理活动中存在的影响目标实现的风险的过程。企业应分别从企业层面、业务层面动态识别影响企业战略目标及相关目标实现的内部和外部的各种不确定性因素。

风险识别的步骤一般包括以下几个。

（1）通过目标设置与层层分解确立关键业务或事项。

（2）针对关键业务或事项，分析关键成功因素。

（3）通过问卷、访谈、第三方研究成果等途径收集相关内外部信息和资料。

（4）从内部环境和外部环境两个角度，通过关键成功因素的分析，结合收集到的信息和资料，寻找和辨识在实现目标过程中的内外部风险。

（5）从企业目标出发针对关键业务或事项，整合识别出影响企业目标实现的风险。

为有效确定企业层面各风险对企业整体目标所带来的影响，便于企业有针对性地对各风险采取有效措施，合理、恰当配置企业资源，节约人、财、物等各项成本，在识别企业层面风险数据库的基础上，需要对企业层面风险进行进一步的评估，评估每个风险发生的可能性和对目标实现的影响程度。

企业层面风险评估过程中，要注意紧密结合自身的具体实际情况，采用适当的评估技术，运用定性与定量相结合的方法，为企业层面风险应对策略提供依据。通过风险评估，确定风险所处等级，选择恰当的风险应对策略。

需要注意的是，评估企业层面风险的时间范围应该与企业战略和目标的时间范围一致。

企业层面风险识别是基于广泛的内、外部信息收集，通过与企业经营管理层以及各职能部门负责人访谈所了解的企业基本运营情况，结合经过筛选、提炼、对比、分类、组合的风险管理信息，并在此基础上充分考虑国家主管部门的相关要求，从战略、财务、市场、运营及法律五个领域来进行的。

由于企业所处的环境不断变化，所面临的风险也会不断变化，因此企业应该根据业务发展情况持续监测并更新企业层面风险库。

2）风险分析

风险分析包括考虑风险的来源、风险发生的可能性及其可能产生的影响，确定风险的重要性水平。风险分析也包括评估现有控制或措施的有效性。风险分析的步骤一般包括以下几个。

（1）进一步收集、汇总相关信息和资料。相关信息和资料一般包括但不限于历史事件的记录、相关的调查和分析资料、现有控制制度等信息和资料等；其他信息来源包括但不限于实践和相关的经验，市场、行业调查和分析，经济、工程或其他模型，专家判断等。

（2）在收集信息和资料的基础上，分析风险发生的可能性及风险产生的影响。按照风险评估标准，分析收集的信息和资料，对风险的可能性和影响评分。风险的可能性分值和影响分值之积，即为该风险的风险值。

企业层面风险评估主要对风险发生的可能性和风险发生后的影响程度两个维度进行打分。其中：

风险发生的可能性是指影响目标实现的各种因素出现的可能性，评估方法可以采用定性与定量方法。定性方法可针对日常运营中可能发生的潜在风险、重大突发事件风险分类进行定性判断。定量方法可以通过历史数据统计出一定时期内风险发生的概率。

风险发生后的影响程度是指影响目标实现的各种因素出现后，对目标实现会产生多大的影响。影响程度也可以采用定性与定量方法进行确定。

3）风险评价

根据企业的风险偏好，结合评估风险发生可能性和影响程度的标准来划分风险等级。

根据风险值对识别出的风险进行排序，以得到企业的重大、重要、一般风险。确定重大、重要风险，以决定投入的关注程度或实施风险应对的力度和时间。

与5分制评分标准相对应，风险图谱中的横轴、纵轴也分别按1分、2分、3分、4分、5分划分网格线，形成5×5的方块矩阵。

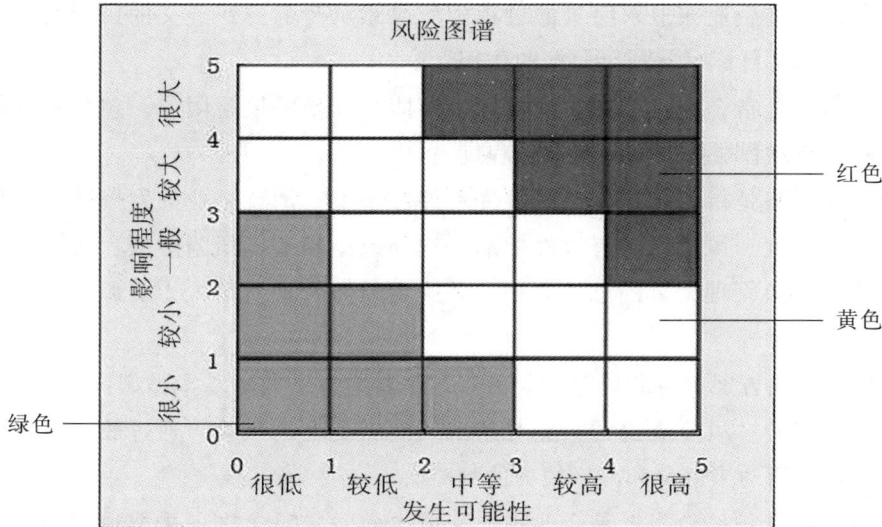

图中的方块一共分为三种颜色，其中红色方块区域代表重大风险，黄色方块区域代表重要风险，绿色方块区域代表一般风险。根据每个风险的发生可能性和影响程度的得分，在风险图谱中都可以找到一个对应的点，根据该点所处的位置，就可以判断风险等级。

企业层面风险评估时，要在充分考虑企业当前背景的情形下，结合管理层对固有风险与剩余风险的考虑，运用定性与定量相结合的方法，从风险发生的可能性和风险发生后对目标的影响程度进行评估，同时重点关注以下几个方面。

（1）识别外部风险的机制是否健全。企业识别外部风险因素，重点关注经济因素、法律因素、社会因素、技术因素、自然环境因素等。

（2）识别内部风险的机制是否健全。企业识别内部风险因素，重点关注人力资源因素、经营管理因素、工程项目因素、科技创新因素、财务因素、安全质量因素、投资管理因素、法律合规因素等。

（3）针对业务流程的控制目标识别业务层面的相应风险因素。

（4）风险分析程序的全面性和相关性。其包括分析风险发生的可能性（或频率、概率）、分析风险发生后的影响、确定风险的重要性水平，并决定风险应对策略等。

（5）建立风险评估机制。对影响企业整体目标或业务活动目标的时间或活动进行预见、识别及应对，能够识别并应对对企业有重大、深远影响的风险。

2. 风险应对

风险应对是指选择和运用具体的措施对风险进行管理的过程，主要是在风险分析、评价完成后，企业确定如何应对风险，并将方案付诸实施。风险应对的目的是利用企业现有的资源对企业所面临的风险进行管理，将剩余风险控制在风险容忍度以内。

风险偏好是指企业在追求愿景的过程中所愿意承受的广泛意义的风险数量，它在制定战略和选择相关目标时起到风向标的作用。

风险承受度是指企业目标在实现过程中所能够承受的风险限度，包括企业层面风险承受能力和业务流程层面的可接受风险程度。

风险应对策略是指企业根据自身条件和外部环境，围绕企业的发展战略，确定风险偏好、风险承受度、风险管理有效性标准，选择风险规避、风险降低、风险分担、风险承受等合适的风险管理工具的总体策略，并确定风险管理所需人力资源和财力资源的配置原则。

风险应对解决方案对应着风险应对策略，主要有以下几种基本类型：

（1）风险规避。风险规避是企业对超出风险承受度的风险，通过放弃或者停止与该风险相关的业务活动来避免和减轻损失的策略。

（2）风险降低。风险降低是企业在权衡成本效益之后，准备采取适当的措施降低风险或者减轻损失，将风险控制在风险承受度之内的策略。

（3）风险分担。风险分担是企业准备借助他人力量，采取业务分包、购买保险等方式和采取适当的措施，将风险控制在风险承受度之内的策略。

（4）风险承受。风险承受是企业对风险承受度之内的风险，在权衡成本效益之后，不准备采取措施降低风险或者减轻损失的策略。

企业应当结合不同的发展阶段和业务拓展情况，持续收集与风险变化相关的信息，进行风险识别和风险分析，及时调整风险应对策略及其解决方案。

企业层面风险可采取分解落实方法，将其与流程层面风险进行对应，通过流程层面风险应对策略来降低企业层面风险，对于那些无法通过现有措施进行控制的风险，即为剩余风险，企业要确保剩余风险低于企业风险容忍度。

三、控制活动与策略制定

针对识别出的风险点，设计并实施一系列具有针对性的控制活动。例如：

在招标文件编制阶段，实行双人复核机制，保证信息准确无误。

在开标评标阶段，采取严格的保密措施，并引入公正公开的评标程序及专家库管理制度。

在合同管理阶段，制定详细的合同审核流程，确保合同条款的合法性和合理性。

在此基础上，结合企业实际情况和行业发展趋势，制定全面的内控策略，包括但不限于标准化业务流程、完善规章制度、提高信息技术应用水平等。

基于风险评估结果，根据COSO内部控制五要素（控制环境、风险评估、控制活动、信息与沟通、监控）采取相应的内控措施来实现内控目标是内控管理的落脚点。

企业应当结合风险评估结果，通过手工控制与自动控制、预防性控制与发现性控制相结合的方法，采取相应的措施，将风险控制在可承受度之内。

内部控制措施一般包括：不相容职务分离控制、授权审批控制、会计系统控制、财产保护控制、预算控制、运营分析控制和绩效考评控制等。

1. 不相容职务分离控制

（1）企业应全面系统地分析、梳理业务流程中所涉及的不相容职务，实施相应的分离措施，形成各司其职、各负其责、相互制约的工作机制。

（2）企业应当严格贯彻"责任分离、相互制约、不相容岗位分离"的原则，通过岗位职责分工、流程控制、定期复查等必要程序，对安全质量、人力资源、资产管理、财务管理、采购管理、营销等各环节产生的凭证和记录进行有效控制。

（3）不相容职务通常包括可行性研究与决策审批、决策审批与执行、执行与监督检查。

2. 授权审批控制

（1）企业应根据常规授权和特别授权的规定，明确各岗位办理业务和事项的权限范围、审批程序和相应责任。

（2）企业各级管理人员应当在授权范围内行使职权和承担责任。对于重大的业务和事项，应当实行集体决策审批或者联签制度，任何个人不得单独进行决策或者擅自改变集体决策。

3. 会计系统控制

（1）企业应严格执行国家统一的会计准则制度，加强会计基础工作，明确会计凭证、会计账簿和财务会计报告的处理程序，保证会计资料真实完整。

（2）企业应当依法设置会计机构，配备会计从业人员。从事会计工作的人员，必须具备会计专业水平。会计机构负责人应当具备会计师以上专业技术职务资格。

4. 财产保护控制

（1）企业应建立财产日常管理制度和定期清查制度，采取财产记录、实物保管、定期盘点、账实核对等措施，确保财产安全。

（2）企业应当严格限制未经授权的人员处置财产。

5. 预算控制

企业应实施全面预算管理制度，明确各责任单位在预算管理中的职责权限，规范预算的编制、审定、下达和执行程序，强化预算约束。

6. 运营分析控制

企业应建立运营分析制度，经理层应当综合运用营销、生产、项目运营、财务等方面的信息，通过因素分析、对比分析、趋势分析等方法，定期开展运营情况分析，发现存在的问题，及时查明原因并加以改进。

7. 绩效考评控制

企业应建立和实施绩效考评制度，科学设置考核指标体系，对企业内部各责任单位和全体员工的业绩进行定期考核和客观评价，将考评结果作为确定员工薪酬以及职务晋升、评优、降级、调岗、辞退等的依据。

四、信息与沟通渠道规划

构建科学的信息管理系统，确保内部信息及时、准确、完整传递。具体措施包括以下几方面。

（1）建立信息化平台，实现政府采购活动全过程的数据电子化和透明化。

（2）定期发布内控工作简报，通报内控执行情况及改进计划。

（3）设立畅通的问题反馈与建议渠道，鼓励员工参与内控体系建设，提高全员参与度。

五、内部监控机制建立

通过内部审计、自我评价以及外部监管等多种手段，对内控体系运行情况进行持续监控。具体步骤包括以下几个。

（1）设立独立的内部审计部门，定期对内控执行效果进行全面检查和评估。

（2）实施内控自我评价机制，各部门自行核查内控执行情况，发现问题及时整改。

（3）接受相关政府部门和社会公众的监督，对发现的问题和不足之处积极回应并改正。

综上所述，政府采购代理机构内控体系的构建是一个涵盖环境建设、风险评估、控制活动、信息沟通和监控机制全方位的过程。只有各个环节相互配合、协同运作，才能形成一个高效、健全的内控体系，有效保障企业的稳健运营和持续发展。

第二节 政府采购代理机构的内控实践

一、组织结构与岗位职责

1. 组织结构

1) 决策层

在政府采购代理机构的组织结构中,决策层通常由董事会、股东会或者高级管理层组成,负责制定企业的战略方向,审批重大内控制度和风险管理策略。决策层对内控活动的影响主要体现在以下几个方面。

(1) 内控实践:确保企业的整体经营目标与法律法规要求相一致,批准并监督执行符合行业规范和监管要求的内部控制制度。

(2) 风险防控:定期评估企业的内外部环境变化以及潜在的风险点,并指导建立适应性的内控框架以降低业务风险。

(3) 责任分配:明确决策层成员在内控体系中的角色和职责,确保决策过程透明、合法合规。

2) 管理层

管理层作为连接决策层和执行层的关键环节,负责执行战略规划,管理日常运营事务,具体包括以下几个方面。

(1) 内控落实:将上级决策转化为具体的内控制度和操作流程,确保所有业务活动遵循内控规定。

(2) 流程优化:根据业务发展和市场变化,持续优化内部工作流程,强化风险管理和内部控制措施。

(3) 绩效考核:通过设立内控指标,将内控效果纳入部门及员工绩效考核,提升全员内控意识。

3) 业务部门

业务部门是直接参与政府采购代理全过程的核心部分,包括但不限于项目管理、项目实施和资料整理等职能。

(1) 项目管理:承担采购项目的全过程管理,包括策划、文件编制、公告发布、项目评审、协助采购合同签订等,确保各阶段流程严谨、公正、合规。

(2) 项目实施:严格执行国家有关政府采购法律法规及企业内控制度,确保采购过程中无违法违规行为。

（3）资料整理：负责采购活动资料的收集、整理工作，确保整个采购活动有迹可循。

4）支持部门

支持部门为业务部门提供必要的保障和服务，如财务部、法务部、质量管理部、人力资源部、信息技术部、后勤保障部等。

（1）财务部：负责资金收付、成本核算、费用报销等财务管理活动，保证财务内控的有效性，防范资金风险。

（2）法务部：审核各类合同协议等法律文本，提供法律咨询和合规建议，确保企业运作依法依规。

（3）质量管理部：负责内控制度的建立、采购活动环节的审核，保障采购活动质量控制的高效、合法合规。

（4）人力资源部：负责员工招聘、培训、考核等工作，确保人员素质满足内控要求，提升团队职业道德水平。

（5）信息技术部：构建和维护电子采招系统，保障信息安全，推进内控信息化建设，提高工作效率和信息透明度。

（6）后勤保障部：负责采购活动资料的入库、保管工作，建立档案电子台账，确保档案资料完整可追溯。

2.岗位职责方面的内控活动

各个岗位的工作人员应明确各自在内控体系中的具体职责，例如：

（1）项目经理：全面负责所辖项目的内控执行，监控项目进程，确保每个环节符合内控制度。

（2）业务员/采购专员：准确执行各项业务操作，及时报告异常情况，协助完成采购文件的编制、审查和修订工作。

（3）内审员：负责采购文件的审核，降低质疑、投诉的风险。

（4）法务专员：审核采购文件和合同条款，确保内容合法合规，降低法律风险。

（5）财务人员：严格遵守财务规章制度，准确记录交易信息，做好保证金管理、收费核销等工作，防止财务舞弊。

（6）审计人员：独立开展内审工作，检查内控设计和执行情况，发现问题时提出改进建议，确保内控制度有效运行。

通过明确的组织结构划分和细致的岗位职责设定，政府采购代理机构能够在内控实践中实现权责分明、流程合理、风险可控的目标，从而保障企业健康有序地发展。

二、人力资源管理

政府采购代理机构在人力资源管理方面的内控活动，涵盖了从招聘、培训、考核到激励的全过程，旨在通过严谨的人力资源管理制度和流程设计，确保员工行为符合法律法规要求，提升工作效率和质量，防范潜在风险。

1. 招聘与录用阶段

（1）合规审查：严格按照国家劳动法规和企业制度进行招聘，对求职者的资质、背景进行核查，确保不存在违法记录或利益冲突。

（2）岗位匹配度评估：明确每个岗位的职责需求和任职资格，采用科学的选拔方法，确保选聘人员具有胜任工作的能力。

（3）招聘流程控制：建立公开透明的招聘流程，包括信息发布、简历筛选、面试安排、录用决策等环节，防止暗箱操作和不公正待遇。

2. 培训与发展阶段

（1）入职培训：开展必要的法律法规、职业道德及业务技能等方面的培训，确保员工了解并遵守相关规章制度，提高专业素养。

（2）持续教育与职业发展：制订长期的员工培训计划，定期更新知识结构，提高员工应对复杂招投标项目的能力；同时提供职业晋升通道，激励员工积极工作。

（3）内控意识培养：将内控理念融入日常培训内容，强化员工的风险意识，使其理解自身在内部控制体系中的角色和责任。

3. 绩效管理与考核阶段

（1）绩效指标设定：结合政府采购代理业务特点，设立涵盖效率、质量、合规性等多维度的绩效考核指标，确保评价体系全面、合理。

（2）公正公平考核：执行严格的绩效考核程序，保证考核过程公开透明，结果公正无误，避免主观偏见影响考核结果。

（3）结果运用：将考核结果与薪酬福利、职位晋升、继续教育等挂钩，形成有效的正向激励机制，同时针对考核中发现的问题及时采取改进措施。

4. 薪酬福利与激励机制

（1）薪酬制度建设：制定合理的薪酬制度，根据行业标准、企业效益以及员工的工作表现来确定薪资水平，确保薪酬体系公平且具有竞争力。

（2）福利保障：依法为员工缴纳社会保险，提供健康体检、节日福利等，维护员工合法权益，降低因人力资源风险引发的损失。

（3）激励机制设计：构建长期激励与短期激励相结合的多元化激励方案，如年终奖、股权激励、项目奖金等，激发员工积极性，促进企业长远发展。

通过以上人力资源管理各个环节的内控活动，政府采购代理机构能够有效约束和引导员工行为，形成良好的企业文化氛围，实现人才队伍建设与企业发展战略目标的有机统一，从而增强企业的核心竞争力，降低经营风险。

三、风险管理

1. 外部风险管理

（1）市场风险。

随着近年来市场的不断变化，传统的政府采购代理业务可能会面临更激烈的竞争，包括来自同行以及部分原具备资格限制的行业壁垒取消后新进入市场的竞争对手的竞争。面对市场的变化，传统政府采购代理机构需要采取进行服务升级、拓宽业务领域、提高服务质量等措施以适应新的市场需求，比如提升全过程咨询服务能力、提供更加专业化的增值服务等。同时，政府采购代理机构应避免业务来源、业务收入单一的风险，拓展相关的业务范围，包括不同行业不同领域的业务，如政府采购业务、国际招标业务、工程招标业务、工程造价业务、采购咨询业务等，促进相关业务多元化，拓展自身的业务来源，提高自身的抗风险能力以及风险防范能力。

（2）制度风险。

政府采购制度规范繁多，熟悉相关的法律法规，及时关注最新政策，评估对自身企业带来的影响和风险，做好事前的工作和准备，一方面便于积极应对政策变化带来的挑战，另一方面可以提高业务人员的专业水平，提高服务质量。特别是在重大政策出台时，代理人员一方面要加强沟通，取得采购人的信任，保证采购工作的顺利开展；另一方面要加强业务学习，尽快理解并能够熟练运用新政策。政府采购代理人员应本着诚实服务的原则，规范好程序性工作，完善好技术性工作。

2. 内部风险管理

（1）政府采购代理机构要制定相关的规章制度，强化内部管理，提高采购参与人员的责任心，加强风险意识，加强企业内部的基本管理制度建设，保证企业正常运营。

（2）实现高效严谨的业务管理流程，对业务人员提出严格的要求，实现业务流程标准化，业务流程各个环节都应该有章可循，有相应的行为准则和评判标准，完善流程的审批程序。可以通过建立科学的管理思路，运用先进的管理方法，引进质量管理体系，用最简洁的方式将企业运行的模式进行概括，理顺企业管理的基本流程。

（3）加强业务学习和培训，提高业务质量，提升人员素质。政府采购代理服务行业需要的是高素质的多面手。代理业务涉及的专业面广，代理人员需要具备广阔的视野和知识面。

（4）要注重内外部沟通。内部沟通方面，要制定有效的沟通制度和沟通机制，讲究有效率的沟通；质量体系运行过程中，对企业各部门之间存在的质量问题，组织召开专题会及质量分析会进行讨论解决，消除部门壁垒和责任推诿。外部沟通主要是与委托方及有关行政监督管理部门的交流。

（5）聘请专业的第三方法律服务。特别是在涉及复杂法律事务或需要专业法律意见的情况下。聘请专业的第三方法律服务可以降低政府采购活动的法律风险。第三方法律服务机构通常有专业的法律团队，能够为企业提供全面的法律咨询、审查合同和文件、处理法律纠纷等服务。在聘请第三方法律服务时，应该根据需求选择经验丰富、信誉良好的法律服务机构，并明确双方的责任和义务，确保合作顺利进行。

（6）加强财务的风险管理和控制。首先在财务核算层面，利用财务管理软件系统，对每个项目的收支情况进行逐一的辅助核算，将每笔业务收支逐个落实到各个具体项目之中。为各项指标分析、绩效考核以及成本控制提供有力的数据基础，为领导进行战略决策提供依据。其次，加强对投标保证金进出的管理。由于行业特点，每个政府采购代理项目的投标人少则三五家，多则上百家，数量庞大的往来账核算始终是重点。因此增设投标保证金专户，并开通网银查询来提高工作效率，保证资金进出准确无误。最后，加强发票及现金管理。借助网银等结算手段实现对现金管理风险的防控。

四、业务流程管理

1. 采购文件编制阶段

（1）程序合规：遵循公开、公平、公正原则，依法依规编制采购文件，保证文件内容无歧视性条款，实质性条件清晰明确。

（2）文档管理：建立严格的采购文件编审流程，实行多人参与、多级审核制度，确保文件准确无误，避免产生歧义或疏漏。

（3）保密与信息安全：在文件编制过程中采取必要的信息保密措施，防止关键信息泄露，破坏公平竞争环境。

2. 开、评标阶段

（1）开标公开化：公开透明地组织开标活动，严格执行开标时间、地点、程序的公示制度，确保供应商有平等参与的机会。

（2）评标公正独立性：组织评标工作，宣布评标纪律，维护评标秩序，保证评标活动不受外界干扰，督促评标活动的公正合法性。

3. 合同签订与执行阶段

采购代理机构可协助采购人签署政府采购合同，以保障双方权利、义务明确、平等，并通过建立完善的合同执行跟踪机制，保障各方严格按约定履行义务，及时发现并解决履约问题。

4. 项目后期跟踪

（1）验收与审计：项目完成后，采购代理机构协助采购人组织专业团队进行项目验收，对照合同要求和项目目标进行分析，形成验收报告，并接受外部审计机构的财务和绩效审计。

（2）经验总结与改进：基于项目执行过程中的内控执行情况和项目完成效果，总结内控实践经验，提炼成功案例和失败教训，根据实际情况调整和完善内控制度。

（3）反馈循环机制：将项目后期评价的结果纳入企业整体内控体系中，形成从项目前期到后期的闭环反馈优化机制，持续提升内控管理水平和业务运营效率。

五、质量管理

政府采购代理机构代理服务质量控制是确保代理机构在履行代理职责时所提供的服务符合特定标准和要求的重要环节。常见做法有以下几个方面。

1. 设立服务标准

采购代理机构应该制定明确的服务标准，充分考虑采购人的需求，根据实际情况调整和完善服务标准，确保服务与客户需求相匹配，包括服务内容、质量要求、服务流程等方面，以确保提供的服务符合政府采购政策法规及采购人的需求。

2. 建立质量管理体系

采购代理机构建立质量管理体系是确保其提供的服务质量和效率达到一定标准的关键措施。采购代理机构应建立健全的质量管理体系，包括内部质量控制机制、服务流程管理、人员培训等，以提高服务质量和效率。

3. 配备专业人员

采购代理机构应聘请具有相关专业知识和经验的人员，确保其具备为采购人提供高质量服务所需的技能和其他能力。还应确定各类岗位所需的专业技能和素质要求，制定人员配备标准，包括学历、专业背景、工作经验等方面的要求。

4. 强化监督与评估

采购代理机构应建立监督机制，对服务过程进行监督和评估，及时发现并纠正服务中的问题，确保服务质量达标。

5.设立客户反馈渠道

采购代理机构应设立多样化的客户反馈渠道，并及时响应和处理反馈意见，建立专门的反馈处理团队，定期分析和总结反馈信息，开展客户满意度调查，加强客户沟通与关系维护。

6.定期评估与改进

采购代理机构应定期评估服务质量，分析服务过程中存在的问题和不足，并采取措施进行改进，持续提升服务水平。

六、信息系统及档案管理

1.建立科学严谨的档案管理制度

对纸质和电子档案归档的时间、内容、移交、验收、分类、整理、立卷、保密保管、使用、销毁等做出明确详细的规定，定期检查考核，发现问题及时报告和处理。做到案卷目录清楚、页号编写准确，要遵守保密制度，履行保密手续。严格执行档案的收集、整理、保管、借阅、销毁等手续。

2.建立完善的采购信息管理系统

采用安全可靠的服务器与数据库系统存储电子档案，保证数据的安全性与完整性。开发或引进具备权限控制、版本管理、在线检索、统计分析等功能的档案管理系统，便于高效查找、利用和追溯。

3.档案数字化

对纸质档案进行扫描、OCR识别并录入系统，转化为可检索、易保存的电子文档格式，同时保留必要的原始纸质文件。所有电子文档应按统一的标准命名、编码和存档，确保信息有序且易于追踪。

4.操作流程标准化

项目完成后，及时将所有相关的业务材料按照规定的目录进行收集、整理和归档。确保电子档案和纸质档案内容的一致性，对关键节点如资格审查、评标过程、异议处理等环节的文件尤其要重点审核。

5.安全保障措施

加强网络安全防护，实施防火墙、加密传输、访问控制、日志审计等技术手段，防止非法入侵和数据泄露。如对敏感档案设置严格的访问权限，只有经过授权的人员才能查看和操作特定档案。

6. 培训与监督

定期组织员工进行信息系统操作和档案管理的培训,提高全员遵守档案管理制度的意识。设立内部审计机制,定期对档案管理工作进行检查和评估,以确保各项规定的执行到位。

7. 法规遵从与合规性审查

遵守政府采购、信息安全、档案管理等相关的法律法规,确保信息系统和档案管理合法合规。

七、内部审计管理

1. 制度建设与完善

在确保符合《中华人民共和国审计法》《企业内部控制基本规范》《内部审计具体准则》等国家相关法律法规及行业规定的基础上,结合区域和行业的具体要求,制定健全的内部审计制度。

2. 组织架构与人员配置

设立独立的内部审计部门或岗位,保持审计工作的独立性和客观性。配备具有相关专业知识和经验的内部审计人员,并定期进行培训和考核,提升团队的专业素质。

3. 审计规划与执行

根据年度工作计划和风险评估结果,制订详细的内部审计计划。对采购文件编制、信息发布、评审过程、合同签订等环节进行全过程审计,检查是否存在违规行为、不规范操作或潜在风险。

4. 业务流程审查

审查政府采购代理服务流程是否符合国家法律法规及行业标准,确保采购活动均在合法、公平、透明的原则下进行。

5. 问题整改与跟踪

为确保审计发现问题后得到有效解决,采购代理机构应当建立完善的问题整改跟踪机制。一方面,审计部门需持续关注整改措施的执行进展,定期检查整改效果,并对整改过程进行全程记录与跟踪反馈,直至问题得到彻底解决。另一方面,通过建立健全的信息沟通与反馈系统,强化内部管理,将整改落实情况纳入绩效考核体系,激发各部门及员工主动参与整改的积极性。此外,跟踪机制还需具备预防功能,通过对已发生问题的深入剖析和总结经验教训，形成有效的风险防控策略，避免类似问题再次出现。

6. 沟通与报告

内部审计部门应与企业其他部门保持良好的沟通，确保审计意见和建议得到理解并转化为改进行动。定期向上级管理层提交审计报告，反映内部控制系统运行状况、审计发现的问题及整改情况。

第三节　政府采购代理机构的发展与挑战

一、行业发展趋势对内控管理的影响

随着信息技术的发展和法律法规的日益完善，采购代理行业正面临深刻变革。主要有以下几个方面。

1. 数字化转型的影响

面对数字化转型带来的深刻变革，采购代理机构的内控管理需要紧随时代步伐，主动拥抱新技术，构建与之相匹配的内控体系，实现业务流程高效便捷的同时，保证过程的透明度、公正性和安全性，有力地支撑企业健康可持续发展。

（1）互联网＋技术的应用使得采购活动从线下纸质化向全流程电子化转变。采购文件的发布、投标人的在线报名、电子标书的编制提交以及远程电子开标评标等环节均实现了线上操作，极大地提高了工作效率，降低了人为错误和舞弊风险。在此背景下，企业内控管理必须适应这一变化，确保电子招投标系统的设计、使用等符合国家法律法规及行业规范，做到交易行为可追溯、责任可追究。

（2）大数据技术为采购代理机构提供了海量的数据资源和强大的分析能力。通过对历史数据进行深度挖掘和智能分析，可以揭示出行业趋势、潜在市场机会以及风险预警信号，进而指导决策层制定更为科学有效的业务策略。同时，基于大数据的风险评估体系能够实时监控整个采购过程，提前发现并规避可能存在的违规行为或合同履行风险。因此，内控管理系统应嵌入数据分析功能，强化对业务数据的收集、整理、分析和利用，以提升内控效果。

（3）人工智能（AI）及其相关技术如机器学习、自然语言处理等，在政府采购代理业务中的应用日益广泛。例如，AI可用于自动审查投标人资质、智能比对投标报价、辅助专家进行评标等工作，不仅可以减轻人工负担，还能进一步提升工作的准确性和公正性。然而，这些智能化工具的使用也带来了新的内控难题，如何确保算法公平、透明、无歧视，已成为内控管理的新课题。内控制度需围绕 AI 工具的运用来建立完善的监管机制，明确数据输入输出标准、模型解释性要求及异常情况处置程序。

2. 政策法规调整的影响

在当前及未来的发展中，采购代理机构的内控体系必须紧跟政策法规调整的步伐，持续优化和适应新的政策环境，将公平竞争、廉洁自律的原则融入日常运营的每一个环节，确保企业在合规的前提下稳健发展，赢得市场和公众的信任。同时，企业应积极主动配合政府监管，不断提升自身的社会责任感和公共形象，共同推动采购领域的健康发展。

（1）面对政府强化监管的趋势，采购代理机构需密切关注政策动态，及时解读并掌握最新的法规要求。

（2）政府采购活动应遵循公平竞争原则，企业内控管理不仅要关注内部治理结构的健全与完善，还要有效防止市场垄断、串标围标等不正当竞争行为。为此，采购代理机构需通过科学合理的制度设计和严格的执行落实，以保障供应商拥有平等的竞争机会，维护市场的公开透明度。

（3）廉洁自律是采购代理行业的生命线，内控体系需要强化对从业人员的职业道德教育和行为约束，建立完善的反舞弊机制，如设置举报通道、开展定期自查自纠、进行廉政风险评估等，确保企业上下始终保持清醒的廉洁意识，杜绝任何可能影响公正性的利益输送现象。

（4）随着监管手段的科技化升级，诸如大数据分析、区块链技术等新型工具被广泛应用于监管领域，这要求企业在内控体系建设时，既要跟上技术发展的步伐，采用先进手段实现信息系统的透明化和可追溯性，又要针对数字化环境下的新型风险制定相应的防范策略。

3. 市场竞争加剧的影响

政府采购代理机构要想保持竞争优势，其内控管理不能仅停留在传统的风险防控层面，更要着眼于如何通过科学合理的制度设计和高效精准的执行落实，驱动整体业务运作效率的提升，提供优质卓越的服务体验，以保证在激烈的市场竞争中立于不败之地，并为企业的持续稳健发展奠定坚实基础。

（1）面对竞争日益激烈的市场环境，企业要通过强化内控管理，规范服务流程，提高员工的专业素养和服务意识，确保从项目咨询、方案设计、文件编制到开标评标等各个环节都能为客户提供及时、准确、专业的服务，从而在众多竞争者中彰显其独特优势。此外，构建一体化的电子招投标平台，实现业务流程自动化，减少人工操作带来的错误和延误。通过优化内部资源配置，明确职责分工，完善沟通协调机制，推动整个组织体系流畅运行，进一步提升工作效率，从而提高企业的核心竞争力。

（2）面对日益复杂多变的市场环境，严格的风控体系成为采购代理机构应对各类合规风险、信誉风险、财务风险以及技术风险的重要屏障。内控管理需建立全面的风险评估与预警系统，定期进行风险排查，针对关键环节如资格审查、评标过程实施严格的内部控制，保证每一项业务活动都在合法合规的轨道上进行。此外，还需加强数据安全防护，防止信息泄露导致的法律纠纷或商业秘密受损。

二、内控管理创新路径的探索

1. 内控体系创新设计

结合现代管理理念和技术发展，将风险管理、战略规划与内控体系紧密结合起来，形成一体化的风险内控管理模式。

在风险管理方面，企业需要以前瞻性和全局性的视角来审视和识别业务流程中的各类风险点，包括政策法规风险、市场波动风险、操作失误风险以及舞弊行为风险等，并运用大数据分析、人工智能等先进技术手段对这些风险进行实时监控与评估。通过科学的风险预警机制，提前预测潜在问题，制定相应的应对策略和预案，确保企业在面临复杂多变的内外部环境时能够有效防控风险。

在战略层面，企业应根据自身发展目标和市场竞争态势，将内控制度建设纳入整体战略框架中，确保内控目标与企业发展战略保持一致。通过优化组织架构、明确职责分工、细化业务流程等方式，使内控体系成为支撑企业战略实施的有效工具。

此外，企业在内控体系建设过程中应充分考虑信息系统的集成性和数据的一致性，利用先进的信息化平台和技术，打通各个业务环节的数据壁垒，形成全方位、全过程的风险管理闭环，从而有效提升企业的运营效率和管理水平，保障企业稳健前行，持续创造价值。

2. 信息化升级

建立全面覆盖且实时监控的信息化内控系统，将所有业务节点纳入系统的监管范围，并实现实时的数据采集、传输和分析。通过集成人工智能算法，内控系统能够实时发现并预警异常交易、违规操作等问题，可让管理层及时介入干预，降低风险发生概率。同时，智能化的内控系统还能根据历史数据分析和预测未来趋势为决策者提供有力的数据支撑，助力企业优化战略规划和资源配置。

运用云计算、区块链等前沿科技手段，构建一个全面覆盖、智能预警、实时监控的信息化内控系统，实现内控管理从被动应对到主动预防的跨越，进而提升内控效能，确保业务活动的合规性、透明度和效率。

3. 人才培养与文化塑造

一个高效、合规的内控体系，不仅需要先进的制度和技术支持，更离不开一支具备专业技能和高尚职业道德的内控人才队伍，以及一个以诚信、规范为核心价值观的企业文化氛围。

在人才培养方面，企业应注重从源头上提升内控人员的专业素养，通过定期举办内控知识培训、风险防控研讨、案例分析等活动，让员工充分理解并掌握国家法律法规、行业规定以及现代内控管理理念与方法。同时，强化对政府采购业务流程的深入研究和实践操作训练，确保内控人员能够在实际工作中精准识别潜在风险，及时采取有效应对措施。此外，企业还需加强对员工的职业道德教育，强调诚实守信、公正公平的原则，使其深刻认识到内控不仅是企业的外部监管要求，更是维护市场秩序、保障各方权益的基本责任。

在企业文化塑造方面，打造以诚信、规范为核心价值观的企业文化是推动内控工作落地生根的关键环节。采购代理机构应将诚信经营、规范操作的理念融入企业日常运营的方方面面，让全体员工意识到内控并非仅仅停留在规章制度层面，而是关乎企业生存发展和社会声誉的根本所在。通过持续营造尊重规则、崇尚诚信的良好氛围，让遵守内控制度成为每个员工自觉自愿的行为准则，从而确保内控体系的有效执行和不断完善。

4. 定期评估与持续改进

设立并严格执行定期的内控自我评估机制，通过对自身内控制度、流程以及执行效果进行全面、深入的审视和分析，从而发现潜在的短板与不足。

对标学习行业领先企业在内控设计、实施及管理方面的成功经验和创新做法。通过对比分析，可以找出自身在内控体系构建、风险识别与防控、信息技术应用等方面的差距，明确需要提升和优化的方向。

定期开展内控自我评估，针对自我评估中发现的内控短板和问题点，制定有针对性的改进措施，并确保这些措施能够落实到具体的业务流程和岗位职责中。改进措施不仅包括对现有制度的修订完善，还可能涉及内部组织架构的调整优化、人力资源配置的重新规划、技术系统的升级迭代等多方面内容。

将内控改进工作纳入常态化管理轨道，形成螺旋式上升的内控管理水平提升机制。每一次评估发现问题后的改进举措，都将为下一次评估提供新的起点，让内控体系在不断反馈和修正的过程中逐步趋于完善，形成一种持续优化、动态适应内外部环境变化的良好态势。

在线习题（第九章）